»Die Dinge laufen nicht so, wie man sie sich vorher ausgedacht hat. Das ist am Lago Maggiore nicht anders als anderswo. Einige Leute, die mich in meinem neuen Zuhause besucht haben, fanden das Leben hier irgendwie gelassener, leichter. Sie meinten, die Menschen seien heiterer. Mein Vater sagte früher, die Menschen hier könnten einfach besser mit der Tatsache umgehen, dass sich jede Minute alles ändern könne. Sie wüssten, dass das Aufstellen eines Plans meistens schon der erste Akt einer Komödie ist. ›Das liegt daran‹, sagte er, ›dass ihr Leben zwischen zwei gewaltigen Mächten eingeklemmt ist: Vor sich haben sie diese riesige Masse Wasser, hinter sich diese riesige Masse Gestein. Beide anstrengend und vollkommen unberechenbar.‹«

Am See seiner Kindheit hat sich Lukas Albano Geier ein neues Leben eingerichtet. In seinem Turm über dem Städtchen Maccagno macht er erfolgreich Musik, er hat alte und neue Freunde entlang der Ufer, erlebt den Lauf der Jahreszeiten. Doch der Tod und die Rätsel, die er aus seinem früheren Leben als Polizist so gut kennt, machen auch vor der Welt zwischen Bergen und See nicht halt. Im Studio am Turm wird der bekannte Gitarrist Stormy Hopton tot aufgefunden, der bei Lukas zu Gast war. Und Lukas kann keinen Kontakt herstellen zu Kommissarin Cristina Conte, mit der ihn etwas Besonderes verbindet. Als er beschließt, nach ihr zu suchen, gerät er in eine verwirrende und tief persönliche Geschichte von Schuld, Macht und Gewalt.

Andrea Di Stefano ist das Pseudonym von Andreas Lebert und Stephan Lebert. Die beiden Brüder sind im Hauptberuf Journalisten. Wenn sie als Autoren-Duo zusammen Romane schreiben, schlüpfen sie nicht nur in ein anderes Leben, sondern auch unter andere Namen. Die Bestseller der Thriller-Trilogie »Der Regler« sowie »Die Siedlung der Toten« schrieben sie als Max Landorff, die Taschenbuch-Serie »Holly« als Anna Friedrich. Ihre Lago-Maggiore-Fälle kommen den beiden gefährlich nahe, nicht nur im Autorennamen: Sie verbringen seit über zehn Jahren viel Zeit an dem Gletschersee in den Alpen.

Andrea Di Stefano

BUONA NOTTE

Ein Lago-Maggiore-Krimi

FISCHER Taschenbuch

MIX
Papier | Fördert gute Waldnutzung
FSC® C014496
FSC www.fsc.org

Erschienen bei FISCHER Taschenbuch
Frankfurt am Main, April 2024

Redaktion: Alexander Groß
Satz: Pinkuin Satz und Datentechnik, Berlin
Druck und Bindung: GGP Media GmbH, Pößneck
ISBN 978-3-596-71025-6

PROLOG

Die kleine Kirche La Croce d'Oro *steht auf einem Felsplateau, das wie ein Sprungbrett aus dem Bergmassiv ragt. Ich bin zu Fuß hier hochgestiegen, wollte die Unruhe aus meinem Körper laufen – die Unruhe und die Angst vor der Begegnung, die mir heute bevorsteht.*

Es ist noch früh am Morgen, in der Kirche herrscht unfreundliches Dämmerlicht. Ich bin allein. Das Holz unter meinen Knien ist hart. Hinter mir auf der Sitzbank liegt die Tüte mit der Pistole und dem Geld. Es ist keinerlei Geräusch zu hören. Das Kreuz schwebt im Halbdunkel über dem Altar.

Lieber Gott …

Als Junge habe ich so gekniet. Lieber Gott, mach, dass die Note in Mathematik *keine Katastrophe wird … So etwas darf man nicht beten, so ist Gott nicht zu verstehen, hieß es schon damals. Warum nicht? Wenn er doch allmächtig ist? Als meine Eltern vermisst wurden, habe ich auch so gekniet. Lieber* Gott, *mach, dass sie am Leben sind.*

Lange her, das alles.

Ich habe mich in eine Sackgasse manövriert, lieber Gott. Es ist gefährlich dort, und ich bin ganz allein. Ich weiß nicht, wem ich trauen kann, sogar Menschen, denen ich sehr nahe war, zeigen plötzlich ganz andere Seiten. Ich habe Fehler gemacht.

Wenn mir etwas zustößt, wird es niemanden interessieren. Das ist das Gefährlichste daran. Ich habe mit niemandem gesprochen.

Lieber Gott …

Ich höre plötzlich Stimmen draußen, die sich der Kirche nähern, erwachsene Stimmen und Kinderlachen. Ich gehe schnell und leise zu der kleinen Tür an der Seite der Kirche und drehe den Schlüssel um. Schritte nähern sich, die Klinke wird heruntergedrückt.

»Schade«, sagt ein Mann auf Deutsch, »abgeschlossen. Wollen wir hier vielleicht unser Picknick machen?« »Ja!«, ruft ein Kind. Aber eine Frauenstimme sagt: »Ach, lass uns erst noch ein Stück weitergehen.« Es folgt ein kurzes Hin und Her, dann entfernen sich die Schritte.

Die kleine Kirche ist immer abgeschlossen. Man muss wissen, wo man den Schlüssel holen kann. Bei einem Mann unten im Ort, den alle nur den »Heiligen Geist« nennen, Spirito Santo. *Weil er erstens vor Frömmigkeit fast nicht laufen kann und weil er zweitens eines Morgens von einem Gemeindearbeiter in unpassendem Zustand aufgefunden wurde – unter einem ans Land gezogenen Boot am See, mit geschätzten drei Promille Alkohol im Blut.*

Ich drehe mich noch mal zum Kreuz um. Mein Vater mochte Kirchen. In jede ist er reingestiefelt und hat eine Kerze angezündet. Meine Mutter nicht. Nur zu dieser ist sie manchmal hingewandert, fast immer allein, soweit ich mich erinnern kann. La Croce d'Oro *hatte es ihr angetan. Einmal hat sie mich mitgenommen, da war ich noch sehr klein. Woher sie damals den Schlüssel hatte, weiß ich nicht. Ich durfte eine Kerze an-*

zünden. Für wen?, hab ich gefragt. Für dich, hat meine Mutter geantwortet.

Ich gehe zurück zur Bank, nehme die Tüte mit der Pistole und nähere mich dem Kreuz. Croce d'Oro *heißt »goldenes Kreuz«, aber da ist kein Gold, das Kreuz besteht aus dunkelbraunem Holz. Auch Jesus ist aus Holz geschnitzt und bemalt, die Farben sind verblasst. Er blickt aus müden, halb geschlossenen Augen herab. Wie lange schon?*

Ich nehme mir vor, öfter hierherzukommen und mich mit ihm einzuschließen – falls ich je wieder in ein normales Leben zurückkehren kann.

Draußen spüre ich am Geruch der Luft, am Licht und an der Art, wie die Pflanzen sich in Stellung bringen, was für eine Art von Tag da heraufzieht: ein Frühlingstag, wie er im Prospekt steht. Die ersten Sonnenstrahlen blitzen hinter den Bergkämmen hervor. Es ist 8.25 Uhr. Ich habe noch gute zwei Stunden. Lieber Gott, beschütze mich.

1

WAS ZIEHT MAN AN, WENN MAN EINEN TOTEN abholt?

Samantha hat sich für Schwarz entschieden. Schwarze Stiefel, schwarze Hose, schwarzer Pulli. Auch der Mantel, den sie über dem Arm trägt, ist schwarz. Nur ihr Rollkoffer ist hellblau.

Die Maschine aus London war pünktlich. Samantha tritt aus der Ankunftshalle des easyJet-Terminals in Mailand-Malpensa, bleibt stehen und sieht sich um. Ich gebe ihr ein Handzeichen, laufe auf sie zu und nehme ihr den Koffer ab.

»Hi, Samantha«, sage ich.

»Hi, Lukas«, erwidert sie.

Und sie sagt: *»Pleased to meet you.«*

Ihr Gesicht ist blass, ungeschminkt. Wir gehen zum Parkplatz, wo mein Suzuki-Jeep steht. Sie weint ein bisschen. Das kleine verbeulte Auto erntet trotzdem einen erstaunten Blick.

Sie ist wirklich sehr jung, noch jünger, als ich dachte. Höchstens dreiundzwanzig, schätze ich. Etwas pummelig, die Stiefelabsätze sind zu hoch, die rötlichen Haare hat sie zu einem Knoten gebunden.

»Er hat mir versprochen, dass er hundert Jahre alt wird«, sagt sie, als ich den Koffer auf die Rückbank hieve.

Es ist Mitte Januar, später Nachmittag. Die ganze Welt ist grau und trostlos, und die Mailänder Vororte und Gewerbegebiete sind besonders grau und trostlos. An den Straßenrändern liegt schmutziger Schnee.

»Ich war noch nie in Italien«, sagt Samantha.

Ich habe längst einen Schleichweg vom Flughafen zum Lago Maggiore gefunden, und ich fahre ihn immer, selbst wenn die Hauptstraßen und die Autobahn – vielleicht – leer sind.

»Weißt du«, hat mein Freund Stormy Hopton gesagt, »Samantha ist nicht meine große Liebe, ganz sicher nicht. Aber sie tut mir gut, verstehst du? Sie ist so normal, so neugierig, so unverbraucht.« Das war am letzten Abend seines Lebens, sechs Tage ist das erst her. Wir saßen in bester Laune vor Schüsseln mit Wildschweinragout und Polenta in einem der wenigen Lokale, die um diese Zeit im Winter nicht geschlossen haben.

»Ich kann ihr alle Geschichten von früher erzählen, sie weiß nichts davon«, sagte er und lachte. »Das ist toll. Sie kennt nicht mal meine Platten, sie will sie wirklich hören, also lege ich sie alle noch mal auf. Geiles Zeug dabei, hatte ich fast vergessen. Nein, nicht die große Liebe. Aber vielleicht ist Sammy ja die kleine Liebe meines Lebens.«

»Bring sie das nächste Mal mit«, sagte ich.

»Mal sehen«, antwortete Stormy.

Wenn es irgendwo um berühmte Rockgitarristen geht, taucht immer auch sein Name auf: Pete »Stormy« Hopton. Die Londoner Legende, die mit den ganz Großen gespielt hat. Alle italienischen Zeitungen und Websites haben seinen

Tod gemeldet. Die britische *Sun* zeigte sogar ein verschwommenes Foto vom Transport der Leiche von meinem Turm in Maccagno den steilen Berg hinunter, begleitet von drei Carabinieri. Weiß der Teufel, wo die das herhatten. *Last Solo*, titelte das Blatt.

»Du warst früher Polizist?«, fragt Samantha. »Stormy hat das erzählt...«

»Ja, früher«, sage ich. »Jetzt nicht mehr.«

Es ist dunkel, als wir in Luino an den See kommen, aber der Himmel ist jetzt klar, und ein fast voller Mond ist bereits am Werk. Die riesige Wasserfläche glänzt, die Lichter der Orte und Häuser an den Hängen spiegeln sich darin, die schwarze Silhouette der Berge sieht aus, als wäre sie ganz nah, und die schneebedeckten Gipfel blitzen weiß.

»Beautiful«, sagt Samantha. Sie kommt aus Cheltenham im Südwesten Englands, hat Stormy erzählt, dort sprechen die Leute ein sehr klares, korrektes Englisch.

Wir fahren fünf Kilometer am See entlang nach Maccagno, das ist der Ort, wo ich wohne. Allerdings wohne ich nicht in einem Haus, sondern in einem mittelalterlichen Turm – hoch über dem Ort auf einem Felsen. Normalerweise gehe ich immer zu Fuß, ich benutze den Suzuki nur für Transporte. Und im Dunkeln fahre ich besonders ungern nach oben. Der Weg ist zu steil und zu schmal, und manchmal steht plötzlich ein Wildschwein im Scheinwerferkegel. Dann steigt man auf die Bremse und kann anschließend nur mit großer Mühe wieder anfahren. Einmal musste ich deshalb den ganzen Weg rückwärts wieder runter, weil noch nasses Laub auf der Strecke lag.

Doch Samanthas Absätze sind zu hoch und ihre Verfassung zu schlecht für eine nächtliche Bergtour mit Taschenlampe. Ich schalte Allradantrieb und Untersetzung ein und sage ihr, sie solle sich festhalten.

»*Jesus Christ*«, sagt sie, als wir nach hinten kippen. Im Auto kommt einem der erste Anstieg fast senkrecht vor.

Stormy hat Samantha in einem Hotel in London kennengelernt, wo sie nachts an der Rezeption arbeitete. Er war mit Kumpels in der Bar, »und immer, wenn ich zur Toilette musste, hab ich sie wieder nach dem Weg gefragt, so lange, bis sie sich zu uns gesetzt hat«. Sie hatte ihre Hotelfachschule abgeschlossen und wollte sparen, um ins Ausland zu gehen.

Der alte Rocker und das Mädchen. Ein Jahr ungefähr ging das schon. Die Geschäfte laufen ja für alte Rockgitarristen wahrlich nicht besonders gut, Legende hin oder her. Einmal hat Stormy seine Samantha nach Stockholm mitgenommen, wo er in einer Oldieshow im Fernsehen auftrat, und ein paar Tage waren sie wohl auch zusammen in Prag, warum, habe ich vergessen.

»Da sind wir«, sage ich, als der Suzuki die letzte Haarnadelkurve nimmt und auf der kleinen Wiese vor dem Turm zum Stehen kommt. Im Dunkeln hier anzukommen, ist nicht besonders einladend. Der Turm ist ein schwarzes Viereck, die Bäume sind schwarze Gestalten. Ich greife nach der Taschenlampe zwischen den Sitzen, ehe ich den Motor abstelle und die Scheinwerfer ausmache.

Samantha klettert aus dem Wagen und bleibt daneben stehen. »*This is where you live?*«, fragt sie. Ihre Stimme klingt dünn.

»Ja«, sage ich, »hier wohne ich.« Und meine Stimme klingt ebenfalls dünn. Manchmal kommt mir mein Zuhause selbst ja auch fremd vor. Und merkwürdig.

Jetzt zum Beispiel.

Ich leuchte den ehemaligen Eselstall an, den ich zum Musikstudio umgebaut habe. »Hier haben wir Musik aufgenommen«, sage ich. »Stormy hat wunderbar gespielt.«

»Er hat dort auch geschlafen, oder?«, sagt sie. »Er hat mir Fotos geschickt. Nicht viele. Ich musste immer drum betteln.«

Sie bewegt sich im Lichtkegel auf das Studio zu.

»Vielleicht gehen wir erst in den Turm«, sage ich. »Ich muss dort den Strom fürs Studio einschalten ...«

Sie hört mich nicht oder will es nicht hören. Ich gehe ihr nach und öffne die Tür zum Studio. Mit der Taschenlampe leuchte ich den Raum ab, die elektronischen Geräte, die Keyboards, die zwei Bässe, die in der Ecke stehen, die Mikrophonständer ... und die Liege an der gegenüberliegenden Wand, auf der ich Stormy gefunden habe. Es war der Tag, an dem er abreisen wollte. Alle Soli waren gespielt, alle Geschichten erzählt.

»Er hat sehr friedlich ausgesehen«, sage ich. Lüge ich. Und lege Samantha meine Hand auf die Schulter.

Hinter uns knackt etwas sehr laut im Gebüsch. Sie erschrickt, fährt herum.

»Nur ein Reh«, sage ich und schließe die Tür zum Studio. Manchmal kommen Rehe genau im richtigen Moment.

In meinem Turm sind vier Räume übereinandergestapelt. Ganz unten Bad und Toilette, dann Schlafzimmer, dann

Wohnzimmer und ganz oben die Küche. Verbunden sind sie mit einer schmalen Wendeltreppe, und von der Küche kann man über eine ausklappbare Leiter auf die höchste Plattform, die von Zinnen eingerahmt ist. Wer dort oben zum ersten Mal aus der Luke klettert, vergisst in der Regel, zu atmen. Stormy wollte jeden Abend noch nach oben, bevor er schlafen ging. Er fühle sich dann wie Richard Löwenherz, sagte er.

Was bietet man einer jungen Frau zu essen an, die gekommen ist, um einen Toten abzuholen? Ich stelle Tomaten und Burrata auf den Tisch und mache Pappardelle mit Steinpilzen. Mein Freund Ambrogio holt sie im Herbst aus dem Wald und bringt sie mir. Ich friere sie dann ein.

Samantha hat Hunger. Und sie trinkt schnell zwei große Gläser Rotwein. Sie erzählt von sich, von Stormy, manchmal lacht sie, dann weint sie, dann schweigt sie, dann will sie noch ein Tiramisu. Und immer wieder sagt sie *»Beautiful«* beim Blick aus dem Fenster. Nach einigem Hin und Her mit dem Denkmalschutz durfte ich schließlich in die ein Meter vierzig dicke Mauer des Turms ein einziges Fenster schneiden, ein wirklich großes. Es erstreckt sich über zwei Ebenen, über die Küche und das darunterliegende Wohnzimmer. Sonst gibt es hier nur sehr kleine Fenster, die ehemaligen Schießscharten.

»Ich war noch nie bei einer Beerdigung«, sagt Samantha jetzt. »Ich weiß gar nicht, ob ich zu Stormys Beerdigung hingehen soll … Ich kenne ja niemanden. Er hat einen Bruder und eine Schwester, nie gesehen, die beiden. Und seine zwei Ex-Frauen … Und einen Sohn hat er auch. Die werden mich alle hassen und fragen, wer ich eigentlich bin …«

»Ja, das könnte schwierig und unangenehm werden«, sage ich.

»Für mich ist diese Reise die Beerdigung«, erklärt sie und sieht an sich hinunter auf die schwarzen Klamotten. »Hier und jetzt habe ich ihn ganz für mich allein. Für mich ist das der Abschied … Danke, dass du alles organisiert hast.«

Samantha wird Stormy morgen Vormittag in der Gerichtsmedizin noch einmal sehen dürfen, ehe er zum Flughafen gebracht wird. Und sie wird in derselben Maschine nach London sitzen.

Draußen hat der Himmel zugezogen. Es schneit. Dicke weiße Flocken tanzen vor der großen Scheibe. Samantha steht auf und will die Teller in die Spülmaschine räumen.

»Lass stehen«, sage ich, nehme eine Flasche Grappa und zwei Gläser. »Wir trinken noch einen Schnaps auf ihn im Wohnzimmer, und ich mache Feuer im Kamin.«

Als sie die vielen Gitarren im Wohnzimmer sieht, fragt sie: »Hier hast du deinen Hit geschrieben? *Tutto Bene?*«

»Nein«, antworte ich. »*Tutto Bene* hat all das hier erst möglich gemacht und bezahlt. Vorher lebte ich in München und war Kriminalkommissar.«

In einer Ecke des Zimmers steht der Gitarrenkoffer mit Stormys berühmter grüner Gibson Les Paul. Was soll ich mit ihr machen? Wenn ich sie Samantha mitgebe, wird sich Stormys Familie darauf stürzen. Er war nicht gut auf seine Leute zu sprechen. Lauter Kotzbrocken, sagte er. Ich denke, ich lass die Gitarre erst einmal hier. Vielleicht fragt ja niemand, dann kann ich sie später Samantha zukommen lassen. Oder für einen guten Zweck spenden …

Ich muss daran denken, wie ich diese Gitarre kennengelernt habe: Nach dem Erfolg von *Tutto Bene* wollte ich lernen, bessere Soli zu spielen, und buchte meinen Helden Stormy Hopton für einen persönlichen Workshop in London. Stormy hatte damals schon weiße Haare und gelegentliche Gichtanfälle in den Fingern. Trotzdem waren die Töne, die er aus dieser Gitarre herausholte, phänomenal. Eine Woche lang habe ich bei ihm im Keller versucht, so zu spielen. Danach war ich zwar kein besserer Gitarrist, aber wir waren Freunde.

»Du kannst hier auf der Couch schlafen«, sage ich zu Samantha, »oder im Schlafzimmer, dann schlafe ich hier.«

Samanthas Gesicht ist gerötet vom Alkohol und von der Wärme des Kaminfeuers. Ihre Augen fallen allmählich zu.

»Kann ich bitte neben dir schlafen?«, fragt sie.

Wenig später schnarcht sie leise in meinem Bett. Sie hat es gerade noch in ihren hellblauen Pyjama geschafft.

Ich liege wach neben ihr im Dunkeln. Wohin wird das Leben sie spülen? Welche Rolle wird Stormy Hopton in ihrer Erinnerung einnehmen? In zehn Jahren? In zwanzig Jahren?

Stormy Hopton ist eines natürlichen Todes gestorben, das haben die Mediziner in Varese schnell festgestellt. Keine Fremdeinwirkung. Ein starker Herzanfall, weil völlig verkalkte Arterien zugemacht haben. Muss schmerzhaft gewesen sein, sagte der Arzt. Das erklärt auch den verzerrten Gesichtsausdruck, als ich ihn fand. Der junge Arzt sagte noch, dass sein früherer Lebenswandel, der ihm den Spitznamen »Stormy« eingebracht hat, vielleicht nicht ganz unschuldig war. Was Ärzte dann eben immer so sagen. Scheiß drauf, Stormy.

Durch eine der Schießscharten fällt ein schmaler Streifen Mondlicht ins Schlafzimmer. Ich höre die Kirche im Ort halb zwei schlagen.

Natürliche Todesursache. Medizinersprache. Polizistensprache. Sind Polizistengehirne anders? Hat das schon mal jemand untersucht? Warum kreisen meine Gedanken seit Tagen misstrauisch um das Verhalten der Polizeibeamten in Varese, die sich bei einer einfachen Frage von mir ganz und gar nicht natürlich verhalten haben?

2

DER SCHNEE BLEIBT IN MEINER GEGEND EHER selten liegen. Ich habe nie weiße Weihnachten erlebt, auch früher nicht, als ich mit meinen Eltern hier so viele Wochen und Monate in den Ferien war. Weihnachten ist am Lago Maggiore keine weiße, sondern eine goldene Veranstaltung. Die Strahlen der tiefstehenden Sonne erzeugen unwirkliche Lichtspiele auf dem Wasser, ganze Straßen aus Licht brechen aus den Wolken. Das Grün der Palmen ist im Dezember anders, ich schwöre, und an den kahlen Kakibäumen hängen die orangefarbenen Früchte wie Christbaumkugeln.

Stormy ist am zweiten Weihnachtstag hier eingetroffen, und ich sah ihn morgens oft draußen auf der Bank vorm Studio sitzen, um die Ankunft der Sonne zu beobachten. Eine rote Wollmütze auf dem Kopf, das Weihnachtsgeschenk seiner neuen jungen Freundin.

Heute Nacht ist der Schnee liegen geblieben. Und die Luft riecht, als würde es bald mehr davon geben. Im Januar ist das oft so. Alles weiß jetzt da draußen: die Berghänge, die Bäume, die Dächer der Häuser. Ich sitze am Tisch in der Küche. Meine schöne Espressomaschine hat einen ersten Cappuccino ausgespuckt, im Kaminofen krachen die ersten Holzscheite, und allmählich dürfen die ersten Gedanken aufwachen.

Ich werde Schneeketten aufziehen müssen, sonst komme ich mit dem Jeep nicht den Berg hinunter – mit der traurigen Samantha, ihrem Koffer und Stormys großer Tasche. Unten in Maccagno wartet ein Taxifahrer, der Samantha zur Gerichtsmedizin und anschließend zum Flughafen bringen wird.

Ich habe heute Nacht wieder von Cristina geträumt. Sie stand in einem riesigen Gewächshaus, Jeans, weiße Bluse, Pferdeschwanz, so wie ich sie abgespeichert habe, und sie stand inmitten Hunderter Bonsaibäume. »Das sind meine neuen Kollegen«, hat sie im Traum gesagt, »alle bewaffnet, alle hervorragende Ermittler.«

Die Kommissarin Cristina Conte, Mordkommission Varese. Im wirklichen Leben sagte sie zu mir, bevor wir uns näherkamen, dass sie mit vier Bonsaibäumen lebt und dass sie mir die vielleicht mal vorstellt. Aber dazu kam es nicht. Sie hat schnell wieder mit mir Schluss gemacht. Als sie das tat, sagte sie: »Ich möchte es beenden.«

»Es?«, fragte ich.

»Uns«, antwortete sie. »Uns will ich beenden, Lukas.«

Ich dachte zuerst, es hätte etwas damit zu tun, dass sie in einem Fall ermittelte, in dem auch ich eine Rolle spielte, und zwar eine – aus ihrer Sicht – dubiose. Aber das war es nicht. Als der Fall gelöst war, lud ich Cristina zu meinem Konzert in New York ein. Sie kam nicht. Sie kam nirgendwo mehr hin.

»Warum laufen die Frauen vor dir weg?« Das hat mich am Abend vor dem Konzert die Keyboarderin meiner Band gefragt, hoch über Manhattan, in der Rooftop-Bar des *Standard*-Hotels.

»Sag du es mir«, habe ich geantwortet.

Aber sie hat nur das Lächeln aufgesetzt, das sie für geheimnisvoll hält. Helen ist auch mal vor mir weggelaufen.

Einmal noch haben Cristina und ich uns auf einen Kaffee getroffen, im *Caffè Clerici* in Luino. Sie trug die Haare kürzer und hatte eine silberne Halskette mit einem Amulett um den Hals. Ich konnte nicht erkennen, was drauf war. Sie war freundlich, nett, aber auch sehr kühl.

Während der Corona-Maßnahmen, die in dieser Gegend sehr streng waren, haben wir zweimal telefoniert. Einmal wollte ich eine Ausnahmegenehmigung, um nach Mailand fahren zu dürfen, die hat sie mir auch gemailt. Das andere Mal haben wir über die Lage allgemein geredet. Immer war ich es, der angerufen hat. Und gelegentlich, meist spätabends, haben wir ihr eine SMS geschickt – wir, das waren dann ein paar Gläser Grappa und ich. Manchmal hat sie sogar geantwortet. Aber knapp und belanglos.

Gestern habe ich ihre Privatadresse in Varese herausgefunden. Und heute, wenn Samantha im Taxi sitzt, werde ich hinfahren. Denn irgendetwas stimmt nicht mit ihr, da bin ich ganz sicher.

Der Morgen des Tages, an dem Stormy abreisen wollte, war ein sehr stiller Morgen. Das lag daran, dass ich nun schon seit zwei Wochen daran gewöhnt war, Musik zu hören, die von unten aus dem Studio zu mir in die Küche meines Turms drang. Es war immer Jazzmusik, die Stormy über die Anlage im Studio laufen ließ, meistens Frank Morgan, ein Saxophonist. »Früher hast du so was nicht gehört«, hab ich gesagt. »Man entwickelt sich«, hat er erwidert.

An diesem Morgen war es still. Ich weiß noch, dass ich dachte, ihm ist wohl nicht danach, der Abschied fällt ihm vielleicht schwerer, als er zugeben will. Draußen lag ein bleigrauer See in seinem Becken, an solchen Tagen ist es, als würde man sein Gewicht spüren. Als ich Stormy dann fand, im Studio auf der Liege, die Hände am Kragen seines T-Shirts, als wollte er es zerreißen, ein altes Led-Zeppelin-T-Shirt war das, da wählte ich sofort Cristinas Handynummer. Aber es kamen nur ein kurzer Signalton und die Anzeige auf meinem Display »Anruf fehlgeschlagen«. Ich versuchte es ein paar Mal, immer mit dem gleichen Resultat. Keine Ansage, keine Verbindung zur Mailbox. Nur »Anruf fehlgeschlagen«. Eine SMS erhielt den Vermerk: »Nicht zugestellt«. Ich rief im Polizeipräsidium an.

»Cristina Conte ist nicht da.«

»Wann kommt sie?«

»Heute gar nicht. Womit können wir helfen?«

Eine Stunde später stapften die Beamten und Sanitäter den Berg herauf zum Turm. Sie hatten ein kleines Motocarriola dabei, eine Art motorisierter Schubkarren mit schweren Gummiketten statt Rädern. Normalerweise benutzt man sie hier in den Bergen zum Transport von Zement oder Dachziegeln. Diesmal war eine Trage darauf festgeschnallt.

Den jungen Kommissar aus Varese, der mich vernahm, kannte ich von den Ermittlungen in dem damaligen Mordfall. Stormy wurde von einem Arzt untersucht, das Studio abgesperrt und versiegelt. Der Platz davor wurde mit Bändern notdürftig abgeriegelt, zwei uniformierte Carabinieri blieben hier zur Bewachung des Ortes. Das Eintreffen der

Spurensicherung war bereits angekündigt. Als sich die kleine Prozession mit Stormys Leiche auf den Weg nach unten machte, fragte ich auch den jungen Kommissar nach Cristina Conte.

»Sie ist zurzeit nicht da«, war seine Antwort.

»Was heißt das: nicht da?«, fragte ich.

»Das heißt: nicht da.«

»Wann kommt sie wieder?«

»Das kann ich nicht sagen.«

»Sie können nicht sagen, wann Ihre Chefin wiederkommt?«

Er wich meinem Blick aus. Ich habe selbst viele Verhöre geführt und weiß, wie man durch Schweigen und Blicke den Druck erhöht, die Wahrheit zu sagen.

»Jetzt kommen Sie, wo ist sie denn?«, fragte ich schließlich.

»Cristina Conte ist derzeit nicht im Dienst. Mehr kann ich wirklich nicht sagen«, antwortete er entschlossen.

Tage später, als bereits feststand, dass Stormy an einem Herzinfarkt gestorben war, als die Absperrbänder ums Studio wieder weggenommen worden waren, als ich schon den Besuch von Samantha organisierte, erhielt ich von einem anderen Beamten in Varese auf die Frage nach der Hauptkommissarin die Antwort: »Cristina Conte ist nicht mehr bei der Polizei.«

Viale Sant'Antonio 64, Provinzhauptstadt Varese, das ist ihre Adresse. Einen Festnetzanschluss hat sie nicht. Ich werde heute zu dieser Adresse fahren und herausfinden, was mit Cristina passiert ist. Ich bin kein Kommissar mehr, schon klar, und ich will auch keiner mehr sein. Aber das bin ich ihr schuldig. Oder mir?

Ich muss lächeln, als sich in meinem Kopf die Stimme meines früheren Chefs Frank Becker meldet: *Halt dich da raus, Lukas. Das geht dich nichts an.*

Du hattest damals schon nicht recht, Frank, denke ich. Und es hat dich dein Leben gekostet. Was ich auch denke: Du fehlst mir, Frank.

Ich mache einen Cappuccino für Samantha und balanciere die Tasse die Wendeltreppe hinunter.

Es ist nicht schön, jemanden aufzuwecken, der einen schlimmen Tag vor sich hat. Samantha liegt auf der Seite und schläft tief und lautlos. Durch die Schießscharten dringt nur mattes Licht ins Schlafzimmer. Ich öffne die schmalen Scheiben und lasse kühle Luft herein. Ich stelle den Cappuccino auf den Nachttisch, setze mich an den Bettrand, berühre die Schulter in dem hellblauen Pyjama. Ich sage ein paarmal ihren Namen, bis sie aufwacht. Ich sehe, wie sich hinter ihren Augen langsam die Wirklichkeit zusammensetzt, in der sie sich befindet.

»Oh«, sagt sie. *»Is it time?«*

»Yes«, sage ich. *»It's time.«*

3

DIE DINGE LAUFEN NICHT SO, WIE MAN SIE SICH vorher ausgedacht hat. Das ist am Lago Maggiore nicht anders als anderswo. Einige Leute, die mich in meinem neuen Zuhause besucht haben, fanden das Leben hier irgendwie gelassener, leichter. Sie sagten, die Menschen seien heiterer. Mein Vater sagte früher, die Menschen hier könnten einfach besser mit der Tatsache umgehen, dass sich jede Minute alles ändern könne. Sie wüssten, dass das Aufstellen eines Plans meistens schon der erste Akt einer Komödie ist. »Das liegt daran«, sagte er, »dass ihr Leben zwischen zwei gewaltigen Mächten eingeklemmt ist: Vor sich haben sie diese riesige Masse Wasser, hinter sich diese riesige Masse Gestein. Beide vollkommen unberechenbar und anstrengend.« Er fand jeden Tag Beweise für diesen Gedanken, ob er den Transport eines Möbelstücks am Steilhang beobachtete oder das umständliche Anlegen und Vertäuen eines Bootes.

Auf dem verschneiten Weg vom Turm nach unten reißt gleich in der zweiten Kurve eine der beiden Schneeketten des Suzuki und verklemmt sich an der Vorderachse. Wir müssen das Auto stehen lassen. Samantha, die beiden Koffer und ich schlittern also den Berg hinunter, rutschen aus, halten uns an Bäumen fest oder aneinander, fangen die sich selbständig machenden Gepäckstücke wieder ein und sind schließlich ziemlich durchnässt, als wir unten ankommen. Aber wir haben auch ein paarmal laut gelacht. Als sie in das Taxi steigt, das vor der Pizzeria *Concordia* wartet, fragt sie: »Willst du nicht doch mitkommen?«

Doch es ist nur so dahingesagt, das weiß sie selbst. Das Taxi fährt los, in Richtung eines kühlen Raumes mit viel Stahl, in Richtung einer Bahre, auf der ein Tuch zurückgezogen wird, in Richtung eines wächsernen, fremd aussehenden Gesichts. Ich winke Samantha nach, sie winkt aus dem Rückfenster zurück.

Anstatt vor Cristina Contes Wohnungstür zu stehen, liege ich also an diesem Tag am Steilhang unter meinem Auto. Es ist schon dunkel, als der Suzuki wieder oben vor dem Turm parkt, mit neuen Schneeketten an den Füßen.

Abends ruft die Vizechefin meiner Plattenfirma an. Sie fragt nach dem Stand der Aufnahmen für das neue Album. Sie schäme sich ein bisschen, sagt sie, aber sie wolle doch darauf hinweisen: Aus Vermarktungssicht wäre es natürlich nicht verkehrt, wenn das Album bald käme. Oder wenigstens die Single.

»Die letzten Aufnahmen von Stormy Hopton – mit dieser Ankündigung sollte man nicht zu lange warten«, sagt sie. »Du weißt ja, wie schnell die Menschen vergessen.«

Sie heißt Farina und hat eine markante Reibeisenstimme. Ich erkläre ihr, dass alle Aufnahmen fertig sind und ich mit der Band bald die ersten Mixe besprechen werde.

Später sitze ich auf dem Sofa, mit Stormys grüner Elektrogitarre auf den Knien, das Kabel eingesteckt in einen alten

Marshall-Verstärker, vor mir der Rest Whisky aus der Flasche des seltenen Single Malts, den Stormy mitgebracht hat. Draußen schneit es wieder.

Bei mir klingt das Riff des Intros nur melancholisch. Stormys Finger haben mehr Druck gemacht, der Traurigkeit noch die Entschlossenheit abgerungen, das Leben bald wieder zu genießen.

She's a thief and she's called Luna
She stole my sleep and I should sue her

Das sind die ersten Zeilen meiner Single. Das Lied handelt natürlich von Cristina.

Hatte es etwas Gutes, dass ich mich heute nicht darum kümmern konnte, wo Cristina abgeblieben ist?

Wie sich herausstellen sollte: ja. Denn im Laden, wo ich die neuen Schneeketten gekauft habe, traf ich einen Mann von der Gemeinde, der mich auf meinen Antrag angesprochen hat, eine Gasleitung zum Turm zu legen. Wie alt ist der Antrag? Ein Jahr? Zwei Jahre?

Der Mann sagte, ich müsse den Antrag zuerst direkt beim Energieunternehmen einreichen, in der Gemeindeverwaltung könnten sie erst danach tätig werden. Dieser Satz bedeutete, dass ich die nächsten zehn Jahre wie bisher schwere Gasflaschen zum Turm hochtransportieren werde, anstatt einfach nur einen Hahn aufzudrehen. Aber der Satz hat mich auf eine Idee gebracht.

Gleich am Nachmittag telefonierte ich mit einem Verwaltungsangestellten des Stromanbieters ASPEM in Luino.

Der Mann heißt Emil Fachett. Jedenfalls glauben das seine Arbeitskollegen seit fast neun Jahren. Der Name steht auch so in seinem Pass, in seiner Steuererklärung, auf der Karte seiner Krankenversicherung. Er hat eine Frau, einen Hund und einen 1er BMW. Die Italiener nennen ihn alle Emilio, manche auch Facchetti, weil sein Nachname ähnlich klingt wie der eines berühmten Verteidigers von Inter Mailand. Eine lupenreine Existenz, dieser Mann. Dafür habe ich gesorgt. Lupenreine Existenzen waren mein Fachgebiet als Kommissar. Falsche lupenreine Existenzen.

»Dass Sie anrufen, ist kein gutes Zeichen«, sagte Fachett am Telefon. »Muss ich Angst haben?«

»Nein«, antwortete ich. »Alles dicht. Keine Sorge. Sie müssen mir nur einen Gefallen tun.«

Schweigen am Ende der Leitung. Wir hatten in neun Jahren nicht ein Wort gewechselt. Das ist das Wichtigste an solchen Operationen, an deren Ende ein ganz neues Leben steht: Jede Verbindung zum alten Leben muss gekappt werden.

»Einen Gefallen?«, wiederholte er schließlich misstrauisch. V-Mann war er gewesen, eingeschleust in eine Terrorgruppe mit islamistischem Hintergrund. Dann war er aufgeflogen. Wir konnten ihn gerade noch rausholen und verschwinden lassen.

»Ich brauche ein Schreiben, das mir Zugang zu einer Wohnung in Varese verschafft«, erklärte ich.

»Varese ist gar nicht mein Gebiet«, sagte er.

»Das spielt keine Rolle. Muss nur was zum Vorzeigen sein, falls jemand fragt. Dringende Überprüfung der Gas- oder

Stromleitung zum Beispiel, Sicherheitsgründe, so etwas, mit ASPEM-Briefkopf.«

Er sträubte sich, aber nicht lange. Eine Stunde später hatte ich die Mail.

Sie liegt jetzt ausgedruckt auf dem Wohnzimmertisch. Und ein Bund mit Dietrichen liegt daneben, nur zur Sicherheit. Vielleicht brauche ich die ja gar nicht, weil die Nachbarin einen Schlüssel hat.

Ich möchte noch einen Whisky. Aber die Flasche ist wirklich leer.

4

DIE VIALE SANT'ANTONIO IN VARESE IST EINE KERzengerade, langweilige Straße. Mietshaus reiht sich an Mietshaus, jedes einzelne sagt: *Geh weiter, hier gibt's nichts Besonderes.* Verblichene Farben, verrostete Balkongitter, Kabelsalat an den Mauern. In der Nähe der Nummer 64 gibt es eine Bushaltestelle, eine Reinigung, eine geschlossene Bäckerei und einen Reparaturladen für Elektrogeräte. Cristina Conte hat ein eigenes kleines Messingschild mit ihrem Namen und einer Klingel am Türrahmen des Hauseingangs angeschraubt – über dem chaotisch beschrifteten Klingelbrett der anderen Bewohner. Vielleicht wohnt sie ganz oben, in einem ausgebauten Dachgeschoss?

Heute Morgen habe ich noch zweimal ihre Handynummer gewählt.

Piep, piep. »Fehlgeschlagener Anruf«.

Jetzt drücke ich die Messingklingel und warte auf den Ton eines Türöffners. Die Tür ist mehr ein Tor, zweiflüglig, ich vermute dahinter eine Durchfahrt in den Innenhof. Eine Sprechanlage gibt es nicht. Nach drei Versuchen gebe ich auf und klingele der Reihe nach von unten nach oben bei den anderen Bewohnern. Endlich ertönt ein leises Summen, und der eine Türflügel lässt sich aufdrücken.

In der Durchfahrt steht an der Wand ein Motorrad unter einer schweren grauen Plane. Ich hebe sie ein Stück an. Es ist Cristinas alte Moto Guzzi. Auf ihr haben wir mal einen Ausflug um den See gemacht. An jenem Abend habe ich mir auf dem Rücksitz so allerhand ausgemalt für uns beide. Ihre Haare wehten in mein Gesicht, und der Duft hat mich glücklich gemacht.

Oben, im zweiten Stock, erwartet mich ein ernster Mann am Treppenrand. Bart, Brille, dicker Bauch. Er mustert mich von oben bis unten.

»Sehr freundlich von Ihnen, den Schneematsch bis hier hoch zu tragen«, sagt er und macht eine Kopfbewegung in Richtung meiner Füße.

»*Scusi*«, sage ich. Entschuldigung. Ich frage ihn nach Cristina Conte, sage, wir von ASPEM könnten sie nicht erreichen. »Ist sie verreist? Ausgezogen?«

»Keine Ahnung«, antwortet er. »Die ist so leise, man weiß eh nie, ob sie zu Hause ist. Schleicht nach oben, schleicht nach unten, oft nachts. Stella im dritten Stock sagt, sie ist bei der Polizei. Kriminalpolizei.«

»Stella?«

»Stella Badoni.«

Stella Badoni öffnet ihre dunkelgrüne Wohnungstür nach dem ersten Klingeln so schnell, als hätte sie dahinter gewartet. Und sie sieht schon am Vormittag so aus, als wäre sie abends zu einem Dinner beim Bürgermeister eingeladen. Mindestens siebzig ist sie, würde ich schätzen, sie trägt ein dunkelblaues, faltenfreies Kostüm, eine weiße Bluse darunter und ein rotes Seidentuch um den Hals. Ein goldener

Reif hält ihre schwarz gefärbten Haare zurück, ihr Gesicht ist stark geschminkt.

Una donna classica, würde mein Freund Ambrogio sagen. Eine klassische Frau. Tatsächlich werden diese alten Italienerinnen immer seltener, die wie Festungen des guten Geschmacks in jeder Situation unangreifbar gut aussehen. Wir sprechen zwei, drei Minuten, dann bietet sie mir einen Kaffee und einen Stuhl in ihrer Küche an. Auf dem Tisch, auf dem Fenstersims und sogar auf dem Kühlschrank stehen merkwürdige kleine Figuren aus bemalten Walnussschalen.

»Meine Enkelin«, sagt Stella stolz. »Sie ist eine große Künstlerin.«

Menschen wie Stella Badoni wünscht man sich bei jeder polizeilichen Ermittlung – zumindest am Anfang. Menschen, die gerne behilflich sind, die gerne reden, die auch ungefragt so viel erzählen, wie sie wissen.

Cristina Conte sei schon seit Mitte Dezember nicht mehr in ihrer Wohnung gewesen. Ein Polizeibeamter habe vier Bonsaibäume vorbeigebracht, mit der Bitte, sie zu pflegen.

»Das war wohl ein Kollege von ihr, er sagte, Signora Conte sei in Kur.« Sie schüttelt den Kopf. »Der hatte bestimmt keine Ahnung, wie kompliziert diese Bonsais sind. Ich hab's gegoogelt. Lieber Gott, das ist eine Lebensaufgabe, sage ich Ihnen. Nicht ab und zu gießen und fertig. Ha! Schön wär's.«

Sie sagt, dass Cristina Conte eine nette Frau ist, dass sie viel arbeitet, zu viel, und dass sie nie, nie, nie Besuch bekommt. »Und viel reden tut sie auch nicht. Ab und zu ein paar Sätze übers Wetter oder die Politik.«

Nein, einen Schlüssel zur Wohnung hat sie nicht, auch sonst niemand im Haus, soviel sie weiß.

Ich lüge und sage, dass ich schon von der Polizei einen bekommen habe.

»Sind die Polizisten heutzutage nicht komisch?«, sagt Stella.

»Warum?«, frage ich.

»So weich irgendwie, so gar nicht entschlossen«, sagt sie. »Dieser Mann hat mich mehr an einen Pfarrer erinnert, der die Beichte abnimmt, als an einen Verbrecherjäger.«

Ich denke an Cristinas jungen Kollegen und male mir das Bild aus, das Stella von einem Polizisten hat. Ich hätte dem sicher auch nicht entsprochen. Ich bedanke mich und mache mich auf den Weg zwei Stockwerke weiter nach oben. An Cristinas Wohnungstür ist jedenfalls kein Polizeisiegel. Die Vermutung mit dem ausgebauten Dachgeschoss war wohl richtig. Die Tür ist ziemlich neu und das Schloss ein modernes Sicherheitsschloss. Da ich definitiv aus der Übung bin, brauche ich eine ganze Weile, bis das Schloss mit einem lauten Knacken aufspringt.

5

ES IST EIN GROSSER UNTERSCHIED, OB MAN MIT einem richterlichen Durchsuchungsbeschluss in eine fremde Wohnung eindringt – oder illegal, wie ein Dieb. Meine Gedanken rasen, meine Hände fliegen, mein Puls ist hoch.

Du hast alle Zeit der Welt, sage ich mir. Niemand wird dich stören, höchstens Cristina selbst. Dann wäre meine Mission ohnehin beendet.

Mission? Was für eine Mission?

Ich bin ein liebeskranker Stalker, der im Leben der Frau rumschnüffelt, die ihn abserviert hat. Ich begehe eine Straftat und riskiere mein wunderbares neues Leben. Der Impuls, hier schleunigst wieder zu verschwinden, hämmert in meiner Blutbahn. In der Stille der Wohnung kann ich diesen Hammer physisch hören.

Eine andere Stimme in mir sagt: Feigling. Diese Frau bedeutet dir etwas, vielleicht braucht sie deine Hilfe. Irgendetwas stimmt hier nicht. Wenn nicht du, wer sonst wird hier etwas unternehmen? Die Polizisten von heute sind Weicheier, hat die Nachbarin gesagt oder jedenfalls gemeint. Und du bist auch so ein Weichei.

Cristinas Wohnung besteht aus einem kleinen Flur und vier Räumen. Wohnküche, Schlafzimmer, Bad – und ein viertes

Zimmer mit einer Überraschung. Hier stehen ein Konzertflügel, ein antikes Regal mit Notenheften und vor dem Fenster eine Art Sideboard. Man sieht darauf noch die Abdrücke von vier Blumentöpfen. Das war der Platz der Bonsais.

Die Notenhefte sind Klavierpartituren, und in fast allen sehe ich handschriftliche Notizen mit Bleistift. Cristinas Schrift?

Jetzt fällt mir auf, dass an den Wänden der Wohnung nur eine Art von Bildern hängt: gerahmte Plakate von klassischen Konzerten oder Opernaufführungen. Pavarotti in der Met in New York, Barenboim in Mailand, der Cellist Soltani in Berlin, das war vor zwei Jahren. Sehr gut aussehender Typ. War Cristina bei diesen Konzerten?

Sie hat mir nichts davon erzählt, dass sie Klavier spielt, dass Musik ihre Leidenschaft ist. Und ich Idiot wollte sie überreden, zu meinem *Tutto-Bene*-Auftritt nach New York zu kommen ... Hey, Baby, ich zeig dir die Welt, kriegst auch einen Backstagepass ... Mann.

Daniel Barenboim hat mal in einem Interview gesagt, doch, doch, er höre auch gelegentlich mal Pop. Das sei ganz vergnüglich, habe nur nichts mit Musik zu tun. Hat sie mich deshalb nicht in ihre Wohnung eingeladen? Weil sie mich nicht verletzen wollte?

Niemand sieht es, aber ich habe einen roten Kopf, als ich Cristinas Notenhefte in das Regal zurücklege.

Viel später wird sich herausstellen, dass ich sie mir sorgfältiger hätte ansehen sollen.

Der Fußboden der Wohnung besteht aus breiten Holzbohlen, auch im Bad. Von den Decken hängen weiße Kugellampen. Nur in der Küche ist die Lampe über dem Tisch eine Art Kunstwerk, ein Geflecht aus Draht, in dem viele kleine Glühbirnen angebracht sind.

Mein Freund Ambrogio, der Schreiner, behauptet, Frauen durchschaut zu haben. »Im Allgemeinen«, betont er, »nicht jede einzelne.« Wahrscheinlich sagt er das mit Blick auf die Tatsache, dass seine Frau ihn mindestens einmal pro Jahr vor die Tür setzt. Ambrogio hat viele Thesen über die Unterschiede zwischen Männern und Frauen. Wenn er sie in Anwesenheit von Frauen vertritt – und das tut er gern –, gibt es immer Streit.

Eine dieser Thesen lautet, dass Frauen ihre Seele beruhigen, indem sie um sich herum einen Schutzwall errichten, hinter dem sie sich verschanzen. Er besteht aus Bergen unnützer Dinge, die ständig angeschafft werden, angeblich, um eine Wohnung gemütlich und ein Leben lebenswert zu machen. Porzellanfiguren, Glaskaraffen, Bilderrahmen, gehäkelte Untersetzer, Kerzenständer, Kissen, hübsche Fläschchen und Spitzendeckchen, bemalte Kugeln und Schachteln.

In Cristinas Wohnung ist nichts davon zu finden. Keine Stofftiere im Schlafzimmer, keine Fotos am Kühlschrank. Auch nichts von dem Krempel, der sich sonst so reinschleicht in eine Wohnung, Geräte, Flaschen, Taschen, Zeitschriften ... Ist sie so ordentlich? Oder so selten hier? Wenn sie viel Klavier spielt, warum sagt der Dicke im zweiten Stock dann, sie sei so still?

Im Kleiderschrank erkenne ich Hosen, Pullover, Blusen und ein Kleid, das sie mal getragen hat, als wir zusammen waren.

Ich werde langsam ruhiger, die alte Routine einer solchen Durchsuchung übernimmt in mir das Kommando, ihre gnadenlose Systematik: Jede Schublade wird geöffnet, jeder Wäschestapel angehoben, jede Dose geöffnet. In einer Schublade in der Küche sehe ich Werkzeug und ein Ladegerät für die Motorradbatterie. Im Bücherregal im Schlafzimmer stehen ein paar Ordner mit Papieren. Rechnungen, Versicherungspolicen ... An der Garderobe im Flur hängt ein Badmintonschläger. Es gibt keinen Computer in der Wohnung, aber einen WLAN-Router in der Küche. Vermutlich hat Cristina ihren Laptop mitgenommen. Wohin?

Was suche ich? Ich weiß es nicht.

Aber was ich dann finde, beendet für mich jeden Zweifel daran, dass Kommissarin Cristina Conte in ein gefährliches Geschehen verwickelt ist.

Als ich schließlich unten in dem Durchgang an der Moto Guzzi vorbei wieder zurück auf die Viale Sant'Antonio trete, befindet es sich in meiner Umhängetasche. Es ist eine Plastiktüte der Supermarktkette Unes. Eine der großen, stabilen Tüten, für die man extra zahlen muss. Sie war im Flügel versteckt und hat ein paar Tasten dumpf klingen lassen. Das merkt sogar ein Popmusiker, der gedankenverloren ein paar einfache Akkorde anschlägt.

Im Suzuki öffne ich meine Tasche und hole die Tüte heraus. Sie enthält viele Bündel unterschiedlicher Euro-Geldscheine, Hunderter, Zweihunderter, nur große Scheine, überschlagen etwa 200 000 Euro. Außerdem enthält sie eine Beretta 92, das ist eine Dienstpistole vieler US-amerikanischer Polizeibehörden.

Cristina.

Hey, ich bin's. Wo bist du, was ist mit dir passiert?

Ich starte den Motor und fahre los. Die Luft, die durch das undichte Verdeck in den Wagen strömt, ist anders als heute Morgen. Wärmer. Und sie hat den Hauch des Geruchs von Frühling. Bald wird Lara ihr Hotel am See aus dem Winterschlaf aufwecken. Ich beschließe, auf dem Heimweg noch irgendwo einen Drink zu nehmen. Nachdenken.

6

EINER DER SEHR ANGENEHMEN UNTERSCHIEDE zwischen dem Leben hier am Lago Maggiore und dem Leben anderswo ist die Tatsache, dass man den Winter zwischendurch mal vergessen kann. Wenigstens für einen Tag.

Heute zum Beispiel. Unfassbarer Himmel. Wäre ich ein Maler, würde ich mir ein Archiv anlegen, ein Archiv der Farben. Was hier der Himmel mit der Farbe Blau anstellt, ist sagenhaft. Manchmal kann das Blau fast schwarz sein, manchmal fast weiß, so wie heute. Ich bin aber kein Maler, sondern Musiker. Ich habe mir ein Archiv der Geräusche angelegt. Ich habe alles aufgenommen: Vogelstimmen. Wie die Kaffeemaschine unten bei *Biagio* pustet, die Stimme der Ansage auf der Fähre, wenn sie »Maccagno« ankündigt, den Ort, der meiner geworden ist. Die Geräusche, die der Wind macht. Mir fällt gerade auf, dass es schon ein bisschen her ist, als ich das letzte Mal etwas aufgenommen habe. Ich muss wieder aufmerksamer werden. Das gehört zu diesem Leben dazu.

Ich brauche nicht mal eine Jacke. Pulli reicht. 18 Grad. Und es ist noch Vormittag. Gestern war dieser Anruf auf der Mailbox: »Hallo, Lukas, alter Junge, hier ist Herbert, ich bin in der Gegend. Paar Tage, bisschen Urlaub. Wollen wir uns vielleicht sehen? Würde mich freuen.«

Ich habe öfter solche Rufe aus der Vergangenheit auf dem Handy, von alten Polizeikollegen und anderen Bekannten aus München. In der Regel antworte ich nicht, wahrscheinlich sind sie deshalb in letzter Zeit seltener geworden. Mein Schweigen hat einen Grund, das muss ich zugeben. Es liegt nicht daran, dass ich keine Menschen mag, obwohl das stimmt, manchmal. Es liegt nicht daran, dass ich nicht an alte Zeiten erinnert werden will, obwohl das sicher auch manchmal stimmt.

Es liegt an einem Problem.

Habe ich wirklich Problem gesagt? Dann bleibe ich jetzt dabei. Es ist leicht zu erklären. Oder doch nicht? Ich habe mal gelesen, je größer Probleme sind, desto leichter lassen sie sich erklären. Das ist in meinem Fall sicher Quatsch. Groß ist mein Problem ganz bestimmt nicht, genau genommen hat es sogar mit einem Geschenk zu tun. Ich habe immer Musik gemacht, seit Teenagerzeiten und danach, in Bands, auch alleine, ich bin aufgetreten oder habe einfach nur für mich gespielt. Ich habe viele unbedeutende Songs komponiert – und dann diesen einen. *Tutto Bene* heißt er. Erstaunlicherweise mag ich ihn immer noch gerne hören, spielen sowieso. *Tutto Bene* ist das geworden, was man einen Welthit nennt. Ja, wirklich. *Tutto Bene* hat mich reich gemacht, er hat mich auf große Tour um die halbe Welt geschickt. Deshalb konnte ich mein Leben als Polizeikommissar beenden. Deshalb kann ich mir das Leben am Lago Maggiore leisten. Ein Geschenk.

Das Problem ist: Ich habe Geld – und andere haben keins. Ich meine das nicht im philosophischen Sinn, arme Kinder in Afrika und ich, Lukas Geier, mit der vielen Kohle. Es ist konkreter. Meine alten Kollegen bei der Polizei verdienen lausig, ich kann das beurteilen, weil ich jahrelang auch lausig verdient habe. Ich konnte es also gut verstehen, dass einige der Kollegen, es waren sogar erstaunlich viele, auf die Idee kamen, eine Frage zu stellen: *Du, Lukas, könntest du mir...?* Und ich konnte. Aber irgendwann war klar: Ich muss zu der Sache eine grundsätzliche Haltung finden. Und da es kaum jemanden auf der Welt gibt, der im Suchen und Finden von grundsätzlichen Haltungen schlechter ist als ich, habe ich angefangen zu schweigen.

Herbert habe ich zurückgerufen. Ich mag Herbert. Besonders die Art, wie er bayerisch spricht. Irgendwie schwingend, wie sein Gang. Wäre Herbert eine Melodie, wäre es was Leichtes, Eingängiges, etwas zwischen Rondò Veneziano und edler Barmusik. Ich habe das eine Zeitlang für mich durchgespielt, Menschen in Melodien einzuteilen. Machte mir Spaß, bis ich zur Polizei kam. Bei Herbert passte das, aber bei den meisten dort funktionierte es nicht. Es gibt Menschen, bei denen haben Töne keine Chance.

Ich habe mich mit ihm bei *Biagio* verabredet, später Vormittag auf einen Cappuccino. Ich hoffe, es gibt noch ein Cornetto, mit Marmelade gefüllt. Als ich runtergehe, fällt mir ein Baum auf, der sich bedrohlich gesenkt hat. Eine große Kastanie. Sie zeigt nicht mehr in den Himmel, sondern in Richtung Luino, so gebeugt ist sie schon. Wenn sie bei einem der nächsten Stürme fällt, wird sie voll auf den Weg krachen, und der ist dann blockiert. Und dann wird es sehr kompliziert, den Baum da wieder wegzukriegen. Das hatte ich schon mal, ein Riesenzirkus, und der Baum war deutlich kleiner als die gebeugte Kastanie. Ich fürchte, ich muss mich darum kümmern. So viele wohnen nicht an diesem Weg. Ich werde nachher Lele anrufen. Er lebt oben in Monte Venere, das ist eine ehemals verlassene Siedlung von Steinhäusern, eine gute halbe Stunde steiler Fußweg von meinem Turm aus. Lele sieht aus wie Jesus Christus. Und für mich ist er das auch. Er ist ein begnadeter Handwerker, er kann einfach alles. Je schwieriger die Aufgabe, desto besser wird er. Die Kastanie ist ein Fall für Lele.

Als ich unten bin, ist Herbert schon da. Er sitzt in der Sonne vor seinem Kaffee. Auf den ersten Blick sieht er aus wie immer. Die blond-braunen, strubbeligen Haare, die offenen, freundlichen Augen. Ich habe mir eigentlich abgewöhnt, näher hinzuschauen. Wie oft habe ich als Polizist in meistens ziemlich öden Fortbildungsseminaren gesessen, in denen uns beigebracht wurde, wie wichtig dieser erste Blick ist, weil er noch frei ist von späteren Einflüssen und Eintrübungen, weil er noch klar und schonungslos ist. Ich brauche keine schonungslosen Blicke mehr, will sie nicht mehr haben. Aber das Abtrainieren dauert. Herbert hat Turnschuhe an, und bei einem sind keine Schnürsenkel drin. Sieht ein bisschen abgerissen aus, denkt der alte Lukas, passt gar nicht zum ordentlichen Herbert.

»Mensch, Lukas«, sagt Herbert, und wir umarmen uns kurz.

»Ich bestelle mir schnell einen Cappuccino, willst du auch noch was?«

»Ja, gerne, bring mir auch noch einen mit.«

Biagio steht drinnen selber an der Kaffeemaschine, das

macht er nur noch selten. Wie immer schwarze Hose, dunkelblaues Hemd, schneeweiße Haare, glattrasiertes Gesicht, leichter Aftershave-Duft. Es sind noch genügend Cornettos mit Marmelade da, ich ordere zwei. »Ich bringe alles raus«, sagt Biagio, und als ich schon fast an der Tür bin, fügt er hinzu: »Wenn du nachher noch Zeit hast, ich muss dir was erzählen.«

»Machst du Urlaub hier?«, frage ich Herbert. »Mit Sabine und den Kindern?«

Ich bin froh, dass mir der Name seiner Frau eingefallen ist. Er kennt Sabine schon ewig, eine Schülerliebe. Alles, was er gelegentlich erzählt hat, klang nicht besonders aufregend, aber irgendwie glücklich. Sie haben zwei Kinder, eine Tochter, glaube ich, und einen Sohn. Der Sohn heißt Leopold, und er hat sagenhaft abstehende Ohren. Herbert hatte ihn mal für einen Tag ins Büro mitgebracht. Ein lustiger Kerl. So hatte ich ihn abgespeichert.

»Ja, paar Tage ausspannen«, antwortet Herbert. »Sabine kommt am Wochenende nach.« Ich frage nach den Kindern, explizit nach Leopold. Herbert sagt: »Leopold geht es gut. Er ist schon richtig groß, du würdest dich wundern. Er hat gerade seinen vierzehnten Geburtstag gefeiert.« Die Frage nach seinen Ohren verkneife ich mir.

Wir schweigen einen Moment. Und wir schauen auf den See, der gerade besonders eindringlich glitzert, als wollte er bei meinem Gast Eindruck schinden.

»Lukas, du warst nicht bei der Beerdigung von Frank, wir haben dich vermisst.« Frank Becker, mein ermordeter Ex-Chef, erschossen auf offener Straße. Ich weiß schon kaum noch, warum er sterben musste. Scheiß Job.

Ich antworte: »Ich habe überlegt, ob ich nach München kommen soll. Aber ich gehöre einfach nicht mehr dazu. Ich bin am Tag der Beerdigung nach Luino gefahren, ist hier das Nachbarstädtchen. Da gibt es eine Trattoria, in der man super Ravioli essen kann. Da saß ich auch mal mit Frank, als er hier war. Wir haben Ravioli gegessen. Natürlich.«

»Natürlich.« Herbert muss lachen. »Wir haben ihn immer damit aufgezogen: der Mann, der ständig nur Ravioli gegessen hat. Am liebsten aus der Dose.«

»Ich habe sozusagen mit Ravioli am Beerdigungstag auf ihn angestoßen. Vielleicht hätte ihm das ja gefallen.«

»Das hätte ihm gefallen, Lukas, da bin ich sicher. Eigentlich müssten wir jetzt auf ihn was trinken.« Herbert macht eine Pause und fügt dann hinzu: »Obwohl er nie was getrunken hat.«

»Ja«, sage ich, »das machen wir, und ich weiß auch, was.«

Biagio hat im Sommer letzten Jahres einen neuen Cocktail kreiert. Eine Mischung aus Mandellikör, Zitronensaft und Wodka. Schmeckt wirklich ausgezeichnet. Biagio ist begeistert, dass er schon so früh seinen Cocktail mixen kann, und mixt gleich einen für sich mit. In Italien, sagt er, gibt es ein Sprichwort, das so viel bedeutet wie: *Es bringt Glück, wenn ein freundlicher Fremder beim Trinken dabei ist.* Das gilt für jede Lebenslage, auch beim Anstoßen auf einen Toten.

Ich habe noch nie in meinem Leben ein einziges Wort mit Herbert über Biagio gesprochen. Doch jetzt, da wir zu dritt draußen in der Sonne sitzen, sagt Herbert: »Der Lukas hat mir schon viel über Sie erzählt. Ich bin so froh, dass ich Sie kennenlernen darf. Lukas sagt immer, an Ihnen könne man studieren, warum Menschen hier glücklicher sind als anderswo.«

Das ist immer Herberts große Stärke gewesen, er kann Leute so leicht aufschließen wie die Tür zu seiner Wohnung. Das ist sehr hilfreich in seinem Beruf. Vielleicht wäre er auch ein guter Versicherungsvertreter geworden.

Bei Biagio jedenfalls funktioniert es. Herbert hat sein Herz erobert. Über nichts auf der Welt redet Biagio lieber als über die Frage, warum die Menschen, die am Lago Maggiore leben, natürlich auch er selbst, etwas Besonderes sind. Wir reden also und trinken und reden, und plötzlich, eher beiläufig, sagt Herbert zu mir: »Du, kann ich bei dir übernachten, bis Sabine kommt? Ich hab noch gar kein Quartier.«

Kurz denke ich: Hatte er am Telefon nicht gesagt, dass er schon ein paar Tage hier ist? Meine Antwort auf seine Frage ist klar, ich erzähle die Geschichte von Stormy Hopton, also von meinem letzten Gast, der gerade in meinen Räumen verstorben ist. »Aber«, sage ich, »ich kümmere mich um ein Quartier.« Ich rufe Lara an. Sie hat um ihr Hotel herum einige Wohnungen gekauft und in Apartments umgewandelt.

»Lara, ich bin's.«

»Lukas, mein Schatz, was kann ich für dich tun?«

Es ist eigentlich nie ein gutes Zeichen, wenn Lara so säuselt. Es bedeutet in der Regel, dass sie sauer auf mich ist. Und dass man jetzt lange danach graben muss, was los ist. Ich ignoriere das und frage sie nach dem Apartment.

»Natürlich«, sagt sie, »ich habe ein sehr schönes Apartment für deinen Freund. Es ist allerdings nicht ganz billig.«

»Die Rechnung geht an mich«, sage ich.

»Ach, Lukas, du bist immer ein so großzügiger Mann.«

Jetzt weiß ich endgültig, dass etwas nicht stimmt. Großzügig ist normalerweise ja ein Kompliment. Aber nicht bei Lara. Sie hat eine andere Definition: Wer zu großzügig ist, ist entweder dumm oder hat Hintergedanken.

Ich fahre Herbert zu dem Apartment, denn es stellt sich heraus, dass er gar nicht mit dem Wagen da ist. Wir verabreden uns für einen der nächsten Abende, wenn Sabine angekommen ist. Als ich wieder oben im Turm bin, fällt mir ein, dass ich Biagio gar nicht mehr gefragt habe, was er mir erzählen wollte. Ich schreibe ihm eine SMS.

Er antwortet schnell: »Keine Eile. Komm doch morgen vorbei. Es geht um Lara.«

7

ES HAT IN MEINEM LEBEN SCHON ÖFTER MAL Momente gegeben, in denen ich nicht so recht weiterwusste. Einmal, kurz nach dem Abitur, habe ich mich an den Rat eines Freundes meiner Mutter erinnert, der aus Russland stammte. Ich kaufte mir zwei Flaschen Smirnoff-Wodka, mietete mich in einem Hotelzimmer ein – und kam erst wieder heraus, als die Flaschen leer waren und mein Kopf auch. Bewerten würde ich diese Methode mit zwei von fünf möglichen Sternen. Ein anderes Mal bin ich in einem solchen Moment für drei Wochen in ein Kloster gegangen. Rückzug total, hatte ich mir eingeredet, das würde mir guttun. Kann man ja auch überall nachlesen. Auf sich selbst zurückgeworfen werden, keine Ablenkung, Ruhe, Stille, umgeben nur von der Natur und der Zeit, zwei guten Gefährten für Gedanken und Gefühle, die sich aufmachen wollen in neue Räume.

Damals war ich noch Kommissar in München, hatte eine schlimme Trennung hinter mir – und meine Eltern waren in dem großen Tsunami in Thailand umgekommen. Jedenfalls glaubte ich das. Ich hatte vor Ort selbst nach ihnen gesucht. Es war die einzige Fernreise, die sie je unternommen hatten, und ich war derjenige, der sie ihnen geschenkt hatte.

Das Kloster Ettal liegt südlich von München unmittelbar

am Fuß der Alpen, eine imposante barocke Benediktinerabtei. Ich kam mit einem Koffer voller Schuldgefühle an, die sich im Laufe meiner Anwesenheit in Fett verwandelten. Gegessen wurde schweigend in Ettal, zusammen mit allen Mönchen. Nur die Stimme eines einzelnen Bruders war zu hören, der die Namen von längst verstorbenen Benediktinermönchen laut vorlas – und ihren Todestag. Er durchquerte die Jahrhunderte, setzte die Liste jeden Tag fort, morgens, mittags, abends, von der Vorspeise bis zur Nachspeise. Dieses Ritual steigerte offenbar meinen Appetit. Als ich wieder zu Hause war und auf die Waage stieg, zeigte sie fünf Kilo mehr.

Das Kloster *Monastero di Santa Marta* erinnert in nichts an die Pracht von Ettal. Es sieht eher aus wie ein sozialistischer Plattenbau aus den siebziger Jahren. Aber es steht auf einem Felsplateau, und dahinter ragt eine beinahe senkrechte Felswand in die Höhe, so als hätte der Architekt auch sie errichtet. Ein Monument aus Beton und Stein. Der Kirchturm ist nicht Teil des Gebäudes, sondern steht frei daneben, schlank und hoch.

Ich war von Maccagno über zwei Stunden hierher unterwegs, musste in Laveno mit der Autofähre über den See setzen, dann weiter ins Gebirge Richtung Lago d'Orta. Den kleinen Wegweiser zum *Monastero* an einer Abzweigung im Wald habe ich zuerst übersehen. Die Straße ist privat, *chiuso al traffico*, aber ich bin angemeldet. Während der Suzuki die steilen Serpentinen hochklettert, denke ich an meinen ehemaligen Schützling Emil Fachett beim Energieunternehmen ASPEM. Er hat mir gute Dienste geleistet in den letzten Wochen, zwar widerwillig, aber dann doch entschlossen. Von seinem E-Mail-Account im Büro haben wir sämtliche Sanatorien, Rehakliniken, Therapieeinrichtungen und Kurhotels der gesamten Gegend angeschrieben, mit der Bitte um die Information, ob eine gewisse Signora Cristina Conte sich dort aufhalte. In vielen Fällen musste Fachett nachtelefonieren, musste Erklärungen abgeben. Ich war kurz davor, die Suche abzubrechen, als er die entscheidende Idee hatte: »Was ist mit Klöstern? Die haben doch heute auch oft solche Einrichtungen, wo man sich erholen kann.«

»Frauen auch?«, fragte ich.

»Klar, denke schon.«

Als wir sie gefunden hatten, hieß es: kein Besuch, kein Telefonat, Fragen bitte nur per Mail, sie werden der Signora weitergeleitet. Fachett musste staatliche Autorität deutlich machen, sagen, dass er eine persönliche Unterschrift unter ein Dokument bräuchte, mit Konsequenzen drohen, wenn das nicht möglich wäre.

Neben mir im Suzuki liegen zwei Umschläge mit Fake-Formularen und Vollmachten, alle mit dem blauen ASPEM-Briefkopf.

Das Tor zum Kloster am Ende der Straße ist offen. Ich stelle den Wagen beim Kirchturm ab, klemme die Papiere unter den Arm und gehe auf die Eingangstür zu. Das kann ich: ein entschlossenes staatliches Gesicht machen. Polizisten verlernen das nie.

Eine Nonne empfängt mich und führt mich durch das Gebäude in den Garten. Er liegt zwischen der Felswand und dem Gebäude, ist erstaunlich groß, seine offene Seite zeigt nach Süden. Ich sehe Azaleen, die bald blühen werden, steinerne Brunnen mit Skulpturen, gusseiserne Bänke, zwei Schubkarren mit Gartenabfällen. Und ich sehe Cristina.

Sie sitzt auf einer der Bänke, mit dem Rücken zu mir. Die Haare unter einer Kappe, Sonnenbrille, beiger Wollpullover, Jeans, Turnschuhe.

Die Nonne führt mich zu der Bank. *»Tuo appuntamento, Signora Conte«*, sagt sie. Ihre Verabredung. »Das ist Signor Fachett vom Gaswerk.«

Ich sehe ihre Augen nicht hinter der Sonnenbrille, als sie sich zu mir umdreht.

»Guten Tag, Herr Fachett«, sagt sie und deutet auf den freien Platz neben sich auf der Bank. »Bitte, setzen Sie sich doch.«

Es ist ein warmer Februartag, früher Nachmittag. Die Luft riecht schon nach Sonne, irgendein Vogel singt sein Lied, irgendeine Vespa quält sich den Berg herauf. Hinter uns hören wir auf dem Kies die Schritte der sich entfernenden Nonne.

»Du hast Nerven«, sagt Cristina.

8

IHR GESICHT IST BLASS, IHRE HAUT DURCHSICHTIG.

Ich hole mein Handy aus der Hosentasche und zeige ihr ein Foto von dem Geld und der Pistole, die ich in ihrem Konzertflügel gefunden habe.

Ein leiser Ton der Überraschung kommt aus ihrem Mund, aber sie wendet ihr Gesicht nicht zu mir, starrt nur das Handy an.

»Was ist passiert, Cristina?«

Eine Weile ist es sehr still in diesem Klostergarten.

»Siehst du den kleinen blauen Vogel dort drüben auf dem Mauervorsprung?«, sagt sie schließlich. »Er begleitet mich, seit ich hier bin. Er kommt immer zu meinem Fenster.«

Ihre Stimme ist leise und belegt, sie ist das Sprechen offenbar gerade nicht gewohnt. Ihre Lippen sind trocken und rissig.

»Was ist passiert, Cristina?«

Sie nimmt ihre Sonnenbrille ab und dreht sich zu mir. Das sonst so unheimliche Blau ihrer Augen ist in diesem Licht hell, beinahe farblos. Und die Pupillen sind winzige schwarze Stecknadelköpfe. Medikamente?

»Wo hast du dieses Foto her?«, fragt sie.

»Ich habe es selbst gemacht. In deiner Wohnung.«

»Du warst in meiner Wohnung?«

Ich lasse die Frage ohne Antwort in der Luft hängen.

»Wo sind die Sachen jetzt?«, fragt sie. »Bei der Polizei?«

»Nein«, sage ich. »Die Pistole und das Geld sind bei mir.«

Um ihre Augen spielt die Andeutung eines Lächelns. »Du bist kein Polizist mehr«, sagt sie, und es klingt erleichtert.

»Nein.«

Sie zieht ihre Hände in die Ärmel ihres Pullovers zurück. Hinter uns quietscht eine Metalltür. Ich wende mich um und sehe die Nonne, diesmal in Begleitung eines Mannes in einem weißen Kittel. Sie schlagen auf dem Kiesweg die Richtung zu unserer Bank ein.

»Ich weiß nicht, was passiert ist«, sagt Cristina, und jetzt füllen sich ihre Augen mit Tränen. »Mir fehlen fast 48 Stunden in meinem Leben. Kannst du für mich herausfinden, was passiert ist, Lukas? Kannst du rausfinden, was ich getan habe?«

»Was du getan hast?«

Ich nehme ein paar Dokumente und einen Stift aus dem Kuvert, damit wir geschäftig aussehen. Die Schritte kommen näher.

»Ich bin am 7. Dezember ohne Erinnerung aufgewacht«, sagt sie schnell und leise, »und zwar in einer fremden Wohnung, im Bett neben einem toten Mann. Erschossen, Loch im Kopf, Blut und Gehirnmasse auf dem Kissen. Die Pistole und das Geld lagen daneben.«

»*Alora*«, sagt die Nonne, die nun hinter uns steht. »Signora Conte muss jetzt zu ihrer Therapie. Der Pfleger bringt sie in den Westflügel. Konnten Sie alle Angelegenheiten regeln?«

»Noch nicht ganz«, antworte ich freundlich. »Signora Conte muss noch etwas ausfüllen und ein paar Unterschriften leisten. Dauert nur fünf Minuten.« Ich mache eine Handbewegung, die signalisiert, dass die beiden uns noch einen Moment allein lassen sollen. Es funktioniert aber nicht. Sie treten nur einen Meter zurück. Der Mann im weißen Kittel lächelt und schaut ungeduldig auf die Uhr.

Ich reiche Cristina die Papiere und den Stift. Sie tut so, als würde sie aufmerksam lesen, und schreibt etwas auf die Formulare.

Sie sagt: »Ich habe die Wohnung vor meiner Abreise gründlich gereinigt. Ich wäre dankbar, wenn Ihre Handwerker nach der Reparatur der Gasleitung kein Chaos hinterlassen.«

Ich sage: »Selbstverständlich, Signora Conte. Ich werde dafür Sorge tragen.«

Ich spüre, dass Cristina Angst hat. Sie steckt die Dokumente zurück ins Kuvert, reicht es mir und steht auf. »Sollten noch Fragen auftauchen«, sagt sie, »können Sie mich jederzeit hier besuchen.«

»Das wird sich bestimmt auch per E-Mail erledigen lassen«, sagt die Nonne. »Der Weg hier hoch ist für Signor Fachett doch sehr umständlich, nicht wahr? Ich bringe Sie nach draußen.«

Cristina und der Pfleger entfernen sich in die entgegengesetzte Richtung. Sie gehen auf ein abseits stehendes Haus zu, das durch einen Glaskorridor mit dem Hauptgebäude verbunden ist. Ich schaue ihnen mit dem unangenehmen Gefühl hinterher, Cristina im Stich zu lassen.

Ein Sanatorium für Burnout-Patienten ist dem Kloster *Santa Marta* angeschlossen, dort ist Cristina untergebracht. Mehr weiß ich noch nicht. Aber das wird sich nach diesem Besuch ändern.

Ich fahre mit dem Suzuki einige Kurven den Berg hinunter, ehe ich auf einem Parkplatz anhalte und das Kuvert öffne. Das Dokument hat nichts mit Gasleitungen und Stromzählern zu tun, es ist der umfangreiche Kaufvertrag für ein gebrauchtes Motorboot, den Fachett kopiert und mit ASPEM-Briefkopf versehen hat. Cristina hat an vier Stellen etwas hineingeschrieben. In Druckbuchstaben, wie man das bei Formularen so macht.

Der erste Eintrag besteht aus einem Datum und einer Adresse:

»7. Dezember, Corso Milano 43, Apartment 7, Luino (Germignaga).«

Das ist offenbar die Wohnung, in der sie aufgewacht ist. Ein paar Seiten weiter hat sie notiert:

»Letzte Erinnerung: Nacht 6. Dezember, mit einem Freund in der Bar *Manhattan* in Luino, Weg zum Auto, kein A.«

Was bedeutete das: kein A? Vielleicht: kein Alkohol. Und: ein Freund? Bisschen genauer wäre besser gewesen, Cristina.

Der dritte Eintrag:

»Nicht mit der Polizei sprechen! Nicht mit den Ärzten sprechen!«

Das letzte Mal taucht Cristinas Schrift in dem Dokument ganz hinten auf, wo die Unterschriften zu leisten sind.

»Der Tote ist mein Bruder«, steht dort in der Zeile des Namens und des Datums. Mehr steht da nicht.

Als ich in Verbania zum Terminal der Autofähre komme, die mich auf meine Seeseite bringen soll, sehe ich das Schiff gerade ablegen. Das nächste fährt erst in zwei Stunden. Bravo.

9

RUND UM MEINEN TURM MUSS MAL JEMAND GANZ viele Narzissenzwiebeln vergraben haben, die auch von den Renovierungsarbeiten unbeeindruckt geblieben sind. Sie treiben schon im Februar aus, zuerst die Blätter und dann recht schnell die Blüten. Im Frühling sieht es deshalb so aus, als stünde der Turm auf einem gelben Teppich. In einem Boot kann man diesen Teppich sogar vom See aus erkennen. Heute Vormittag, beim Öffnen des Küchenfensters, habe ich die ersten Blüten entdeckt. Vielleicht habe ich deshalb nicht sofort bemerkt, dass unten auf einer der beiden Bänke, die Ambrogio gezimmert hat, eine Person sitzt. Obwohl die Bank in der Sonne steht, ist diese Person in einen dicken schwarzen Anorak eingepackt, hat die Hände in den Taschen vergraben und eine grüne Wollmütze tief ins Gesicht gezogen. Ich kenne nur einen Menschen, der so verfroren ist: die Keyboarderin meiner Band. Ich konnte das auf der *Tutto-Bene*-Welttournee studieren; selbst in Havanna verließ Helen das Hotelzimmer abends nicht ohne einen ihrer Oversize-Pullover unterm Arm, bei 32 Grad im Schatten.

Sie sitzt bewegungslos da und starrt auf den See, scheint keine Eile zu haben. Wie lange ist sie schon hier? Ich kontrolliere mein Handy, ob sie sich angekündigt hat. Das tut sie normalerweise. Sie ist noch nie einfach so hier oben erschienen, auch oder erst recht nicht in Zeiten, in denen ich mir das gewünscht hätte. Keine Nachricht.

Ich rufe nicht hinunter, sondern bereite stattdessen ihren Lieblingskaffee zu, einen Flat White mit Hafermilch. Nur wegen Helen habe ich Hafermilch im Kühlschrank. Sie ernährt sich vegetarisch, neuerdings sogar vegan. Sie achtet sehr auf natürliches und gesundes Essen. Das steht in leichtem Widerspruch zu den Substanzen, die sie darüber hinaus so zu sich nimmt, zum Beispiel, wenn sie in einem Mailänder Club 18 Stunden am DJ-Pult steht. Helen ist eine Mischung aus schonungsloser Offenheit und panzerartiger Verschlossenheit. In meiner Band ist sie für die Soundteppiche zuständig, auch für das Programmieren der Grooves. Und sie selbst würde jetzt hinzufügen: fürs ständige Aufpassen, dass Bassist Paul und ich musikalisch nicht abdriften – ins Kitschige, Gefühlsduslige, Schlagerartige. Sie ist die Coole von uns, die Moderne. Auch die Gitarrensoli von Stormy hat sie durch allerlei technische Effekte genial bearbeitet. Die Töne klingen jetzt nicht mehr so, als würden sie in einem alten Röhrenverstärker produziert, sondern als entstünden sie live direkt in deinem Kopf, durch überhitzte Neurotransmitter, wenn es das gibt.

»Hast du deinen Kamin schon angezündet?«, fragt sie, als ich vor ihr stehe und ihr den Kaffee reiche.

»Den brauche ich heute erst abends«, sage ich. Sie wärmt ihre Hände am Kaffeebecher.

»Danke, Luke«, sagt sie.

Helen ist Engländerin und nennt mich Luke.

Ich setze mich neben sie. »Wie findest du die ersten Mixe von *Luna, Luna*?«

»Ziemlich okay«, sagt sie. »An manchen Stellen klingen wir noch zu hart.«

»Zu hart? Und das aus deinem Mund?«

Sie lächelt. »Hast du mich eigentlich je verstanden, Luke?«

Ein Rabe schreit so laut, dass wir ein bisschen erschrecken. Wir lachen. »Reicht dir das als Antwort, oder soll ich auch noch schreien?«, frage ich.

Sie sieht mich an, mustert stumm mein Gesicht. Ihre großen, fast schwarzen Augen, die langen schwarzen Wimpern, ihre weiße Haut, der Schwung ihrer Lippen. Leicht asymmetrisch ist dieser Schwung, erinnert mich immer an das Markenzeichen von Nike. Sie sieht schön aus, denke ich. Und ruhig. Das ist nicht immer so. Helen hat auch nervöse Phasen, bei Gott. Vielleicht hat sie einen neuen Freund? Oder eine neue Freundin? Sie spricht nie über solche Dinge.

»Ich bin erst mal raus aus der Band«, sagt sie plötzlich, und ihr Blick bleibt an meinen geheftet.

»Wie bitte?«

»Ich möchte was anderes machen und habe jetzt eine gute Möglichkeit«, sagt sie. »Ich *muss* mal wieder etwas anderes machen.«

»Und die *Luna-Luna*-Tournee? Da stehen doch schon fast alle Termine … Und das nächste Album …«

»Müsst ihr ohne mich durchziehen. Es tut mir leid, Luke, aber das ist nicht zu ändern.«

Meine Hände werden urplötzlich kalt, eisig, meine Füße verlieren den Kontakt zum Boden. Ruhig atmen, ich weiß, ich weiß. Ist aber schon zu spät. Ich habe das Gefühl, mich aufzulösen. *Hello darkness, my old friend* … Ich höre Helens Stimme, aber ich verstehe nicht, was sie sagt. Ich sehe, dass sie aufspringt und ins Studio rennt. Sie kommt mit einem Glas Wasser zurück.

Ruhig atmen. *Tutto bene, tutto bene.*

Später sitzen wir im Wohnzimmer, und jetzt brennt doch das Feuer im Kamin. Helen erzählt von zwei sehr erfolgreichen jungen Serben, die sich *Ashes* nennen und experimentelle Elektromusik machen. Die Jungs wollen sie unbedingt haben und bieten ihr an, bei allen Clubauftritten weltweit dabei zu sein und an ihrem nächsten Album mitzuarbeiten. Sie suchen offenbar neue Melodielinien, die sich eher an Klassik orientieren als an Pop. Helen hat in London Klavier studiert.

»Ich kaue schon länger darauf rum, hier wegzuziehen, das weißt du ja«, sagt sie. »So schön das alles hier ist am Lago, irgendwie ist es mir auch zu idyllisch. Ich muss meinen Arsch mal wieder in Bewegung setzen.«

Wir reden und essen Pasta und reden und trinken Grappa und reden und schauen auf den Himmel. Und als es draußen dunkel wird, reden wir noch immer. Wir reden über die vergangenen Jahre, wie es angefangen hat, wie skeptisch wir uns zunächst gegenüberstanden, sie mit Laptop, ich mit Gitarre. Helen war eine Empfehlung der Plattenfirma. Wir erzählen uns noch mal, wie wir uns aneinander rangetastet haben, zuerst musikalisch, später auch, in einer einzigen Nacht, körperlich. Weißt du noch, weißt du noch, weißt du noch …

Ich versuche natürlich, Helen zu halten: Du kannst doch

wegziehen, wir fliegen dich für die Arbeit ein, du kannst doch mit *Ashes* arbeiten und trotzdem auch mit mir. Aber mit jedem Weißt-du-Noch wird es klarer: Helen ist Vergangenheit.

»Hast du schon mit Paul geredet?«, frage ich sie, als sie schließlich ihren Anorak anzieht.

»Ich bin morgen mit ihm im *Caffè Clerici* verabredet«, sagt sie. Paul sitzt jeden Vormittag dort, immer an demselben Tisch, und liest Zeitung.

»Was passiert mit deiner ganzen Technik?«, frage ich.

»Bleibt hier. Du hast sie ja bezahlt. Ich nehme nur den Modulator mit, mit dem ich gekommen bin.«

Wir stehen uns gegenüber, sie streicht mir über die Wange.

»Bist du okay?«, fragt sie.

»Ja«, antworte ich.

»Mach's gut, Luke«, sagt sie. Und sie dreht sich um und geht die Wendeltreppe nach unten. Sekunden später höre ich die schwere Eingangstür des Turms ins Schloss fallen. Ich öffne schnell das Fenster.

»Hast du eine Taschenlampe?«, rufe ich nach unten.

»Klar!«, ruft sie hoch, und ich sehe bereits den Lichtkegel.

Was ich auch sehe: Sie geht zum Studio, macht dort Licht an. Als sie Minuten später wieder in der Tür erscheint, hat sie einen Alukoffer in der Hand. Sie knipst das Licht aus und geht den Weg hinunter. Ich kann den tanzenden Schein der Taschenlampe noch eine ganze Weile verfolgen, ehe er sich hinter einer Kurve verliert. Sie hat ihren Modulator mitgenommen. Gleich, sofort.

10

ICH HABE HEUTE ABEND EINE VERABREDUNG MIT mir selbst. Mit mir zusammen darüber nachdenken, was gerade so los ist. Stormy Hopton ist tot, gestorben, ausgerechnet in meinem Turm, ein paar Wochen ist das erst her, aber viel nachdenken muss ich darüber nicht mehr, glaube ich zumindest. Ambrogio sagt immer: Bloß keine Gefühle investieren, wo sie nicht hingehören. Okay, Ambrogio: Helen hat die Band verlassen – Gefühl investieren, ja oder nein?

Jetzt nicht, beschließe ich. Ich will auch nicht über Cristina und ihren toten Bruder nachdenken, das tue ich sowieso die ganze Zeit. Ich will mir andere Fragen stellen, Fragen, die mir bessere Laune machen. Wer ich gerade bin zum Beispiel, wer ich in nächster Zeit sein möchte. Wer oder was gerade verhindert, dass ich so bin, wie ich sein möchte. Solche Dinge möchte ich mit mir besprechen.

Ich freue mich sehr auf den Rotwein. Ein Insoglio, Jahrgang 2017, auf dem Etikett ist ein Wildschwein. Der Insoglio ist mein Lieblingswein. Na gut, einer meiner Lieblingsweine.

Ich habe einen Tisch reserviert im *Gibigiana* in Rancio Valcuvia, einem kleinen Ort, paar Kilometer von Luino entfernt, Richtung Landesinnere. Das Restaurant liegt abseits sämtlicher Touristenströme. Hier essen die Einheimischen.

Im August, wenn die Touristen alles bevölkern und sogar eine gewisse Gefahr bestünde, dass sie auch dieses Lokal finden, hat das *Gibigiana* geschlossen. Den Tipp habe ich von Lara. Sie sagte: Hier isst du das beste Fleisch in der ganzen Gegend. Ein Traum, sagte sie. Und sie hatte recht.

Die guten Orte in Italien liegen oft auf einem Berg. Als wäre der Ort eine Burg, die sich vor etwas verteidigen muss. Man schlängelt sich auf schmalen Straßen nach oben, von Kurve zu Kurve. Es sind keine ordinären Kurven, wie sie in Deutschland so üblich sind, sie heißen *tornante*, Spitzkehren, die eher mit einer Wendeltreppe als mit einer Kurve zu vergleichen sind. Rancio Valcuvia liegt auf einem kleinen Berg. Hier gibt es eine Kirche und ein paar schmale Gassen, durch die man mit einem normalen Auto noch gerade so durchkommt. Der Parkplatz des *Gibigiana* hat mehrere kleine Ebenen, Platz ist die Ressource, die der Ort am wenigsten hat.

Wenn man in das Restaurant kommt, fallen zwei Dinge auf. Das eine ist der große Grill im Zentrum des Lokals, hier glühen die Steaks, die Filets. Das andere ist keine Sache, sondern ein Mensch: Fabio, der Chef des Lokals. Er ist immer da. Er begrüßt die Gäste, und er persönlich ist der Herr des Fleisches. Er schneidet die Steaks, er reibt sie mit seinen selbstgemachten Marinaden ein, mit einem kleinen Pinsel. Und er behandelt das Feuer. Wenn man, wie ich heute, schon früh da ist, also um halb acht, kann man Fabio dabei zuschauen, am Anfang sind es richtige Flammen, die überraschend schnell in Glut übergehen.

Fabio wird so um die vierzig Jahre alt sein. Ein leicht stämmiger Mann, der immer eine blaue Schürze trägt. Ich bin mir ziemlich sicher, dass er sich nie fragt, wer er gerade ist. Er weiß es einfach. Fabio hat eine sehr besondere Stimme, sie ist hoch und wird im Lauf eines Gesprächs höher und höher, bleibt aber immer melodisch. Heute fällt mir die Stimme besonders auf. Ich versuche, mir die Töne zu merken. Vielleicht sollte ich mal unauffällig per Handy seine Stimme aufnehmen. Fabios Stimme könnte was für eine kleine Sequenz in einem Song sein, elektronisch bearbeitet, unter Gitarrentöne gelegt. So was macht Helen. Machte Helen.

Ich bestelle den Wein, wähle als Vorspeise die gefüllten Zucchiniblüten und als Hauptgericht das *Filetto di Manzo* mit Gemüse, gebratenen Kartoffeln und einem gemischten Salat. Dann wird ein Grappa folgen und ein Espresso. Und dann kommt noch ein Grappa aufs Haus. Zahlen tut man vorne an der Kasse.

Meine Stimmung ist gut. Ich beschließe schon bei der ersten wunderbaren Zucchiniblüte, dass meine Lage eigentlich ganz einfach ist. Ich brauche mich nur auf den See zu konzentrieren. Der Blick auf den Lago Maggiore: Das ist mein Leben. Mein Turm. Die Menschen am See. Meine Musik. Das ist hell, das ist die Chance. Das Dunkle kommt aus der Vergangenheit.

Ich habe am letzten Abend mit Stormy über eine Idee geredet, die er ganz toll fand. Wenn man so will: er selbst als Role Model. Warum lade ich mir nicht immer mal wieder Musiker wie ihn ein? Aus der ganzen Welt, zu mir in den Turm am See? Die Leute würden kommen, ich weiß das inzwischen. Musiker brauchen Geld, alle, und sie wollen Abwechslung, alle. Dann wir machen Musik. Ich sammle Anregungen, neue Stilrichtungen, neue Elemente.

Ich bin jetzt beim dritten Glas des Insoglios. Im Zentrum: das Studio im Turm, der Lago Maggiore. Vielleicht entsteht daraus mal eine eigene Musikmarke.

Stormy als Role Model? Sterben sollte natürlich niemand mehr so schnell. Ansonsten halte ich mich an Ambrogio: Bitte keine Gefühle!

Meine Stimmung ist auch deshalb gut, weil ich andere Felder wegdrücke. Das Jetzt ist mein Thema. Nicht das Früher. Nicht: meine Eltern. Ich schicke den dunklen Gedanken sofort weg, warum mich meine Eltern so lange in dem Glauben gelassen haben, dass sie tot sind. Es gab diese Postkarte, die mich viel zu spät erreichte, ja. Aber ist das euer Ernst, liebe Eltern: eine Postkarte? Ich schicke den Gedanken weg. Mein Leben spielt jetzt. Nicht früher.

Ich schicke noch einen anderen Gedanken weg. Frauen. Vor dem zweiten Grappa ist dieser kurze Impuls da: Ich bin ziemlich einsam. Sehr. Es ist schlimmer, als wenn ich sagen würde: Es gibt da zurzeit niemanden.

Cristina. Der Stich, den mir ihre Nichtanwesenheit versetzt hat, als die Polizisten bei mir oben waren. Das Herzklopfen beim Wiedersehen in diesem Kloster. Ich spüre dem Grappa nach, seiner Schärfe, die die Kehle runterläuft. Geh weg, Gedanke. Gedanke? Geh weg, Gefühl. Könnte mal einen Song drüber machen, wer sofort alles weggehen soll. Ich zahle jetzt. Vorne beim Fabio.

Im Auto schalte ich mein Handy an. Zwei Anrufe auf der Mailbox. Der erste ist von Herbert. »Du, Lukas, mal was ganz anderes. Du machst doch Musik. Du bist doch erfolgreich …« Eine Pause, die sich nach Luftschnappen anhört. Eines ist jetzt schon klar: Herbert ist betrunken, so was von. »Lukas, also, du weißt das gar nicht. Ich hab früher auch Musik gemacht. Inner Band, wir warn gar ned so schlecht. Die Four Tremeloes habn mia gheissen. Ich hab Schlagzeug gespielt. Was ich sagn wollt, Lukas: Brauchst du vielleicht einen wie mich? Ich mein jetzt einen Schlagzeuger. Also, damit du's weißt: Ich würd mitmachen, ich schmeiß alles hin und komme auch zum Lago Maggiore.« Wieder Luftschnappen. »Servus, Lukas. Des war der Herbert.«

Des war der Herbert. Ich muss lachen. Einmal habe ich ihn vor vielen Jahren betrunken erlebt, auf einer Weihnachtsfeier unserer Abteilung. Ich weiß noch, wie überrascht ich war. Herbert, der immer so vernünftig war, plötzlich hackevoll. Er war ja auch der Erste, der mich damals angepumpt hat. Schlummert im Herbert was? Ich muss noch mal ganz laut lachen bei der Vorstellung, ich komme mit dem Herbert zur nächsten Probe. Herbert statt Helen. Sensationell.

Leider ist da noch ein Anruf. Mario von der Eisdiele in Luino. Fabelhaftes Eis, besonders das Himbeereis. Mario, der Eiskünstler. Obwohl er das ist, was man einen Quereinsteiger nennen könnte. Den Job in der Eisdiele habe ich ihm beschafft, zunächst war er nur Kellner, jetzt gehört ihm der Laden. Mario, der Name war auch meine Idee. Wieder einer, der sein altes Leben abschütteln musste. Und was für eines: Mario war Profikiller. Seit Jahren esse ich das Himbeereis bei ihm, sonst hatten wir keinerlei Kontakt. Sein Anruf ist kein gutes Zeichen, gar kein gutes. Seine Stimme auf der Mailbox klingt gepresst: »Herr Geier, Sie müssen sich ganz schnell bei mir melden. Es gibt ein Problem. Es eilt, wirklich, es eilt.«

11

IHRE MAIL KOMMT MITTEN IN DER NACHT. Ich hatte mehrmals versucht, sie in dem Kloster zu erreichen, aber ich bekam immer nur die Antwort: Momentan ist keine Kontaktaufnahme mit Signora Cristina Conte möglich, wir bitten, dies zu akzeptieren. Ich sitze vor dem Laptop in der Küche, schaue mir gerade ein grässliches Video an, von einer möglichen Kandidatin für die Nachfolge von Helen, eine tolle Frau, wie meine Plattenfirma meint. Die wird es jedenfalls nicht.

In die Betreffzeile ihrer Mail schreibt Cristina: *Mein Leben.*

Lieber Lukas,
Dein Besuch in meinem Exil hat mich unheimlich gefreut und gerührt. Als Du weg warst, habe ich sogar ein paar Tränen verdrückt. Du ahnst es: Das passiert mir nicht oft wegen eines Mannes. Aber vielleicht galten die Tränen ja in erster Linie auch mir selbst.
Ich schreibe Dir, weil Du jetzt unbedingt ein paar Dinge von mir wissen musst. Ich hätte Dir das alles gerne in Ruhe erzählt, am liebsten bei einer Flasche Wein, aber ich fürchte, dafür bleibt mir keine Zeit mehr. Ich habe eine sehr komplizierte und sehr unglückliche Lebensgeschichte.

Bislang dachte ich immer: Ich bin trotzdem groß und stark geworden. Da habe ich mich anscheinend getäuscht.
Ich muss gleich etwas hinzufügen: Mein Bruder Antonio und ich haben gemeinsam diese komplizierte und unglückliche Lebensgeschichte. Die Geschichte des einen ist ohne die des anderen nicht vorstellbar. Mein Bruder, der jetzt nicht mehr lebt. Mein Bruder, mit dessen Tod ich möglicherweise etwas zu tun habe. Das passt nicht zusammen. Das passt einfach nicht zusammen.
Es fällt mir so schwer, darüber zu schreiben. Ich fange von vorne an: Antonio und ich sind, als wir ganz klein waren, bei meiner Mutter gewesen. Meinen Vater haben wir nie kennengelernt. Von meiner Mutter sagen alle, dass sie psychisch krank war. Ich muss glauben, was die Leute sagen. Irgendwas stimmte jedenfalls nicht mit meiner Mutter. Sie hat uns alleingelassen, von einem Tag auf den anderen. Ich war sechs, Antonio vier. Ich war die Ältere, aber es war vor allem Antonio, der die Nerven behielt. Antonio war der Starke, nicht ich. Das musst Du wissen, Lukas.
Wir lebten in einem Dorf in der Toskana, nicht weit weg von Florenz. Wir wohnten in einem Haus, das meine Mutter von einem Bauern gemietet hatte, ziemlich abseits gelegen, so bekamen die Leute lange nicht mit, dass wir Kinder plötzlich ganz allein waren. Antonio und ich waren monatelang völlig auf uns allein gestellt. Nachdem nichts Essbares mehr im Haus war, haben wir gebettelt.
Und irgendwann ist jemandem aufgefallen, wie verwahrlost wir waren.

Antonio und ich. Ich muss schon wieder weinen. Weißt du, was irre ist? Ich kann das Wort Bruder sagen und schreiben, das Wort Schwester hingegen fällt mir unendlich schwer. Wir kamen in ein Heim. Es war schrecklich dort. Dann wurden wir getrennt, jeder kam in ein anderes Heim. Ich erspare dir die Einzelheiten. Irgendwann wurden wir dann zusammen in einer Pflegefamilie untergebracht. Da war es auch kompliziert, aber viel besser. Die Geschichte dieser Familie erzähle ich ein anderes Mal, das führt jetzt zu weit. Ich bin dann groß und stark geworden. Schule, Studium. Bei mir hat vieles funktioniert. Antonio ist auch groß geworden, fast zwei Meter groß, mein kleiner Bruder, aber bei ihm hat vieles nicht funktioniert. Nichts hat er zu Ende gemacht, alles hat er abgebrochen. Immer gab es nach kurzer Zeit Ärger. Antonio hatte so einen Autoritätstick. Er legte sich mit jedem an, der ihm sagte, wo es langgehen soll. Und er hatte einen Gerechtigkeitstick. Wehe, er empfand irgendetwas als ungerecht. Wie oft haben wir gestritten! Ich habe ihn angebrüllt: Das musst du aushalten, so ist das Leben eben manchmal. Wie sehr er mich dafür verachtet hat …

Sie werden Dir erzählen, er war ein Krimineller. Und irgendwie war er das natürlich auch. Schau Dir seine Akte an. Er hat vieles legal versucht und viele krumme Geschäfte gemacht. Es gab Anzeigen wegen Körperverletzung. Er saß immer wieder im Gefängnis. Einmal habe ich für ihn was gemacht, was ich vielleicht nicht hätte tun dürfen. Gab Ärger. Ich bereue es nicht.

Die Polizistin und der Kriminelle. Die arme Frau, die unter

ihrem bösen Bruder leidet. So war es nicht, wenigstens nicht oft. Wenn wir beide zusammen waren, war es immer ein bisschen wie früher, als wir Kinder waren. Wir haben uns verstanden. Wir haben viel gelacht. Ich konnte mich immer zurücklehnen bei ihm. Es gab auch Zeiten, da haben wir uns länger nicht gesehen, da wollte ich ihn strafen mit meiner Abwesenheit. Lange habe ich das nie ausgehalten. Bei allen Auseinandersetzungen, die wir hatten, ich habe ihn geliebt. Ich habe den großen, schönen Antonio wirklich geliebt. Glaub nicht alles, was sie Dir über Antonio erzählen werden. Das sage ich nicht nur, weil er mein Bruder ist. War. Das sage ich auch als Polizistin. Er hat immer wieder versucht, gute Dinge zu tun. Das war so, glaub mir.

Jetzt ist mein Bruder tot, und ich soll was damit zu tun haben? Das passt nicht zusammen. Was ist in diesen Tagen passiert? Was habe ich getan? Bitte, Lukas, finde das heraus. Du bist meine einzige Hoffnung.

Weißt Du eigentlich, warum ich mich in Dich verliebt habe? Zwei Dinge waren es. Du hast keine Witze gemacht, als ich Dir von meinen Bonsais erzählt habe. Du hast keine Sprüche gemacht. Meine Bonsais: meine Sehnsucht nach einem normalen, geregelten Leben, das mir wahrscheinlich für immer verwehrt bleibt. Und als ich von Deinen verschwundenen Eltern hörte. Dieses Gefühl, allein zu sein, irgendwie ausgesetzt, das hat mich angezogen.

Lukas, ich vertraue Dir. Danke.

Cristina

Ich lese die Mail einige Male. Ich tue so, als würde ich sie als Polizist lesen. Nüchtern sozusagen. Das hilft. Was auffällt: Sie erwähnt mit keinem Wort die Notizen, die sie mir auf die Unterlagen geschrieben hat. Kein Wort zu dem Geld, zu der Waffe. Kein Detail. Glaubt sie, dass jemand mitliest? Oder ist es nur die übliche polizeiliche Vernunft?

Was meint Cristina damit, wenn sie schreibt: Ich fürchte, es bleibt mir keine Zeit mehr?

12

MAN SOLL KEINE WITZE ODER ANSPIELUNGEN ÜBER die Namen von Menschen machen, aber in dem Fall dachte ich, probier ich es mal. »Herr Kommissar, sehen Sie es mir bitte nach, aber ich muss es einfach fragen: Ist Ihr Name hier in Varese eher ein Vorteil oder eher ein Nachteil?«

»Wer weiß, wer weiß.« Giovanni Palermo lacht, kurz, aber immerhin. »Ich hatte hier schon lustige Verbrecher sitzen«, erzählt er. »Die fragten mich: Heißen Sie nur so, oder sind sie wirklich von der Mafia? Ich sage dann immer: Palermo ist eine schöne Stadt – und das mit der Mafia dort, das wird maßlos übertrieben.«

»Woher kommt der Name Palermo, ich meine, bei einem Menschen?«, frage ich noch und merke gleich, es war eine Frage zu viel.

Palermo schaut mich an und schweigt. Er hat schwarze Augen und eine Knollennase, die so aussieht, als hätte sie schon in eine Menge Weingläser hineingerochen. Die wenigen Haare auf seinem Kopf sind kurz und grau und ragen steil nach oben. »Was kann ich für Sie tun, Herr Geier? Sie müssen entschuldigen, aber meine Zeit ist begrenzt.«

An den Wänden seines Büros im Kommissariat in Varese hängen überall Landkarten. Es ist nicht das Büro von Cristina

Conte, das ich kenne. Was ich auf die Schnelle sehen kann: alles Landkarten von der Gegend hier, rund um den Lago Maggiore. Historische Karten, Bergwanderkarten, Stadtpläne. Kommissar Palermo scheint ein Mann der Nahaufnahme zu sein.

»Ich habe Cristina Conte vor einiger Zeit kennengelernt, im Zusammenhang mit einem Fall, in dem ich eine Rolle spielte«, sage ich und mache eine Pause. »Herr Kommissar, ich will Ihnen nicht Ihre kostbare Zeit stehlen. Wir haben uns angefreundet damals. Ich habe von ihren Problemen gehört und mache mir große Sorgen.«

»Das verstehe ich gut«, sagt Palermo. »Ich kenne Frau Conte schon sehr lange und schätze sie sehr. Ich mache mir auch Sorgen.« Sein Gesicht ist regungslos. »Aber noch einmal die Frage: Was kann ich für Sie tun?«

»Können Sie mir etwas über den Fall erzählen? Über den Bruder von Cristina? In welche Richtung Sie ermitteln? Ich war früher auch bei der Polizei, in Deutschland. Wenn Sie so wollen: Es sind die Fragen eines Kollegen.«

Ich vermute, Cristina hat ihm bereits etwas über mich erzählt. Das könnte der Grund sein, warum er dieses Gespräch überhaupt führt.

»Ich kannte den Bruder ein bisschen«, sagt er. »Sympathischer Mensch, auf den ersten Blick. Und Cristina hatte mir einiges von ihm erzählt. Tragisch. Es sah nach langer Zeit endlich gut aus in seinem Leben. Er hatte wohl eine Partnerin, sogar so was wie eine Arbeit. Und er hatte angefangen, mit ein paar Leuten verfallene Häuser herzurichten, mitten im Wald. Und jetzt das …«

»Er hatte Arbeit?«

»Ja, bei diesem Waldtypen, Alberetti heißt er. Förster, das ist seine Berufsbezeichnung. Antonio Conte erledigte für ihn Waldarbeiten. Die müssen sich gut verstanden haben.«

»Haben Sie eine Ahnung, warum Antonio Conte sterben musste?«

Palermo schüttelt ganz leicht den Kopf. Er schaut mich an, soll heißen: Und wenn er eine Ahnung hätte, würde er es nicht sagen.

»Waren Sie dabei, als die Polizei zu der Leiche von Cristinas Bruder gerufen wurde?«

»Ja. Ich war zuerst dort. Eine Putzfrau hatte uns gerufen. Ich habe Antonio sofort erkannt. Ich wollte Cristina, die hinter mir war, noch davon abhalten, den Raum zu betreten … aber keine Chance. Es war …« Er sucht nach einem Wort und findet nur das: »… kein schöner Moment.«

Vor allem für Cristina, denke ich. Wieder diese Wohnung, wieder der tote Bruder, und jetzt muss sie noch ihrem Kollegen vormachen, sie sei überrascht davon.

Palermos Handy läutet. Er geht dran, hört zu, sagt aber nichts. Nur abschließend: Okay. »Herr Geier, ich muss arbeiten. Wir können ja in Kontakt bleiben. Lassen Sie mir doch Ihre Nummer da.«

Ich schreibe sie ihm auf und verabschiede mich.

Ich bin schon fast draußen, als Palermo sagt: »Cristina Conte ist gerade festgenommen worden.«

»Was? Warum?«

»Es sind anscheinend Beweise aufgetaucht, die den Schluss zulassen, dass sie möglicherweise etwas mit der Ermordung ihres Bruders zu tun hat. Im Augenblick wird ihre Wohnung von Spezialisten durchsucht.«

Ich stammle: »Das ist doch … völliger Quatsch …«

»Auf Wiedersehen, Herr Geier.«

Auf Wiedersehen. Und dann frage ich doch noch: »Können Sie sich vorstellen, dass da irgendwas dran ist?«

Palermo sagt: »Ich habe schon vor langer Zeit aufgehört, mir irgendwas vorzustellen. Sich etwas vorzustellen, bringt nie etwas.«

Als ich draußen vor dem Polizeirevier in meinen Wagen steige, denke ich: Wenigstens habe ich die Tüte aus Cristinas Wohnung geholt, mit dem Geld und der Waffe. Wenn die das gefunden hätten, o Gott. Als ich den Motor anlasse, erschrecke ich fürchterlich, ich schwöre, ich habe kurz das Gefühl, Frank Becker, mein alter Chef, hockt auf dem Beifahrersitz.

»Bist du wahnsinnig?«, sagt Frank Becker. »Du hast Beweismaterial verschwinden lassen, möglicherweise die Tatwaffe. Damit wirst du zum Mittäter in einem Mordfall.«

Ich beruhige mich langsam wieder. Und sage laut: »Frank, du bist tot. Halt's Maul.«

13

ICH FAHRE NACH LUINO. IM RADIO LÄUFT WIEDER mal diese Witzesendung. Hörer sollen anrufen und einen Witz erzählen, der erstens lustig ist und zweitens etwas mit ihrem Leben zu tun hat oder zu tun hatte. Ein Hörer ruft an, seine Stimme klingt schon etwas älter. Der Moderator fragt ihn, welchen Witz er denn mitgebracht habe. Der Hörer fängt an zu erzählen: *Kommt ein Mann in die Apotheke und fragt nach Mottenkugeln. Der Apotheker sagt: Kein Problem, und holt eine Packung. Er fragt den Kunden, ob er wisse, wie man damit umgehe. Der Kunde ist etwas ratlos und schweigt. Der Apotheker sagt: Ich erkläre es Ihnen am besten. Sie legen die Mottenkugel auf den Zeigefinger, öffnen mit dem kleinen Finger der Motte das Maul und drücken dann die Mottenkugel mit dem Zeigefinger in das Maul der Motte. Klingt schwierig, ist aber ganz einfach, sagt der Apotheker. Der Kunde wundert sich, ist schon fast draußen aus der Apotheke, als er sich nochmals umdreht und fragt: Entschuldigen Sie, ist vielleicht ganz blöd, aber ich habe gehört, man kann die Mottenkugel auch einfach in den Kleiderschrank legen und sonst nix tun. Der Apotheker nickt zustimmend und sagt: Oder so. Ende des Witzes*, sagt der Hörer. Ende des Witzes, das muss man in der Sendung immer sagen, damit alles klar ist. Der Hörer lacht laut über seinen eigenen Witz. Der Moderator lacht auch, zeitversetzt, deutlich leiser.

Mich würde tatsächlich interessieren, was der Mottenkugelwitz mit dem Leben dieses Hörers zu tun hat. Aber es geht nicht, ich kann nicht auf seine Schilderung warten, ich muss das Radio ausmachen. Ich bin da. Wehe, mir geht jetzt die Mottenkugel nicht mehr aus dem Kopf. Direkt vor der Eisdiele ist ein Parkplatz frei. Und ich sehe Mario schon: Er steht an der Tür und wartet auf mich. Es ist früher Nachmittag, nicht mal halb drei, die Eisdiele ist noch zu, Mittagspause.

Vorname Mario. Nachname Russo. Der Name war nicht schwer zu finden, es sollte der unauffälligste Name der Welt sein, zumindest hier in Italien. Rossi ist der häufigste Familienname Italiens, Russo der zweithäufigste. Und Mario ist eben Mario.

Durch diesen Job habe ich mir einen Namenstick eingefangen. Wie oft musste ich schon über geeignete Namen nachdenken! Ich kenne den Unterschied zwischen schönen und nicht so schönen Namen, zwischen nichtssagenden Namen und sehr ausdrucksstarken Namen. Wenn Eltern mit dem Familiennamen Engel ihren Sohn Gabriel nennen, dann bedeutet das etwas, das ahnt jeder Holzkopf. Vielleicht hat mein Faible für Namensdeutungen auch was mit meiner Kindheit zu tun. Als ich klein war, hatten wir Nachbarn, die hießen Müller. Und sie hatten eine Tochter, die hieß Iphigenie. Und die Mutter war trotz der sensibel wirkenden Namenswahl für die Tochter eine eher grobe Natur, sie rief lautstark nach ihr, wenn ihre Tochter mit dem Spielen endlich aufhören sollte, und zwar tat sie dies mit den unvergessenen Worten: »Iphigenie, du Drecksau, komm rein!«

Wenn man einem Menschen ein zweites Leben verschafft, dann besteht in der Regel die Aufgabe darin, Koordinaten für dieses Leben zu schaffen, die unauffällig sind. Aber es gibt auch Ausnahmen. Ich erinnere mich an einen Aussteiger, er war verdeckter Ermittler gewesen, der sagte zu mir: »Ich will nicht mehr verdeckt sein, Schluss. Ich will auf die Bühne. Die Leute sollen mich anschauen. Ich will keine Geheimnisse mehr. Ich will nur noch Oberfläche. Ich will Schauspieler werden.« Ich verschaffte ihm ein Engagement in einem kleinen Theater. Und er wurde Schauspieler. Und was für einer. Ich nenne jetzt keinen Namen. Sie würden staunen.

Bei Mario Russo lag der Fall anders. Er tat alles, was ich ihm sagte.

Ich sagte: Italien.

Er, eigentlich Albaner, sagte: Ja.

Ich sagte: Eisdiele.

Er sagte: Ja.

Wir sprachen sein neues Leben durch. Er sagte immer: Ja, gut.

Er war früher Profikiller gewesen, hat wohl Dutzende Leute umgebracht, bevor ich mich um ihn kümmern musste. Dazwischen war noch ein Prozess in Frankfurt, in dem er der Kronzeuge war und gegen seine alten Auftraggeber aussagte. Und dann schnell abtauchen musste. Dafür brauchte er eine neue Identität, und dies zu organisieren, war mein Spezialgebiet.

Mario war damals sehr schlank. Ich habe zu ihm gesagt,

es wäre gut für die Typveränderung, wenn er 20 Kilo zunehmen würde.

Er sagte: Okay.

Er hat sich dran gehalten. Ich schätze: 25 Kilo, mindestens.

»Danke«, sagt Mario, »dass Sie so schnell kommen konnten.« Wir geben uns die Hand.

»Klar«, sage ich. »Lassen Sie uns ein paar Schritte spazieren gehen.«

Er nickt.

Ich frage: »Was ist los?«

»Gestern Nacht, es war schon nach elf, kam so ein Typ rein. Betrunken, wirkte zumindest so. Deshalb habe ich sein Geplapper erst gar nicht ernst genommen. Ich habe ihm einfach einen Grappa nach dem anderen eingeschenkt.«

Ich schaue Mario an: »Und?«

Er geht weiter, man merkt: Sprechen ist nicht seine Lieblingsbeschäftigung. »Irgendwann baute er sich vorm Tresen auf. Und sagte: Ich weiß, wer du bist. Ich weiß, was du getan hast. Und wenn du mir nicht sofort 5000 Euro zahlst, erzähle ich überall, was du für ein Schwein bist.«

Mario bleibt stehen. Eine Frau mit Kinderwagen schiebt sich an ihm vorbei.

»Das hat er gesagt. Herr Geier, der Typ war so besoffen, der konnte kaum noch stehen.«

Ich denke: Der GAU. Der schlimmste Satz, den eine zweite Identität zu hören bekommen kann: *Ich weiß, wer du bist.* Ich sage nichts. Mario sagt auch nichts mehr.

Also frage ich: »Und dann, was passierte dann?«

»Ich hab zu ihm gesagt, dass er abhauen soll. Dass er betrunken sei. Daraufhin sagte er: Ich bin Polizist, ich weiß alles von dir.«

Wir schweigen ein bisschen.

»Dann ist er gegangen«, sagt Mario schließlich. »In der Tür hat er sich noch mal umgedreht und ganz laut gerufen: Ich komme wieder! Du musst zahlen!«

»Hatte der Typ längere, verstrubbelte Haare?«, frage ich.

»Ja. Kennen Sie den?«

»Vielleicht.«

Ich versuche, mich zu erinnern, an meine Vergangenheit als Polizist. Wie reagiert man in solchen Momenten? Ich weiß natürlich, da war was mit Autorität. Bloß nicht unsicher wirken, bloß keine Zweifel ausstrahlen.

Ich sage: »Machen Sie sich keine Sorgen, Sie werden nie wieder von diesem Mann belästigt werden. Sie können vollkommen beruhigt sein.«

»Gut«, sagt Mario.

Genau das wollte er hören. Wir gehen zurück zur Eisdiele. Was es früher bedeutet hat, wenn er selbst solche Sätze gesagt hat, kann ich nur ahnen: Du wirst diesen Menschen nie wiedersehen. Ich habe in seinen Akten gelesen, dass er seine Leichen verschwinden ließ, die meisten wurden vermutlich nie gefunden, aber diejenigen, die gefunden wurden, zeigten eine Besonderheit. Sie hatten einen Schnitt auf der Oberlippe, dort, wo man den Finger hinlegt, wenn man »Pst …« sagt. In einem Verhör hat er erklärt, das sei eine Art von Signatur gewesen.

Hat es irgendwas mit Gerechtigkeit zu tun, einem solchen Menschen ein zweites Leben zu schenken? Mit neuen Papieren, einer Wohnung, einer Eisdiele, und das alles an einem der schönsten Flecken der Erde? Darf ein solcher Mann ohne jede Strafe davonkommen? Einerseits. Andererseits: Durch seine Aussagen konnte ein ganzer Verbrecherring ausgehoben werden. Mehrere Leute, die auch so böse waren wie er, kamen in den Knast. Man braucht Kronzeugen wie ihn, die auspacken. Und Kronzeugen gehen das Risiko nur ein, wenn sie dafür auf eine Zukunft hoffen können, auf eine Eisdiele am See, zum Beispiel. Einerseits. Andererseits. Egal, wie du es drehst, es ist eine Scheißwelt. Aber irgendwas zieht einen da immer wieder rein. Irgendwas zieht mich da immer wieder rein. Aber was ist das? Und warum?

Mario sperrt seine Eisdiele auf, und ich fahre nach Colmegna. Ich habe auf dem Handy noch die genaue Adresse des Apartments, das Lara ihm besorgt hat. Herbert. Bist du völlig verrückt geworden? Ich fange schon an, im Kopf meine Rede zu halten. Herbert, du bist ein Geheimnisträger, hast du das vergessen? Geheimnisträger bedeutet: Du kommst ins Gefängnis, wenn du diese Geheimnisse verrätst. Und zwar ganz bestimmt. Das zweite Leben von Kronzeugen zu enttarnen, bringt dich für Jahre hinter Gitter. Herbert, du bist Polizist!, rufe ich in meinem Kopf. Und noch was rufe ich laut und immer lauter, in meinem Kopf, ja, das geht, da gibt es einen Lautstärkeregler, zumindest in meinem Kopf. Herbert, du weißt doch, mit wem du dich da angelegt hast. Dieser Mario war ein Killer! Und so jemandem drohst du? Bist du völlig verrückt geworden?

Das Apartment liegt im Parterre. Ich klopfe an der Tür. Keine Reaktion. Ich rufe. Herbert, ich bin es. Nix. Ich klopfe lauter. Ich rufe lauter. Nix. Ich gehe nach hinten, das Apartment hat eine Terrasse, Blick zum See. Klar, alles, was Lara gehört, hat einen Blick zum See. Unter anderen Umständen würde ich jetzt denken: Schöne Terrasse, schönes Apartment. Unter anderen Umständen könnte man sich an der Sonne erfreuen, die scheint, an dem Blick auf den strahlend blauen See, wo die ersten Motorboote schon ihre Winterplanen abgeworfen haben und an den Bojen darauf warten, angeworfen zu werden. Die Terrassentür ist offen. Ich rufe und gehe rein. Niemand zu sehen. Auf dem Boden liegen ein paar leere Flaschen. Grappa, sehe ich, Fernet-Branca, auch noch andere Flaschen. Das Bett ist leer. Ich will schon wieder gehen, da sehe ich: Auf der Couch liegt jemand auf dem Bauch. Sein Gesicht hat Herbert in das Polster gegraben. Ist er tot? Wäre vielleicht eine Lösung, denke ich kurz, aber er ist nicht tot. Er schnauft. Er sabbert.

Ich schüttle ihn.

»Herbert«, rufe ich, »Mann!«

Er öffnet die Augen. »Hallo, Lukas«, sagt er und schließt die Augen wieder. Ich überlege, ihn in die Dusche zu zerren oder Kaffee zu holen. Sieht alles nicht besonders Erfolg versprechend aus. Und Lust dazu habe ich auch keine. Null. Vielleicht ist es besser, ich komme einfach später wieder.

»Herbert, hörst du mich?«, rufe ich.

Er öffnet die Augen. Sagt nichts.

»Ich komme später wieder, ja?«

Er schließt erneut die Augen.

»Herbert«, rufe ich, »du darfst auf keinen Fall noch mal in diese Eisdiele, hast du das verstanden?«

Herbert sagt: »Mir geht es nicht gut.«

Ich sage: »Meinst du jetzt oder insgesamt?«

Herbert sagt: »Insgesamt.« Und nach einer kurzen Pause: »Und jetzt.«

Draußen denke ich, ich muss ihn später fragen, woher er überhaupt weiß, dass der Eisdielenmann Mario dieses schillernde Vorleben hat. Neue Leben sind absolute Verschlusssache. Wie zum Teufel ist er da rangekommen?

14

ICH KENNE DIESEN SEE SCHON SEHR LANGE. Während meiner ganzen Kindheit und Jugend habe ich jeden Sommer hier verbracht. Oft auch Wochen im Frühling, rund um Ostern, manchmal auch im Winter, um Weihnachten. Ich kam mit meinen Eltern, in einem weißen Alfa, einer Giulia Super. Meine Mutter in langen Kleidern, mit einem Strohhut auf dem Kopf und italienischen Schlagern im Sinn. Daher mein zweiter Name Albano. Mein Vater, ein Mann, der allerhand Geschäfte betrieb, zum Beispiel ein paar Skilifte im Süden Münchens. Nur ein Geschäft hatte er sein ganzes Leben lang abgelehnt: geregelte Arbeit mit geregeltem Gehalt. An meine Schulferienzeiten hielt er sich auch nur grob, das wurde mit Entschuldigungsschreiben erledigt. Wir kamen gut gelaunt, und wir wohnten in dem immer gleichen Holzhaus, das den Namen »Lady Jane« trug. Es befand sich in Curiglia, im Ortsteil Monteviasco, den man nur mit einer Seilbahn oder zu Fuß erreichen konnte. Es gab mehrere Holzhäuser dort oben, alle hatten Namen von Frauenfiguren aus Hits der sechziger und siebziger Jahre: »Suzie Q«, »Angie«, »Michelle« … Heute sind sie abgerissen, und der Mann, dem sie gehörten, sitzt in einem Altenheim direkt am See. Lara hat ihm den Platz besorgt und wohl auch dafür bezahlt.

Lara.

Zuerst waren wir Spielkameraden, dann waren wir Freunde, dann waren wir verliebt, dann waren wir noch mehr verliebt, dann hat sie mich verletzt, weil sie mit einem anderen Jungen im See gebadet hat, dann habe ich sie verletzt, weil ich nicht gleich ja gesagt habe, als sie mit mir aufbrechen wollte – hinaus in die Welt.

Dann hat sie das *Camin*-Hotel aufgebaut und eine Familie gegründet. Und ich bin in München Polizist geworden, Spezialist für Menschen, die ein neues Leben brauchen. Einige davon habe ich hier am See platziert. Als ich selbst ein neues Leben brauchte und es mir leisten konnte, bin ich zurückgekommen.

Zurück zu Lara? War sie der Grund? Vielleicht. Kann sein. Wenn ich sie sehe, weiß ich, dass wir das immer noch sind: verliebte, verletzte Spielkameraden. Warum ist sie sauer auf mich? Was könnte der Grund sein? Eine unbedachte Bemerkung? Habe ich etwas vergessen, was wir verabredet hatten? Hat jemand ihr etwas über mich erzählt, was ihr nicht passt?

Eine große Liebe, die über Jahrzehnte hält, obwohl es nur zu einem einzigen Kuss gekommen ist – kann es das geben?

Meine Antwort lautet, jedenfalls heute: Ja.

Manchmal, wenn ich oben auf dem Dach meines Turms mit dem Teleskop ins Weltall schaue und das Millionen Jahre alte Licht fremder Galaxien auf mein Auge trifft, denke ich: Das mit den Paralleluniversen, von denen die theoretischen Physiker immer reden, das ist unsere Chance, Lara. Vielleicht ergreifen wir sie dort. Oder noch besser: Vielleicht *haben* wir sie dort schon ergriffen.

15

EINE DER BEGLEITERSCHEINUNGEN MEINES RÜCKzugs nach Italien ist die außerordentliche Freude, dass ich kaum noch telefonieren muss. Im Beruf ließ sich das natürlich nicht vermeiden, aber ich habe ja jetzt keinen Beruf mehr. Ich mag nicht gerne telefonieren, mochte es noch nie.

Ich habe noch nie mit einem Menschen länger telefoniert – und er war mir am Ende auch nie sympathischer als vorher.

Telefonsex war jedenfalls nie eine Versuchung für mich. Ich maile, ich simse, ich poste, alles besser als telefonieren. Leute, die mich kennen, wissen das und halten sich dran. Ausnahmen kann man machen, klar, aber bitte nur mit guter Begründung. Ich will mal wieder deine Stimme hören – das reicht nicht.

Doch seit Tagen ist das etwas anders. Die Telefonnummer des Klosters kenne ich schon auswendig. Die Nummer von Giovanni Palermo wurde auch sofort eingespeichert. Und jetzt ist da noch eine Schweizer Nummer: Rechtsanwaltskanzlei Peter Dürrschmidt, Adresse in Lugano.

Von Maccagno nach Lugano ist es nicht weiter als etwa von Maccagno nach Varese. Die Nähe der Schweiz vergesse ich oft. Für mich ist der Lago Maggiore gefühlsmäßig Italien, war immer so, nichts als Italien. Ich weiß, dass es anderen Leuten ganz anders geht, die schwärmen gerade von dieser Mixtur aus Italien und der Schweiz. Cristina hat sich jedenfalls einen Schweizer Anwalt genommen. Sie wird ihre Gründe haben.

Der Anwalt Peter Dürrschmidt hat ein Vorzimmer oder besser: eine Vorzimmerdame. Sie ist sehr freundlich, ich habe schon ein paar Mal mit ihr gesprochen, ihre Stimme hat diese Art von weichem Schweizer Klang, der Wärme ausstrahlt. So nebenbei hat sie erwähnt, dass sie in der Kanzlei auch französisch und italienisch sprechen und englisch sowieso. Jetzt stellt sie mich jedenfalls durch, jetzt hat es geklappt: »Ich verbinde Sie mit Herrn Professor Dürrschmidt.«

»Ja, Dürrschmidt.« Kein Akzent.

»Danke für Ihre Zeit. Mein Name ist Lukas Geier. Es geht um Cristina Conte ...«

»Sie wurden mir angekündigt. Sie sind so was wie ein Freund der Familie, richtig?«

»So kann man das sagen. Hatten Sie Kontakt mit Cristina? Wie geht es ihr?«

»Es geht ihr ganz gut. Ich habe den Eindruck, Frau Conte ist eine starke Frau. Das ist in solchen Situationen sehr hilfreich.«

»Was glauben Sie denn, wie lange sie in Haft bleiben muss? Und wieso überhaupt Gefängnis? Ich verstehe das nicht.«

»Ich bin zuversichtlich, dass wir Frau Conte schnell aus dem Gefängnis herausbekommen. Die Beweislage scheint mir ziemlich dünn. Mal sehen, wie der Richter das morgen sieht. Morgen ist der erste Haftprüfungstermin. Ich werde natürlich da sein.«

»Herr Dürrschmidt, wie sieht denn die Beweislage aus? Was wirft man ihr konkret vor?«

»Ich muss Sie bitten, alles diskret zu behandeln, was ich Ihnen jetzt sage. Vieles ist mir auch selbst noch nicht ganz klar. Die Polizei hat wohl einen anonymen Hinweis zu einem Schließfach im Bahnhof von Lugano bekommen. Dadrin fanden sie einige Pässe und den Mietvertrag für die Wohnung, in der der Bruder von Frau Conte tot aufgefunden wurde. Der Mietvertrag ist auf Frau Conte ausgestellt. Die Pässe auch.«

»Wie, die Pässe auch?«, frage ich.

»Die Pässe sind Fälschungen, ein Schweizer Pass und ein französischer, verschiedene Namen, aber jeweils mit dem Foto von Frau Conte.«

»Und was sagt Cristina dazu?«

»Frau Conte sagt, sie hat keinerlei Erinnerung. Sie weiß nichts von dem Schließfach, nichts von der Wohnung, nichts von den Pässen. Sie kann sich das alles nicht erklären. Die Pässe könnten morgen bei der Haftprüfung ein Problem werden, falls der Richter von Fluchtgefahr ausgeht.«

Schweigen in der Leitung. Ich habe eine Luftblase im Kopf. Ich weiß gerade nicht, was ich noch sagen soll.

»Herr Geier, rufen Sie doch die Tage noch mal an. Vielleicht sehen wir dann schon klarer.«

»Ja«, sage ich. »Eine Frage noch, Herr Dürrschmidt. Wie hat Cristina es eigentlich geschafft, Sie so schnell zu engagieren?«

»Nein, ich wurde nicht von Frau Conte engagiert. Ich habe das Mandat von Herrn Naldini bekommen. Von Padre Naldini. Wir beide kennen uns schon sehr lange. Aber natürlich war Frau Conte einverstanden.«

Naldini. Dieser Name ist bei meinen Recherchen über das Kloster aufgetaucht. »Eduardo Naldini? Der Chef des Klosters mit der angeschlossenen Klinik, in der Cristina zuletzt war, als sie verhaftet wurde?«

»Ja, Herr Geier. Herr Naldini mag die Bezeichnung Klinik nicht. Kloster. Ja, von Padre Naldini habe ich mein Mandat bekommen.«

16

ICH STEHE WIEDER VOR HERBERTS APARTMENT. Wieder nachmittags. Ich klopfe, rufe, nichts, keine Reaktion. Diesmal ist auch die Terrassentür zu. Ich schaue durchs Fenster. Kein Herbert, nirgends. Es wirkt aufgeräumter als beim letzten Mal, die Flaschen stehen in der Ecke. Auch die Couch wirkt von den Resten der Nacht befreit. Ich sehe den großen grünen Koffer, der war letztes Mal auch schon da. Abgereist ist er also nicht. Aber wo bist du, Herbert?

Wenn er wieder bei Mario in der Eisdiele ist, dann kommt es zur Katastrophe, das ahne ich. Ich fahre nach Luino.

Wie merkt man, dass die eigenen Nerven schon mal besser drauf waren? Wenn man anfängt zu schwitzen, obwohl es draußen heute wieder kühl ist? Ich nähere mich der Eisdiele, von außen sieht alles friedlich aus. Mario steht selber an der Eistheke. Eine sehr dicke Frau ist noch vor mir dran. Sie nimmt zwanzig Kugeln Himbeereis, für die Kollegen im Büro, sagt sie. Ich nehme zwei Kugeln im Becher.

»Alles okay?«, fragt Mario und schaut mich an. »Gibt es noch was zu besprechen?«

»Nein«, sagte ich, »ich will nur Ihr Himbeereis.«

Ich gehe zum Seeufer, esse mein Eis und denke nach. Eine Fähre aus Cannobio legt an. Ein paar wenige Menschen steigen aus, ein paar wenige Menschen steigen ein. Die Saison hat noch nicht begonnen. Ich wähle eine Nummer auf meinem Handy, eine Nummer aus der Vergangenheit. Die erwartete Stimme meldet sich.

»Hallo, Ramirez«, sage ich, »hier ist der Lukas.« »Hallo, Lukas, na, das ist ja eine Überraschung.«

Ramirez ist sein Spitzname, weil er behauptet, in Spanien geboren zu sein und eine spanische Mutter zu haben. Das reichte, um ihn zu Ramirez zu machen, klingt irgendwie spanisch, fanden wir, seine Kollegen. Keine Ahnung, wie er das fand. Es blieb ihm nicht viel anderes übrig, als sich zu fügen. Polizisten kommen in ihrem grauen Alltag auf allerlei blöde Ideen.

Wir plaudern ein bisschen, dann sage ich: »Ramirez, ich rufe an, weil ich den Herbert nicht erreichen kann. Ich bräuchte ihn mal dringend, geht um was Privates.«

Ich dachte, auf diese Weise erfahre ich vielleicht etwas, ohne Herbert sofort in größere Schwierigkeiten zu bringen. Und es funktioniert, ich erfahre einiges.

»Wann hast du das letzte Mal mit ihm gesprochen?«, fragt Ramirez.

»Schon länger her, vor einem Jahr vielleicht.«

»Inzwischen ist einiges passiert.«

»Was meinst du, was ist passiert?«

»Herbert hat ein paar Probleme, im Grunde sind es mehr als ein paar.«

Ramirez ist einen Moment still und sagt dann: »Herbert ist beurlaubt, schon ein paar Wochen.«

»Und warum? Was ist denn los?«

»Lukas, ich kann nicht viel sagen, es ist eine laufende Untersuchung. Es geht um Unregelmäßigkeiten.« Pause. »Um finanzielle Unregelmäßigkeiten.«

»Ramirez, wir kennen uns so lange. Erzähl, was mit Herbert los ist.«

Ich höre ein Schnaufen am anderen Ende der Leitung. »Er ist einfach durchgedreht. Er hat Schulden. Er sagt, es sind Spielschulden.«

»Herbert? Spielschulden? Ich bitte dich.«

»Lukas, was soll ich sagen? Er steckt jedenfalls tief in der Scheiße. Und womöglich hat er sich bestechen lassen, von einem ganz üblen Typen, um da wieder rauszukommen. Das war keine gute Idee.«

»Was sagt Sabine dazu? Habt ihr mit ihr geredet?«

»Es gibt keine Sabine mehr. Ich meine, geben tut es sie schon noch. Aber sie hat Herbert schon vor Monaten verlassen, mit den Kindern. Sie hat seine Sauferei nicht mehr ausgehalten. Sagt sie.«

Ich sehe mein letztes Bild von Herbert vor mir: auf dem Sofa, umgeben von Flaschen.

»Meine Güte. Herbert dreht durch. Wenn ich irgendwas nie gedacht hätte, dann das. Herbert war doch immer der vernünftigste Mensch auf der Welt. Ramirez, du bist mit ihm befreundet. Was ist passiert?«

»Es hat schon viel mit Sabine zu tun. Mit seiner Ehe, den Kindern. Sie soll schon lange einen anderen gehabt haben, mit dem sie jetzt auch zusammenlebt. Die Trennung war hart für ihn. Es gibt Streit um die Kinder. Aber Genaueres weiß ich auch nicht. Man kann nur schwer mit ihm reden.

Er ist total zu und wird schnell aggressiv. Man erkennt ihn nicht wieder. Neulich hat er mir in die Fresse gehauen. Weil ich auch ein Arschloch bin, das ihn verrät, sagte er. Er sieht überall nur noch Verräter. Zwischen uns herrscht totale Funkstille.«

»Puh«, sage ich.

»Was wolltest du eigentlich von ihm?«

»Ach, vergiss es. Ich muss das jetzt erst mal verdauen.«

»Tu das, Lukas. Auf seinem alten Handy müsste er eigentlich noch erreichbar sein. Vielleicht würde es ihm ganz guttun, mit jemandem zu reden, der nicht mehr so drinsteckt.«

Ihm vielleicht, denke ich. Aber mir?

Wir beenden das Telefonat. Ich wähle Herberts Nummer. Handy ausgeschaltet.

Ich fahre zurück. Ich will Musik machen. Ich will schöne Dinge machen. Ich will in meinen Turm. Und nie wieder runtergehen. Ich muss kurz lachen. Ist Lachen das richtige Wort? Nichts wirkt gerade weiter entfernt als dieser Plan. Ich sehe im Vorbeifahren, dass Biagio vor seinem Café steht. Er telefoniert. Er sieht ernst aus. Wenn er ernst aussieht, telefoniert er meistens mit einem seiner Söhne. Sind schon längst erwachsen, machen ihm aber trotzdem dauernd Sorgen. Wenn man fragt, was mit seinen Söhnen denn los sei, bekommt man eines seiner Lieblingswörter zu hören. *Instabile*, seine Söhne. *Molto instabile*.

Biagio sieht den Suzuki, winkt mich her. Sein Telefonat ist vorbei. Okay, einen Cappuccino. Oder zwei.

Er wollte mir auch noch was von Lara erzählen. Ich stelle das Auto in zweiter Reihe ab, steige aus.

»Wie geht's dir?«, frage ich.

»Willst du einen Kaffee?«, erwidert er und sagt: »Natürlich willst du einen Kaffee. Komm, wir gehen rein, kühl heute.«

Der runde Tisch im Eck ist seiner, immer frei. Ich setze mich, er kommt mit dem Tablett.

»Dein Freund war gerade da, bis vor ein paar Minuten«, sagt Biagio.

»Welcher Freund?«

»Na, dein Kollege, der dich gerade besucht.«

»Wie? Herbert?«

»Ja, Herbert. Der saß da, wo du jetzt sitzt. Wir haben uns unterhalten, fast 'ne Stunde lang.«

»Mensch, ich such den Kerl überall. Kann ja nicht wahr sein.«

»Der ist in Ordnung«, sagt Biagio. »Er hat heute aber nicht seinen besten Tag. Zu viel getrunken am Abend. Hat er erzählt.« Er macht 'ne flatternde Handbewegung. »Er hat ganz schön gezittert, konnte kaum seinen Kaffee trinken.« Biagio lacht. Teufel Alkohol. *Alcol diavolo.*

»Der Typ macht mich wahnsinnig. Hat er gesagt, wo er hinwollte?«

»Nein, keine Ahnung. Was macht dich wahnsinnig?«

Soll ich jetzt sagen: Der hat Mario bedroht, weißt du, den Mario von der Eisdiele in Luino? Denn der Mario war früher Profikiller, das weiß aber niemand? Nein, das sage ich nicht. Ich sage: »Ach, zu kompliziert.« Und ich sage: »Du wolltest mir was von Lara erzählen.«

»Ich hab was gehört.« Wenn Biagio sagt, er hat was gehört, dann hat er recherchiert, dann weiß er was. Er wartet noch ein wenig, dann sagt er: »Lara überlegt, ihr Hotel zu verkaufen.«

»Wie bitte?«

Im Café sind nur wenige andere Leute, zwei Gemeindearbeiter stehen am Bartresen vor Espressotassen, unterm Fernseher sitzen zwei ältere Frauen, die ihre Einkaufstüten auf den gegenüberliegenden Stühlen abgestellt haben. Valeria, Biagios Nichte, serviert ihnen gerade Tee. Der Fernseher läuft ohne Ton, aber über die Musikanlage läuft miserable Popmusik.

Wie oft hat Lara davon geredet, dass sie wegwill von hier, frei sein will. Aber das war früher. Jahre habe ich davon nichts mehr gehört. Ich kann nicht glauben, was Biagio sagt, merke, wie mich die Vorstellung schmerzt, dass Lara nicht mehr hier sein könnte. Der See ohne Lara? Nein, das darf nicht sein.

Ich sage: »Lara will weg?«

Biagio wiegt seinen Kopf. »Vielleicht nicht ganz weg. So einfach geht man hier nicht weg. Vielleicht will sie nur verkaufen. Das Angebot muss ziemlich gut sein.«

»Was ist es für ein Angebot? Wer will das Hotel kaufen?«

»Da gibt es so einen Typen, der ist eigentlich bei der Kirche ...« Man kann Biagio viel vorwerfen, aber dass er an die Kirche glaubt, das nicht. »Der kauft schon seit Jahren große Hotels oder alte Firmen, und dann macht er Kliniken draus oder so was wie Sanatorien. Da können sich Menschen erholen. Wer will das nicht – sich erholen? Das Geschäft boomt anscheinend. Ich hörte, er hat Lara viele Millionen geboten. Da kann man natürlich schon schwach werden.«

»Hast du mit ihr geredet?«

»Nein. Ich habe es nur gehört.«

»Sag mal, heißt der Typ zufällig Naldini?«, frage ich.

Biagio schaut mich an. »Jetzt bin ich aber platt. Bist halt doch ein Polizist. Ja, so heißt er. Padre Naldini. Ich hab ihn noch nie gesehen, soll ein sehr charismatischer Mann sein. Man hört, er überlegt, auch in die Politik zu gehen. Woher kennst du ihn?«

»Ich war neulich in diesem Kloster, *Monastero di Santa Marta*, ist auch so 'ne Art Klinik, da habe ich jemanden besucht, und dort hörte ich den Namen Naldini. Ich kenne ihn nicht.«

Wieder kann ich nicht mehr sagen. Von Cristina, die verhaftet worden ist, von der Tüte, die ich aus der Wohnung mitgenommen habe. Wie soll man das erzählen?

Ich bin an den See gezogen, weil ich genug von Geheimnissen hatte, weil ich mich von der Welt der Geheimnisse verabschieden wollte. Und jetzt bin ich wieder mittendrin.

Padre Naldini. In der Polizeiausbildung lernt man, wenn bei einer Ermittlung aus scheinbar völlig verschiedenen Richtungen ein Name in den Mittelpunkt rückt, sollte man das beachten.

Okay, ich beachte es.

Aber was soll es bedeuten? Ich vermute mal: gar nichts. Das lernt man zwar nicht in der Polizeiausbildung, aber im Leben: Das meiste, was einem so auffällt, bedeutet am Ende nicht viel.

»Rede du doch mal mit Lara. Ihr seid doch Freunde«, sagt Biagio. Er wird selten pathetisch, aber jetzt ist er es: »Sag ihr einen schönen Gruß von mir. Sie soll das *Camin*-Hotel behalten, sie soll hierbleiben, sie wird hier noch gebraucht.«

Abends sitze ich in meinem Turm und schicke noch eine SMS an Herbert. Ich versuche es mit einem leichten Ton: »Lass uns bald Ravioli essen gehen, in dem Laden, wo ich mit Frank war. Und bitte, bleib weg von dieser Eisdiele, der Typ ist gefährlich. Melde dich.«

Ich merke gerade, dass ich eine ganze Flasche Rotwein ausgetrunken habe, einen Valpolicella Ripasso, vorzüglich. Dazu Spaghetti mit improvisierter Tomatensoße. Mein Körper braucht anscheinend irgendwas. Ich gebe ihm, was ich kann. Ich geh ins Bett, die Kirchenglocken vermelden 23 Uhr. Ich bin müde.

17

DER ANWALT PETER DÜRRSCHMIDT HAT ANGERUfen. Cristina bleibt in Haft. Der Richter geht von Fluchtgefahr aus. Ich stelle sie mir in der Zelle vor. Ihre blasse Haut, ihre verschlossene Miene. Das hat sie mal gesagt: dass sie schon als Kind gelernt hat, wie man eine schwierige Situation an sich vorüberziehen lässt wie einen Zug an der Schranke.

Damals ist sie nicht näher darauf eingegangen, warum sie das lernen musste, heute verstehe ich den Hintergrund besser. Ich denke an ihre feingliedrigen Hände. Darf sie im Gefängnis irgendwo Klavier spielen? Ich denke an ihren tiefen und vollkommen lautlosen Schlaf. Ich habe sie dabei ein paarmal beobachtet und mir eingeredet, dass diese Art von Schlaf neben mir ein Zeichen von Vertrauen sein muss, habe mir vorgestellt, wie sie aussieht, wenn sie alt ist, mich gefragt, ob sie dann auch noch so still ist, nachts …

Dürrschmidt hat gesagt, er meldet sich wieder, wenn es etwas Neues gibt.

18

DIE MAIL, DIE ICH AN DIE PLATTENFIRMA SCHICKE, ist nicht böse, aber sie ist karg und klar. Ich bitte darum, mir keine weiteren Videos von Personen zu schicken, die sie als Ersatz für Helen in Betracht ziehen. Es sind ausnahmslos junge Frauen, und man sieht sofort, was sie vor allem wollen: berühmt werden. Manche singen Coversongs, eine sogar *Tutto Bene*, manche hampeln zu Computerbeats herum, gern stehen sie auch an einem Strand und blicken auf ein Meer. Eine Rothaarige sprach in weißem Trockeneisnebel Gedichte, die Haare von einer Windmaschine bewegt, in Richtung ungezähmtes, wildes Mädchen.

Was ich nicht schreibe in der Mail: *Was glaubt ihr eigentlich, mit wem ihr es hier zu tun habt? Worum es mir geht? Was glaubt ihr eigentlich, wie wir hier arbeiten? Und was glaubt ihr, welche Rolle Helen in der Band hatte?*

Helen hatte in London Musik studiert, war eine begnadete Keyboarderin und konnte mit ihrem Computer Sequenzen von Mussorgsky ebenso verarbeiten wie das Geräusch von fallendem Regen. Sie war ungeheuer musikalisch und hatte ein sicheres Gespür für Trends, Avantgarde – und peinliches Pathos. Aber was heißt: war. Sie ist all das ja immer noch, nur nicht mehr für mich. Die Idee, Rocklegende Stormy

Hopton einzuladen, stammte nicht von mir, sondern von ihr.

»Ich sage euch, welches Instrument kurz vor einem großen Comeback steht: die E-Gitarre«, hat sie Paul und mir im Herbst bei einem Spaziergang im Wald oben in Agra eröffnet. Wir hatten uns getroffen, um über musikalische Perspektiven zu reden. Ich weiß noch, dass wir durch knietiefes buntes Laub gewatet sind und Paul die ganze Zeit nach Pilzen Ausschau hielt, obwohl längst keine mehr da waren.

»Du hast doch schon oft von diesem Typen in England erzählt«, sagte Helen, »diesem Freund von dir …«

»Stormy.«

»Richtig. Der soll mal herkommen und mitspielen, das könnte dem Album den entscheidenden Kick geben. Wir müssen ihm nur die altmodischen Soli ausreden.«

»Das machst dann du«, hat Paul gesagt, und sie hat gelacht.

Als ich Paul jetzt im *Caffè Clerici* getroffen habe, um zu besprechen, wie es ohne Helen weitergeht, hat er lange geschwiegen. Paul sieht aus wie ein Beamter, graue Haare, graue Augen, silbernes Brillengestell. Immer ist er sehr gepflegt, makellos manikürte Hände zum Beispiel, das ist auffällig, meine sehen im Winter durch das ständige Feuermachen in den Öfen des Turms höchstens zehn Minuten lang so aus.

Während er schwieg, meinen losen Gedanken in unsortierten Sätzen zuhörte, blätterte er in seinem Buch mit braunem Ledereinband. Jeder Song ist dort akribisch protokolliert, die Noten, der Ablauf, Besonderheiten wie Breaks, Soundeinstellungen der Instrumente und so weiter. Schließlich hat er das Buch zugeklappt und mich angeschaut.

»Weißt du, Lukas«, sagte er, »die Sache ist eigentlich ganz einfach. Helen war die wirkliche Künstlerin von uns dreien.«

Er lehnte sich in seinen Stuhl zurück und lächelte ein wenig. Auf diesem Stuhl sitzt er jeden Tag und liest zwei Zeitungen, eine deutsche und eine italienische.

»Ich bin ein guter Handwerker am Bass«, fuhr er fort. »Ich will das gar nicht geringschätzen. Man braucht Leute wie mich. *Du* brauchst einen wie mich.«

Er machte eine Pause und wartete, ob ich dazu etwas sagen würde. Ich tat es nicht.

»Und du«, sagte er, »du hast ein wirklich gutes Gespür dafür, was einen guten Song ausmacht. Vielleicht sogar ein geniales. Außerdem hört man deine Stimme gern.«

»Aber?«, sagte ich.

»Aber Helen ist die Künstlerin. Sie kämpft mit der Welt da draußen, mit ihrer eigenen Seele, mit ihrer Dunkelheit, sie kämpft darum, sich auszudrücken, ihre Verzweiflung über das Leben und den Tod in Töne zu verwandeln, die sie wenigstens für Momente erlösen können.«

»Ihre Verzweiflung?«, fragte ich.

»Spürst du das nicht?«, fragte er.

Wir tranken Aranciata-Limonade, und wir schwiegen dann viel an diesem Nachmittag. Als wir wieder draußen auf der Straße standen, sagte ich: »Okay. Wir brauchen also einen Künstler. Oder eine Künstlerin. Und wer sucht uns diese Person?«

»Deine Plattenfirma?«

»Vergiss es«, sagte ich nur. »Ich habe eine Agentur in Mailand eingeschaltet, auf eigene Rechnung, von denen habe ich

Gutes gehört. Ich habe gesagt: keine Videos. Die Leute sollen hierherkommen, wir wollen sie live in unserem Studio erleben. Ich melde mich, wenn jemand avisiert wird. Große Hoffnung habe ich nicht.«

Paul trug einen schwarzen Wollmantel, griff jetzt in die Innentasche und förderte eine CD-Hülle hervor, so eine für selbstbespielte CDs, ohne Aufschrift.

»Das ist ein Dokumentarfilm über eine längst verstorbene und vergessene Frauenrechtlerin aus Sizilien«, sagte er. »Schau ihn dir mal an.«

Ich musste lachen.

»Frauenrechtlerin ginge ja«, sagte ich. »Vergessen vielleicht auch. Aber verstorben?«

Habe ich Paul eigentlich schon mal richtig lachen gesehen? Kann mich nicht erinnern. Muss an seiner Vergangenheit liegen. Anderes Thema.

»Schau dir den Film an«, sagte er dort auf dem Gehweg vor dem *Clerici.* Er verzog dabei keine Miene und wandte sich zum Gehen. »Die Frauenrechtlerin kann dir egal sein. Achte auf die Musik.«

19

ES GIBT EINEN LADEN IN LUINO, MAN KÖNNTE IHN ein Waffengeschäft nennen. Ich vermute mal, nirgendwo auf der Welt – oder sagen wir: in Europa – bekommt man leichter eine Waffe als hier. Jagdgewehre, Schnellfeuerwaffen, Doppelflinten, Revolver. Aber deshalb bin ich nicht hier. Ich habe zwar mal eine Waffe hier gekauft, doch das war eine Armbrust, ein richtig schweres Ding. Es war wahrscheinlich einer der dümmsten Käufe meines Lebens, denn ich habe die Armbrust bis heute nicht richtig zusammengesetzt, vom Justieren des Zielfernrohrs ganz zu schweigen. Aber ich dachte eben, zu einem richtigen Turm gehört auch eine richtige Armbrust. Oder war das doch wieder nur Nostalgie? Lara-Sehnsucht? Wir haben oben im Haus »Lady Jane« zusammen mal eine Armbrust selber gebaut, da waren wir vielleicht zehn. Und dann sind wir in den Wald und haben Tieren aufgelauert. Ich spüre noch ihren aufgeregten Atem und ihr Herzklopfen, als wir dicht aneinandergedrängt hinter einem Baumstamm standen.

Heute will ich eine Lampe. Denn der Laden hat auch ein vielfältiges Outdoorsortiment. Schlafsäcke, Messer, alles nur vom Feinsten. Ich will eine neue schöne Taschenlampe, und Biagio hat gesagt, da gibt es den Rolls-Royce unter den

Taschenlampen. Ich sage das zu dem Mann hinter der Theke, und er nickt, verschwindet kurz und kommt mit einer riesigen Lampe zurück, den Begriff »Tasche« vergisst man bei ihrem Anblick sofort. Sie misst vielleicht fünfzig Zentimeter, besteht aus Stahl, und der LED-Kranz vorne lässt sich drehen, um verschiedene Beleuchtungsweiten einzustellen. Ich nehme sie in die Hand, sie fühlt sich an wie ein Schwert. Sie fühlt sich gut an. Der Mann sagt, man kann damit auch zuschlagen, das ist durchaus so gedacht, und die Technik in dieser Lampe ist einzigartig, und noch einzigartiger ist die gewaltige Kraft des Lichtes, das diese Lampe in die Welt hinausschleudert. Sie reicht bis zum Mond. Fast, sagt er und lächelt.

Die Lampe kostet satte 379 Euro. Ich denke, in dem Stahlgehäuse ist sicher noch was anderes drin, vielleicht ein Laptop oder irgendwas anderes Tolles. Ich kaufe die Lampe. Als ich sie nach draußen trage, läutet mein Handy. Unbekannte Nummer. Ich gehe ran.

»Naldini hier. Eduardo Naldini. Ich habe Ihre Nummer von Cristina, Sie hat mir einiges von Ihnen erzählt. Ich denke, Sie wissen, wer ich bin. Hoffentlich störe ich nicht, wir können auch später sprechen.«

»Nein, Sie stören überhaupt nicht, Herr Naldini … Äh, ich weiß jetzt gar nicht, ist Herr überhaupt das richtige Wort, die richtige Ansprache, oder besser Padre?«

Naldini lacht. Ein erstaunlich junges Lachen. Fröhlich, beinahe meckernd. »Herr. Padre. Monsignore. Alles dürfen Sie sagen, nur Papa nicht, der Titel ist in meiner Kirche besetzt.« Wieder lacht er.

»Gut, dann bleibe ich beim Herrn …«

»Herr Geier, bei Ihnen ist Herr auch in Ordnung, oder …?«

»Ja.« Jetzt muss ich kurz lachen.

»Herr Geier, es geht um Folgendes: Mein Anwalt Peter Dürrschmidt sagte mir, Sie würden gerne Cristina in der Haft besuchen. Cristina ist in einer sehr schwierigen Situation, auch psychisch. Ich würde gern alles vermeiden, was sie zusätzlich belastet. Daher meine Frage: Warum wollen Sie Cristina treffen?«

Mir fällt als Erstes alles ein, was ich besser nicht sagen sollte: meine Nachfragen an Cristina zu der Waffe in der Plastiktüte, zum Geld, zu ihrem Bruder.

»Cristina hat mich gebeten, ein paar Dinge zu recherchieren, im Zusammenhang mit ihrem Blackout. Das belastet sie sehr, und vielleicht kann ich da helfen. Außerdem würde ich sie einfach gerne sehen.« Ich gehe in eine ruhige Seitenstraße, in einen kleinen Hinterhof, stelle den Beutel mit der neuen Lampe auf den Boden.

»Ich will offen zu Ihnen sein«, sagt er. »Ich bin ein Mann der Kirche, und ich habe in dieser Eigenschaft sehr viel erlebt. Ich habe oft erlebt, wie sehr sich Menschen in dem unterscheiden, was sie sagen und was sie tun. Gute Menschen tun grausige Sachen, und grausige Menschen tun gute Sachen. Abgründe, manchmal die finstersten, gehören zu uns Menschen dazu. Oder wie wir Kirchenleute zu sagen pflegen: Das Reich Gottes ist groß.« Naldini lacht.

Ich sage nichts. Ich warte, auf was er hinauswill.

»Obwohl ich das alles weiß, bin ich trotzdem absolut sicher, dass Cristina ihren Bruder nicht getötet hat. Ich kenne

Cristina gut, sie ist nicht fähig zu einer solchen Tat. Daran gibt es für mich keinen Zweifel. Ich frage Sie, Herr Geier: Sind Sie auch davon überzeugt?«

»Davon bin ich absolut überzeugt«, antworte ich. Es stimmt ja auch, und dennoch fühle ich mich unwohl dabei, es auszusprechen, auf Befehl sozusagen.

»Wunderbar. Dann begrüße ich Sie in unserem Team Cristina. Ich werde meinem Anwalt, Herrn Dürrschmidt, sagen, er soll den Haftbesuch für Sie organisieren.« Nach einer kurzen Pause fügt er hinzu: »Vielleicht setzen wir uns bald mal zusammen und überlegen, was wir gemeinsam für Cristina tun können.«

»Sehr gerne und jederzeit. Aber ich habe noch eine Frage: Welche Spur sollte man Ihrer Meinung nach besonders verfolgen, wenn man den Tod ihres Bruders aufklären will? Haben Sie irgendeinen Verdacht? Hat Ihnen Cristina vielleicht etwas erzählt?«

»Ich habe eine hohe Meinung von Kommissar Palermo. Er macht seine Sache sehr gut. Ich glaube, Palermo und seine Leute werden den Fall schnell aufklären, und dann ist wenigstens dieser Teil des Albtraums vorbei. Und zu Ihrer Frage kann ich eigentlich nur Folgendes sagen: Ich kannte ja auch Antonio gut, Cristinas Bruder. Ich mochte ihn, damit wir uns nicht falsch verstehen, aber er hatte immer viel Pech beim Finden einer passenden Umgebung. Antonio lässt sich – er ließ sich – besonders gerne mit den falschen Leuten ein. Leider. Auch zuletzt war das wieder so. Diese Menschen, mit denen er im Wald zusammenlebte, das alles tat ihm nicht gut. Ich könnte mir vorstellen, dass hier ein Schlüssel liegt.

Aber, Herr Geier, das sage ich nur zu Ihnen, das ist lediglich ein Gefühl. Genaueres weiß ich nicht.«

»Interessant. Danke für die Information. Ich werde da auf alle Fälle mal nachsehen. Und noch eine Frage habe ich, Herr Naldini, wenn Sie erlauben?«

»Aber natürlich, Herr Geier, fragen Sie.«

»Woher kennen Sie eigentlich Cristina?«

Es dauert einen langen Moment, bis Naldini antwortet: »Ihre Frage erstaunt mich etwas. Sagten Sie nicht, Sie beide seien gut befreundet?«

»Ja, so würde ich das ausdrücken.«

»Und Cristina hat Ihnen nicht von mir erzählt? Vielleicht hat sie ihre Gründe dafür. Allein deshalb möchte ich nicht auf Ihre Frage antworten. Das muss Ihnen Cristina schon selbst erzählen.«

20

ICH BIN KEIN GROSSER HANDWERKER. ABER WER AUF dem Berg im Wald in einem alten Turm wohnt, den man nur zu Fuß erreichen kann, wird automatisch ein immer besserer Handwerker. Er lernt den Umgang mit Motorsägen, Bohrmaschinen, Äxten, motorisierten Heckenscheren, er befreit verstopfte Rohre, schließt gerissene Stromleitungen wieder an, er tauscht kaputte Dachziegel aus und weiß sich zu helfen, wenn ein Kaminofen nicht mehr ziehen will. Früher kamen mir viele Abteilungen in einem Baumarkt wie fremde, exotische Länder vor, mit eigener unverständlicher Sprache und undurchschaubaren Sitten und Regeln. Heute ist das anders. Gefühlt habe ich inzwischen schon jeden Flansch, jede Schelle, jedes Zugseil und jeden Steinbohraufsatz erworben. Die Wasserwaagen, weiß ich, klar, sind im Gang D, ganz am Ende, kurz vor den Häckselmaschinen (hab ich auch eine). Ich brauche eine möglichst lange Wasserwaage, weil ich eine kleine Fläche betonieren will, die möglichst gerade sein soll, »im Wasser«, wie wir Handwerker sagen, weil auf ihr ein Geräteschuppen stehen soll. In dem Geräteschuppen kann ich dann endlich alles, was ich in Baumärkten gekauft habe, unterbringen, auch die lange Wasserwaage. Das Ganze ist ein Vorhaben für den kommenden Sommer, war schon eines für den letzten Sommer, ja, das stimmt, aber diesmal wird es ernst.

Seit ich weiß, dass ich im Sommer eine gerade Betonfläche zustande bringen muss, bewundere ich bei jedem Blick aus meinem Fenster den größten aller Handwerker.

Die Wasserfläche des Lago Maggiore ist 212,5 Quadratkilometer groß. Ich überblicke etwa die Hälfte davon, schätze ich. Diese 212,5 Quadratkilometer sind vollkommen eben, da senkt sich nichts, da steigt nichts an, von Locarno bis Stresa, nirgends die geringste Abweichung. Und egal, was passiert, welche Muster der Wind auf die Fläche malt, Fischgrät bei kleinen Windbewegungen, Streifen bei größeren, Flecken oder Kreise, am Ende ist die ganze Fläche wieder überall »im Wasser«.

Früher, als Kind, habe ich Geschenke abends mit ins Bett genommen. Bei neuen Gitarren mach ich das immer noch, ich lege den geöffneten Koffer neben mein Bett. Die neue Wasserwaage hat es nicht ins Schlafzimmer geschafft. In die Küche aber schon, immerhin.

Ich fülle Spareribs, Zwiebel, Knoblauch und Apfelsaft in meinen gusseisernen Feuertopf, stelle ihn auf die Glut in meinem offenen Kamin und schaue auf die Uhr: eineinhalb Stunden. Cristina habe ich von diesem Gericht erzählt, ich wollte es mal für sie zubereiten. Aber dazu ist es nicht gekommen.

Morgen besuche ich sie im Gefängnis.

Ich trete ans Fenster. Es wird gerade dunkel draußen, die Fläche des großen Handwerkers ist dunkelgrau. Über den Bergen hinter Luino leuchtet schon ein fetter gelber Punkt am Himmel. Jupiter, das weiß ich.

21

ICH WEISS, ES IST NICHT BESONDERS ORIGINELL, aber ich sage es trotzdem: Ich mag keine Gefängnisse, kann sie wirklich gar nicht leiden. Im Rahmen meiner Polizeiausbildung war ich sechs Wochen im Strafvollzug, in München-Stadelheim. Ich war nie ein besonders großer Idealist, hatte immer das Gefühl, dass sich die Ideale irgendwann umdrehen und einen fragen: Und nun, was tust du für mich? Wer bist du überhaupt? Schon aus diesem Grund habe ich Ideale als Lebensbegleiter abgelehnt, so gut ich konnte.

Mit anderen Worten: Ich bin ein Mensch, der ziemlich gut mit Widersprüchen umgehen kann. Aber im Gefängnis geht es nicht um Widersprüche, um Fehler, die immer passieren, wenn Menschen am Werk sind. Es geht nicht um an sich vernünftige Konzepte, die nur der harten Wirklichkeit manchmal nicht standhalten. In Gefängnissen läuft inzwischen alles falsch. Früher gab es mal den Gedanken der Resozialisierung, davon ist nichts mehr geblieben. Junge Kriminelle kommen rein und werden erst richtig kriminell. Drogensüchtige kommen rein und werden erst richtig drogensüchtig. Es fehlt an Betreuung, an Bewährungshelfern, aber vor allem an jeglichem Glauben, das Gefängnis könnte ein Ort sein, an dem sich Dinge auch zum Besseren wenden können. Ich habe den Verdacht, dass Menschen, die im Strafvollzug arbeiten, bereits seltsam sind, bevor sie überhaupt anfangen, denn wer soll sich schon für diese Berufslaufbahn entscheiden? Aber auch wenn das nicht stimmt – ganz sicher *werden* Menschen, die hier arbeiten, allmählich seltsam. Ich bin noch nie so vielen kaputten, verrückten und bösen Leuten begegnet wie in diesen Wochen in Stadelheim, und damit meine ich noch gar nicht die Gefangenen.

Das Gefängnis in Varese wirkt nicht viel anders als deutsche Gefängnisse. Nach der ersten Sicherheitsschleuse führt mich eine Wärterin in einen Raum mit grauem Linoleumboden, sieht aus wie eine Umkleide beim Sportverein. Sie sperrt einen Spind auf, hier soll ich alles reintun, was ich nicht mit reinnehmen darf. Handy, Mantel, Tasche, Geldbeutel, Schlüssel. Die Wärterin geht voraus, zweite Sicherheitsschleuse, ein Gang, grauer Linoleumboden. Überall der Geruch von Desinfektionsmittel. Sie sperrt einen Raum auf, in dem nur ein kleiner Tisch steht, durchtrennt von einer Glaswand, ein Stuhl auf der einen Seite, ein Stuhl auf der anderen; in der Mitte der Glaswand befindet sich ein Fensterchen, das man öffnen kann. Die Wärterin verschwindet, lässt mich allein. Sie hat kein einziges Wort gesprochen. Das war häufig mein Eindruck: Die Beschäftigten im Gefängnis fühlen sich im Schweigen am wohlsten. Nach ein paar Minuten öffnet sich die Tür hinter der Glasscheibe. Wieder eine Wärterin, dahinter Cristina. Blass sieht sie aus, wahnsinnig blass.

Diese Wärterin spricht und erklärt die Regeln der Begegnung. Fünfzehn Minuten Zeit, im Gespräch erlaubt sind nur private Dinge, kein Wort über den aktuellen Fall. Wenn wir darüber reden, müsse sie das Treffen sofort beenden. Verstanden? Cristina nickt. Ich nicke. Die Wärterin nimmt hinter Cristina auf einem Stuhl Platz.

»Hallo, Lukas. Das letzte Mal im Kloster, jetzt im Gefängnis.« Sie versucht ein Lächeln. »Wir hatten schon bessere Orte …«

»Ja, das ist wahr. Wie geht es dir, Cristina? Ich weiß, ist eine blöde Frage.«

»Ich bin in Ordnung. Ich halte mich. Mach dir keine Sorgen.«

»Wir haben wenig Zeit, Cristina.« Ich merke, wie gerne ich ihren Namen ausspreche. »Ich habe mit Herrn Naldini telefoniert, dem Padre. Ich hab ihn gefragt, woher ihr euch kennt. Er hat gesagt, das musst du mir selbst erzählen.«

»Eduardo … Ich kenne ihn schon sehr lange. Wie erzähle ich das am besten? Rückblick. Kindheit. Mein Bruder und ich …«

Die Wärterin erhebt sich. »Sie dürfen nicht über Ihren Bruder sprechen …«

Cristina hebt die Hände. »Alles klar. Wir waren einige Monate in einem Kinderheim und kamen schließlich zu unserer Pflegefamilie, zu den Naldinis. Sie hatten drei Kinder, und dann kamen wir dazu. Schwierige Familie, alles war schwierig. Eduardo war der Älteste, er ist sechs Jahre älter als ich. Das ist als Kind viel. Er wurde so was wie mein älterer Bruder. Er war der Einzige von den Naldinis, der immer nett zu mir war. Na ja, nett ist nicht der richtige Ausdruck …« Sie sucht nach dem Begriff. »Er hat auf mich aufgepasst. Ich weiß nicht, ob ich es ohne Eduardo geschafft hätte.«

Ich sehe ihre Lippen, ihre durchsichtige Haut, ihre Hände. Sie war auch vorher nicht der Typ für Schnickschnack, kein Schmuck, wenig Make-up. Aber jetzt, in dieser hellgrauen Kluft – jetzt sieht sie noch purer aus. Das Rohmaterial Cristina. Ich wünschte, ich könnte sie berühren.

»Padre Naldini … Wie kam er zur Kirche?«, frage ich. »Waren die Naldinis eine religiöse Familie?«

»Nein, gar nicht. Eduardo war immer sehr besonders. Er war sehr gut in der Schule. Er hatte immer schon eine besondere Aura, ihm konnte sich keiner entziehen. Alle dachten, er wird Anwalt oder Politiker oder so was. Aber er studierte Theologie und ging ins Kloster. So richtig habe ich das nie verstanden, seinen Glauben … Aber, Lukas, Eduardo ist mehr als ein Kirchenmann. Eduardo kümmert sich um viele Dinge.« Nach einem kurzen Moment fügt sie hinzu: »Nicht nur um mich.« Ich glaube, die Spur eines Lächelns zu erkennen.

»Vertraust du ihm?«, frage ich.

»Hundertprozentig«, sagt sie.

»Kann ich ihm auch vertrauen?«

Cristina schaut mich an und antwortet nicht.

Ich sehe, dass die Wärterin auf ihre Uhr blickt. »Cristina«, sage ich, »hast du irgendeine Idee, wer Informationen zu diesem Schließfach hat?«

Die Wärterin unterbricht: »Ein weiteres Wort zu dem Schließfach, und ich breche die Sache hier ab. Sie dürfen sich nicht über den Fall unterhalten.«

»Entschuldigung«, sage ich. Cristina hatte mir im Kloster auf das Papier geschrieben, dass sie mit einem Freund am letzten Abend vorm Tod ihres Bruders in der *Manhattan*-Bar in Luino war und dass danach der Filmriss einsetzte. Ich muss wissen, wer das war, warum ihr der Mann so wichtig ist. Wenn ich direkt frage, beendet diese Aufpasserin vermutlich unser Gespräch. Ich muss es irgendwie anders machen.

»Cristina«, sage ich, »noch ganz was anderes. Du warst doch neulich abends was trinken mit diesem Bonsai-Experten. Du hattest mir davon geschrieben, weißt du noch?«

Cristina schaut mich etwas ratlos an.

»Kannst du mir sagen, wie der heißt und wo ich ihn finde? Und weißt du noch, was auf deinem Weg nach Hause passiert ist? Ich habe mit meinen Bonsais gerade ein Problem, sie wollen einfach nicht mehr wachsen. Ich brauche den Mann.« Fast muss ich lachen.

Cristina hat es begriffen. »Leider weiß ich nicht mehr, wer das war. Ich habe aber so Träume, da tauchen Gesichter auf, Namen, aber alles durcheinander. Ein Name ist Alberetti.«

Ich frage nach, egal jetzt: »Du hattest geschrieben: ›Weg zum Auto, kein A‹. Was bedeutet das?«

Die Wärterin schaut wieder auf ihre Uhr und erhebt sich.

Cristina schüttelt unmerklich den Kopf. »Ich kann es nicht sagen, jetzt nicht.«

»Soll ich Dürrschmidt fragen, deinen Anwalt?«

»Nein«, sagt Cristina. Die Wärterin zupft an ihrer Schulter. Sie steht auf.

Ich erhebe mich ebenfalls. Hinter mir geht die Tür auf, die andere Wärterin kommt herein. »Cristina«, frage ich, »kann ich noch irgendwas für dich tun?«

»Rede mit Palermo. Sag ihm einen schönen Gruß von mir und sag ihm, du bist einer von den Roten Wölfen.«

Cristina verschwindet mit ihrer Wärterin. Ich mit meiner. Ich will noch irgendwas sagen und frage sie beim Rausgehen, wie ihr Tag bisher so war. Sie zuckt richtig zusammen, so sehr erschrickt sie. Antworten tut sie nicht. Was soll sie auch antworten?

22

HEUTE NACHT HABE ICH EINEN NEUEN SONG geschrieben. Ich saß im Wohnzimmer, Gitarre im Schoß – und plötzlich waren die Akkorde da. Ich kann es nicht anders formulieren. Eine zwingende Abfolge von Dreiklängen, bei der man sich fragt, warum man sie nicht schon seit Jahren so spielt. Vielleicht waren diese Akkorde ja auch schon immer da, aber in dieser Nacht haben sie sich mir plötzlich gezeigt, haben sich neben mich gesetzt und mich aufgefordert, sie zu spielen.

Jetzt ist es Vormittag, ich betrete das Wohnzimmer mit einem Kaffee in der Hand. Die Gitarre liegt noch auf dem Sofa, daneben, auf dem Glastisch, mein Zettel mit den Notizen. Dort sind sie aufgeschrieben, die Akkorde, jetzt können sie nicht mehr abhauen – in das weite Land, wo alle Akkorde und alle denkbaren Abfolgen wohnen.

Ein paar Fetzen Text habe ich aufgeschrieben. Ich setze mich neben die Gitarre und trinke erst mal meinen Kaffee. Für diese Momente lohnt sich alles. Für diese Momente habe ich mein früheres Leben aufgegeben, und ich würde auch jetzt wieder alles aufgeben dafür. Für die Momente, in denen man ahnt, hofft, dass man einen neuen Klang entdeckt hat, dass man dem Weltall eine seiner Melodien entrissen hat.

Der Kamin ist kalt, das Feuer heute Nacht war sicher das letzte, bevor dann irgendwann wieder ein Herbst kommt, weit weg in der Zukunft.

Die Luft draußen ist warm, jetzt schon von dieser nachhaltigen Wärme, die sich von einer Wolkendecke oder einer Regennacht nicht mehr verscheuchen lässt. Die vielen Azaleen-Büsche auf meinem Grundstück haben Knospen mit roten Spitzen, und die Oleander, die an der Turmmauer wie Wachsoldaten in einer Reihe stehen, strecken weiße Finger in die Sonne.

Die Gitarre, die mich heute Nacht begleitet hat, ist eine Martin 00-15. Sie ist relativ klein und dunkelbraun, weil sie ganz aus Mahagoni gefertigt ist. Das gibt ihr einen warmen, sehr mittigen Klang. Ich greife nach meinem Zettel.

Buona Notte, this is goodbye
Buona Notte, this is the end of the fight

So steht es auf dem Papier. Vorsichtig greife ich zur Gitarre und schlage die Akkorde an. Manchmal halten sie nicht, was sie nachts versprochen haben.

Unten betätigt jemand die große Glocke an der schweren Eingangstür.

Paul.

Ich habe vergessen, dass wir heute spielen wollen und am Nachmittag eine Bewerberin für Helen kommt.

»Komm rein und geh gleich ganz nach oben«, rufe ich laut, lege die Gitarre weg und steige eins höher in die Küche. Paul will Kaffee, das weiß ich.

Vielleicht sollte der Song noch auf das neue Album? Die Plattenfirma hasst solche Verzögerungen, klar. Aber vielleicht ist er sogar die Single? Und der Titel des Albums? *»Buona Notte«*. Zu traurig, werden die Marketingleute sagen, auch die Melodie. Stimmt ja vielleicht. *Are you here to rescue me? Shall I kneel and pray?* Wer hat mir diese Zeilen diktiert? Ich ertappe mich bei dem Gedanken, dass Helen sagen wird, ob das zu kitschig ist oder ob wir mit der Musik gegensteuern müssen. Aber Helen ist weg.

Forever out of sight.

»Hey, Lukas«, sagt Paul. Er steht da in Jeans und schwarzem Pulli, die Tasche mit seinem Fender-Bass in der Hand, und er ist wie immer kein bisschen außer Atem. Da ist er der Einzige, der nach diesem Aufstieg und der Wendeltreppe im Turm nicht schnauft.

»Hey, Paul«, sage ich. »Setz dich.«

Ich hantiere an der Espressomaschine und produziere zischend zwei große Cappuccini. »Willst du was essen?«, frage ich, als ich sie auf den Tisch stelle.

Anstatt einer Antwort legt Paul eine Zeitung auf den Tisch, dreht sie und schiebt sie auf meine Seite. Es ist die *La Repubblica* von heute. Sie ist aufgeschlagen und gefaltet, lokale Nachrichten oben. Ich sehe ein Foto von Cristina und lese:

Das Geheimnis der Polizistin

Was weiß die Kommissarin Cristina Conte über den Mord an ihrem Bruder? Ist sie selbst darin verwickelt? Vielleicht sogar schuldig?

»Das ist deine Cristina«, sagt Paul.

»Ja«, sage ich, »das ist Cristina.«

Es entsteht ein Augenblick der Stille.

»Brauchst du meine Hilfe?«, fragt Paul schließlich.

Ich schaue in seine grauen Augen. Seine Frage überrumpelt mich und rührt mich fast zu Tränen. Was ist los mit mir? *Either I'm too sensitive or else I'm gettin' soft.* Eine Zeile von Dylan. Mein Hirn ist eine überfüllte Lagerhalle für Songzeilen, sie quellen aus allen Ritzen. Nervt manchmal.

»Ich weiß nicht«, sage ich. »Vielleicht ... könnte sein ... Ich ...«

»Komm schon«, sagt Paul. »Was kann ich tun? Du warst glücklich, als sie ...«, er sucht nach Worten, »... als sie bei dir war.«

Paul hat schon immer Bass gespielt. Aber früher war das nicht sein Beruf, früher hieß er auch nicht Paul. Früher war er Computerspezialist beim Bundesnachrichtendienst, ein Spezialist dafür, Daten zu beschaffen, auch wenn sie noch so verschlüsselt und gesichert sind. Und in dieser Eigenschaft wäre er beinahe vom russischen Geheimdienst getötet worden, wenn man ihn nicht in einer Blitzaktion aus dem Spiel genommen hätte. Ich habe ihn hier versteckt, hier im Ferienparadies, wo der Himmel blau ist und die Seele rein ...

Paul wurde mir bei der Operation sehr sympathisch, was bei meinen Kunden wahrlich nicht oft der Fall war. Über die Musik wurden wir Freunde. Zu seinem früheren Leben aber darf es eigentlich keine Verbindung geben, auch nicht zu seiner Fähigkeit, sich in fast jeden Computer dieser Welt zu hacken. Sein Angebot, mir zu helfen, ist lebensgefährlich.

»Du könntest drei Personen für mich durchleuchten«, sage ich. »Einen Padre namens Naldini, einen Förster namens Alberetti und Cristinas Bruder Antonio Conte.« Später wird sich herausstellen, dass ich noch einen weiteren Namen hätte nennen sollen.

»Ich brauche wahrscheinlich die großen Rechner in deinem Studio«, sagt Paul.

»Du wolltest doch sowieso den Klang von ein paar Bässen ausprobieren«, sage ich. »Der Schlüssel liegt in dem Arbeitshandschuh in der Kiste im Schuppen, das weißt du ja.«

Paul nickt. Dann notiert er die Namen in seinem Buch, trinkt den Cappuccino aus, steht auf und tritt an das große Fenster. Unten überquert das Fährschiff *Alpino* den See.

»Diese Tante, die da heute Nachmittag kommt«, sagt er mit dem Rücken zu mir. »Die sagt schon am Telefon in jedem zweiten Satz: ›Das ist *fine* für mich.‹ Das halte ich nicht aus.« Er dreht sich zu mir um und verzieht das Gesicht.

»Helen hatte auch ihre Macken, Paul«, sage ich. »Wir sollten uns das mal anhören, eine Cellistin, die Elektromusik mag und programmieren kann. Sie hat sich jetzt vorbereitet auf unsere Musik, wir müssen ja nichts entscheiden.«

Pauls Blicke sind manchmal kilometerlang.

»Okay«, sagt er nach einer Weile und geht zur Tasche mit seinem Bass. »Mal anhören. Das ist *fine* für mich.«

23

ES WAR NICHT SCHWER, RAUSZUFINDEN, WOMIT man Giovanni Palermo eine Freude machen kann. So etwas zu recherchieren, ist am Lago Maggiore ein Kinderspiel. Freude ist eine Koordinate, die an diesem See in höchstem Maße respektiert wird. Ich frage Biagio, ob er zufällig Kommissar Palermo in Varese kennt. Nein, sagt er, noch nie was von ihm gehört, aber ich kenne viele Leute, auch in Varese. Biagio kennt wirklich viele Leute, so ist das eben, wenn man lange eine Autowerkstatt betrieben hat und jetzt auch schon wieder lange ein Café führt. Ich höre mich mal um, sagt Biagio. Einen Tag später ruft er an. Kommissar Palermo hat eine Leidenschaft. Er isst gerne Steaks, je größer, desto besser. Reicht das als Information?, fragt er. Ja, danke dir, das reicht, sage ich.

Ein paar Stunden später habe ich Palermo am Telefon. »Herr Kommissar, ich wollte Ihnen zum Fall Conte etwas erzählen, und Fragen habe ich auch einige. Wollen wir essen gehen? Ich kenne ein sehr gutes Steak-Restaurant.«

»Das klingt gut. Wie heißt das Lokal denn?«, fragt Palermo. Er würde es vermutlich nur schwer akzeptieren, dass es ein sehr gutes Steak-Restaurant gibt, das er nicht kennt.

»*Gibigiana.* In Rancio Valcuvia.«

»Bei Fabio. Das ist mein Lieblingsrestaurant.«

»Meins auch. Gehen Sie mit mir hin?«

»Sehr gerne«, sagt Palermo. »Ich reserviere den Tisch.«

Es ist der Tisch, der dem großen Grill am nächsten ist. Und es ist der Stammplatz von Kommissar Palermo. Bei unserem ersten Treffen war mir gar nicht aufgefallen, dass der Kommissar über einen durchaus beachtlichen Bauch verfügt.

»Ich liebe es, Fabio beim Zubereiten zuzuschauen«, sagt Palermo. »Er ist ein Künstler.«

Wir haben beide das *Bistecca alla fiorentina* bestellt. Bei dem Fiorentina wird ein um die 1300 Gramm schweres Stück Fleisch so aus dem Roastbeef geschnitten, dass ein T-förmiges Knochenstück in dem Steak verbleibt und sich auf der einen Seite davon ein Filetstück befindet. Fabio pinselt unser Fleisch mit einer Tinktur ein, die auf jeden Fall aus einem besonderen Olivenöl besteht, bevor er es auf den Grill legt. Nach vier, fünf Minuten dreht Fabio das Fleisch um und salzt die gegarte Seite. Dann kommt es wieder auf den Grill, nach ein paar Minuten wird es runtergenommen, und Fabio pinselt es mit einer anderen Tinktur ein. Und er pfeffert das Fleisch mit einer Pfeffermühle.

Palermo sagt: »Es gibt Köche, die fragen den Gast, ob gepfeffert werden soll. Fabio fragt nicht, denn er weiß, wie es am besten ist. Fabio fragt nie. Ich finde das wunderbar. Es gibt sonst im Leben doch viel zu viele Fragen.«

Dann kommt das Beste: Fabio serviert auf zwei ziemlich großen Tellern das fein aufgeschnittene *Bistecca alla fiorentina*, als Beilagen gibt es ein bisschen Gemüse, ein paar wenige Kartoffeln, nichts soll von der Hauptfigur dieser Aufführung ablenken, dem Fleisch. Palermo spießt ein Stück mit seiner Gabel auf und lässt es im Mund verschwinden. »Herrlich«, sagt er. »Was für ein Geschmack!«

So geht es weiter bei uns beiden, ein Stück nach dem anderen. Dazu ein Schluck Insoglio, Palermo stimmte bei dieser Wahl des Weines gerne zu. Irgendwann, es ist nur noch wenig auf dem Teller, sagt der Kommissar: »Herr Geier, Sie wollten mir etwas erzählen.«

Ich erzähle von meinem Treffen im Gefängnis mit Cristina. Dass Cristina ihren letzten Abend vor ihrem Blackout erwähnte, in einer Bar in Luino, da habe vielleicht ein gewisser Alberetti eine Rolle gespielt. Und dass sie mir riet, sich wegen der Ermittlungen an ihn zu wenden, »an Sie, Herr Palermo. Cristina hat wirklich allergrößtes Vertrauen in Sie.«

Ich nehme noch einen Schluck Wein.

»Ich soll Sie jedenfalls grüßen von ihr. Und ich soll Ihnen etwas ausrichten. Ich soll Ihnen sagen, dass ich auch zu den Roten Wölfen gehöre.« Ich mache ein fragendes Gesicht. »Was immer das bedeutet.«

Im Mund von Palermo verschwindet das letzte Stück Steak. Ich sehe keine Regung in seinem Gesicht. Er schweigt. Ich habe immer Leute beneidet, die in bestimmten Situationen nichts sagen, einfach nichts. Palermo kann das. Ich nicht, ich frage: »Sagt Ihnen der Name Alberetti was?«

Palermo nickt. »Bruno Alberetti war viele Jahre im Gefängnis. Er gehörte zu einer Terrorgruppe, die Banken überfiel. Dabei starben auch Menschen. Das ist alles sehr lange her, bestimmt mehr als dreißig Jahre. Er lebt in dieser Kommune im

Wald, auch das schon viele Jahre, er gehörte also zum Umfeld von Cristinas Bruder.«

»Was ist dieser Alberetti für ein Mensch? Wie schätzen Sie ihn ein?«

»Ich bin immer vorsichtig mit Einschätzungen«, sagt er. »Ich habe so viele Einschätzungen gehört, die sich später als völlig falsch erwiesen haben. Aber was man weiß, ist, dass Alberetti nie wieder straffällig geworden ist, nachdem er aus der Haft entlassen wurde. So viel ist sicher. In der Kommune leben die verschiedensten Leute, und keiner kommt nach unseren Informationen aus dieser Zeit, also aus den Terrorjahren von Alberetti. Da soll auch eine Frau sein, die Cristinas Bruder sehr nahestand. Alberetti verdient sein Geld wohl mit dem Handel von Holz.«

»Glauben Sie, er hat etwas mit dem Mordfall zu tun?«

Palermo nimmt sein Weinglas. »Wissen Sie, Leute mit dieser Vergangenheit haben für immer eine besondere Eigenschaft: Man kann Ihnen sehr leicht alles Mögliche anhängen. Sie sind sozusagen Freiwild. Es fällt ihnen äußerst schwer, sich dagegen zu wehren.«

»Das beobachten Sie auch in diesem Fall?«

»Natürlich ist Alberetti ein Mann, den man sich anschauen muss, auch in diesem Fall. Aber ich hatte sehr frühzeitig das Gefühl, dass es, ich sage es mal vorsichtig, gewisse Bestrebungen gibt, Alberetti zu einem Täter zu erklären. Das geht mir alles ein bisschen schnell.«

»Warum soll Alberetti Cristinas Bruder umgebracht haben?«

»Herr Geier, das ist eine gute Frage. Ich kann sie nicht beantworten. Ich sehe bis jetzt kein Motiv. Allerdings ist das überhaupt ein Problem, ich sehe nirgends ein Motiv, warum der Mann sterben musste.«

»Gab es Spuren von Alberetti am Tatort?«

»Wenn es welche gäbe, dürfte ich darüber nicht sprechen, das wissen Sie. Herr Geier, ich habe mich mit Ihnen getroffen ...« Er lächelt kurz. »Nun ja, nicht nur wegen des Essens. Es wäre mir eine Hilfe, wenn Sie versuchen würden, mit Alberetti und vielleicht auch dieser Frau in Kontakt zu kommen. Möglicherweise hat er was zu erzählen, auch über den Abend mit Cristina. Warum könnten sich die beiden getroffen haben? Cristina sagt, sie erinnert sich nicht. Bei seiner Vorgeschichte ist ein wirkliches Gespräch mit der Polizei nicht möglich – über diesen Schatten springt Alberetti nicht. Aber Sie sind zumindest nur ein ehemaliger Polizist.«

Er holt aus der Seitentasche seines Jacketts einen schwarzen USB-Stick und gibt ihn mir. »Vielleicht hilft das«, sagt er. »Da ist der Bericht eines Kollegen drauf, der gestern in der Waldkommune war. Er hat versucht, die Lage einzuschätzen.«

»Okay«, sage ich, »ich versuche es.«

Fabio kommt an den Tisch. Palermo fragt nach den *Profiteroles*. Das sind diese wunderbaren Schokolade-Sahne-Bomben. Fabio nickt. Ich nehme auch eine Portion.

»Sagen Sie, Sie sprachen vorhin von irgendwelchen Bestrebungen, die Alberetti zum Mörder machen sollen«, sage ich. »Können Sie das noch etwas genauer erklären?«

»Nein, kann ich nicht. Ich sage es mal so: Auffallend viele Stellen interessieren sich für den Fall. Politik, Staatsanwaltschaft und so weiter.«

»Na ja, vielleicht nicht so wirklich verwunderlich. Eine Kommissarin ist verhaftet worden. Kommt auch nicht jeden Tag vor.«

»Das ist sicher richtig.«

Palermo sagt an diesem Abend nur noch einen wesentlichen Satz, beim Abschied draußen auf dem Parkplatz: »Cristina hat mir auch den Namen Alberetti genannt. Es ist sicher eine gute Idee, wenn Sie ihn aufsuchen.«

Als ich später einschlafe, zu Hause, hoch oben in meinem Turm, ist mein letzter Gedanke eine Frage: Was steckt hinter dieser Chiffre von den Roten Wölfen? Und vor allem, was bedeutet es, einer zu sein?

24

ES IST DER TAG, AN DEM DIE SEILBAHN ZUM GIPFEL des Monte Lema nach den Wintermonaten wieder ihren Betrieb aufnimmt, und es ist die erste Fahrt am Morgen. Außer Lara und mir ist nur noch ein einzelner Mann in der Gondel. Er umarmt eine hellrote Nylontasche, die größer ist als er selbst. Was sich darin befindet, zeichnet sich an den Konturen ab: zwei Flügel und der Rumpf eines Flugzeuges. Auf dem Boden, zwischen den Beinen des Mannes, steht noch eine zweite, kleinere rote Nylontasche. Sie enthält vermutlich die Fernsteuerung und den Treibstoffkanister. Der Monte Lema mit seiner kargen, ausladenden Gipfelregion ist ein Paradies für Modellflugzeugkapitäne. Schon als Kind habe ich sie beobachtet, wenn ich mit meinen Eltern hier oben war. Früher waren die Modelle kleiner und die Fernsteuerungen anfälliger, so dass die Flugzeuge öfter mal abstürzten.

Der Mann sieht aus wie ein Konzernchef. Weiße Haare, schwarze Sonnenbrille, Rolex am Handgelenk, dunkelblauer Prada-Anorak, blitzsaubere olivgrüne Bergschuhe. Wir plaudern ein bisschen, während die Gondel an Höhe gewinnt. Am Ende sagt er: »So ein Tag dort oben, nur ich, das Flugzeug und der Himmel, das ist pures Glück für mich. Und vollkommene Freiheit. *Libertà assoluta.*«

Nachdem wir ausgestiegen sind und der Mann sich mit seinen Taschen entfernt, sagt Lara zu mir: »Siehst du, Lukas, einen Tag nur mit mir selber und einer Sache, die mir Freude macht – so einen Tag habe ich nie.«

Normalerweise sieht Lara immer so aus, als käme sie nach einer längeren Session aus dem Badezimmer, picobello von Kopf bis Fuß. Nicht heute Morgen. Sie steckt in ihrer alten, erprobten Daunenjacke, die blonden Haare, die unter der Mütze hervordrängen, sind strähnig, an den Schuhen klebt noch die Erde der letzten Bergtour. Und ihr Gesicht ist gänzlich ungeschminkt. Die Lippen sind rissig, die Fältchen um ihre Augen deutlich. Ich liebe sie so, ich kenne sie so.

Fast jedes Jahr machen wir das einmal: Wir wandern über den Grat vom Gipfel des Monte Lema zum Monte Tamaro und wieder zurück. Unter uns die Welt, vor uns die Zukunft, hinter uns unsere Geschichte. Wir starten früh am Morgen, um die erste Bahn zu erwischen. Am Ende trinken wir Rum auf der Terrasse der Bergstation und fahren mit der letzten Bahn – es muss die letzte sein! – wieder ins Tal zum Auto.

Gestern habe ich sie angerufen: »Monte Lema? Morgen?«

»So früh im Jahr?«, hat sie gefragt. Und dann: »Okay. Warum nicht? Holst du mich ab? Halb acht?«

»Ja«, habe ich gesagt. Und mehr haben wir tatsächlich nicht geredet.

Der Monte Lema sitzt auf der Grenze zwischen Italien und der Schweiz, zwischen der Lombardei und dem Tessin. Er ist 1621 Meter hoch, und von dort oben sieht man den Lago Maggiore und den Luganer See gleichzeitig. Außer dem Seilbahngebäude gibt es nur noch eine meteorologische Station und eine Sternwarte. Die Gratwanderung lässt Blicke in alle Richtungen zu, und beim Anblick der Berggipfel und Bergketten ringsum bleibt einem wirklich die Luft weg, jedes Mal wieder. Ich kenne die Namen der Berge nicht; manchmal lasse ich sie mir von Lara erklären, nur um sie sofort wieder zu vergessen.

Das sind die Walliser Alpen, das sind die Bündner Alpen, so was sagt sie dann.

»Und was ist das große Weiße dahinten?«

»Das ist das Monte-Rosa-Massiv, weit über 4000 Meter hoch.«

Kann man besser genießen, wenn man mehr weiß? Ich erzähle Lara vom Lieblingsbuch meines Vaters: *Zen und die Kunst, ein Motorrad zu warten.* In diesem Buch geht es genau um diese Frage. Wie empfinde und erlebe ich die Tatsache, dass mich ein Stück Metall durch die Landschaft trägt, intensiver? Wenn ich alle Teile des Motorrads kenne, über die Präzision ihres Zusammenspiels genau Bescheid weiß und mich begeistere für den Dienst, den sie unter meinem Hintern leisten? Oder wenn ich nichts davon weiß und mich, wie von Geisterhand getragen, der Fahrt an sich hingebe?

»Und welche Meinung hatte dein Vater?«, fragt Lara.

»Er war hin und her gerissen«, sage ich. »Deshalb hat ihn das Buch so fasziniert. Meine Mutter war eher genervt davon. Nicht schon wieder diese Frage, bitte nicht, hat sie immer gesagt, die kennen wir schon. Aber eben nicht die Antwort, hat mein Vater gesagt.« Ich habe dieses Buch nie gelesen, denke ich jetzt. Vielleicht sollte ich es mal tun.

Das erste Stück des Höhenwegs führt steil nach unten, was einen Neuling überrascht. Hohe Felsstufen, die man am Ende des Marsches wieder hinaufsteigen muss. Eine nette Herausforderung für die dann erschöpften Oberschenkel.

»Machst du eigentlich irgendwelchen Sport?«, frage ich Lara, die leichten Fußes vor mir geht.

»Sport? Ich?« Ihr Rücken lacht. »Wann? Nachts?«

»Wieso bist du dann so fit?«, frage ich.

Sie bleibt stehen und dreht sich zu mir um. Dann legt sie beide Hände auf meine Schultern, und ihr Gesicht kommt auf meines zu. Für eine Sekunde denke ich, sie will mich küssen, aber ihr Mund biegt ab zu meinem Ohr. »Weil ich als junges Mädchen tausendmal zu dir hochgestiegen bin nach Monteviasco«, flüstert sie. »Das hält ein Leben lang.«

»Willst du das *Camin*-Hotel wirklich verkaufen?«, frage ich. »Willst du weg von hier?« Ich spüre sofort: falsches Timing, falsche Frage.

Ihr Gesicht verliert augenblicklich das Weiche. Sie lässt mich los, sagt: »Wie meinst du das?« Aber sie will keine Antwort, nicht jetzt. Sie dreht sich um und folgt wieder dem Weg, noch eine Spur schneller als zuvor.

Das Hoch Thomas hat jeden kleinsten Wolkenfetzen vom Himmel gefegt. Die Luft ist so klar, dass die Schärfe der Bilder fast ein wenig weh tut in den Augen. Der graue Fels, die grünen Bodengewächse, der blaue Himmel, der weiße Schnee auf den Bergketten. Mit jeder Biegung des Weges öffnet sich uns ein neues Panorama. Wir gehen zwei Stunden lang und reden wenig, höchstens belangloses Zeug.

Dann setzen wir uns auf einen Felsen in die Sonne, und

Lara packt den beigen alten Leinenrucksack ihres Vaters aus. Auch das gehört zu unserer Tradition: Sie ist es, die unsere Brotzeit dabeihat. Ehrensache, sagt sie, ich bin die Gastronomin. Heute gibt es *Vitello tonnato*, Tomaten und einen Risotto-Salat. Sie hat auch eine kleine Flasche Rotwein eingepackt, einen Barolo, und sogar zwei Gläser. Wir essen und trinken schweigend.

»Du bist doch damals auch aus München weggegangen, hast deinen Beruf aufgegeben und ein ganz neues Leben angefangen«, sagt sie plötzlich.

»Ja«, sage ich.

»Und? Bereust du es?«

»Nein«, antworte ich.

Lara sagt jetzt nicht: Siehst du! Sie spricht oft nicht aus, was naheliegt. Das ist mir schon früh aufgefallen. Lara lässt mein Nein lieber stehen – und dann davonfliegen ins Tal.

»Es ist so viel Geld«, sagt sie nach einer ziemlich langen Weile. »Sehr, sehr viel Geld. Und ich könnte damit alles machen, was ich will. Wenn ich wollte, könnte ich auch den Rest meines Lebens nur noch reisen und herumalbern. *Libertà assoluta.*«

Hinter uns schnauft und hechelt ein Mountainbike-Fahrer an uns vorbei. Lara verdreht die Augen, und wir lächeln uns an. Was die Berge alles so machen lassen mit sich, denke ich. Vielleicht weil sie uns Menschen sowieso überdauern werden.

Lara bückt sich, pflückt ein Kraut, das da wächst, und riecht daran.

»Weißt du, was es bedeutet, das *Camin*-Hotel zu führen?«,

fragt sie. »Nein, du weißt es nicht. Du glaubst, es zu wissen, aber in Wirklichkeit hast du keine Ahnung davon.«

Sie beschreibt mir ihre Tage, die morgens um halb sieben beginnen und abends erst gegen 23 Uhr enden. Das Personal, die Lieferanten, die Handwerker, die Gäste, die Planung der Events, die Buchführung, die unvorhersehbaren Ereignisse wie Überschwemmungen, Erdrutsche, Bäume, die umfallen, eine Schlange in einem Hotelzimmer. Man feiert im *Camin*-Hotel Geburtstage, Hochzeiten, Betriebsjubiläen. Man veranstaltet Geschäftsessen und Buchlesungen. Man will ein Boot mieten können und einen Bergführer. Und das Gewerbeaufsichtsamt, das Finanzamt und noch ein paar Ämter der gefürchteten italienischen Bürokratie fordern Belege, Aufstellungen und ausgefüllte Formulare.

»Im Winter hast du drei Monate zu«, sage ich.

»Weißt du, was in einem Haus mit so vielen Zimmern, mit Nebengebäuden, einem großen Garten und einem Hafen alles gemacht werden muss, wenn es neun Monate lang rund um die Uhr gerockt wurde?«

»Nein«, sage ich. »Ich habe offensichtlich keine Ahnung davon …«

Sie nickt.

»Was machst du morgen um 15 Uhr?«, fragt sie.

»Weiß ich nicht«, sage ich.

»Was machst du übermorgen um 19 Uhr?«

»Weiß ich nicht.«

»Ich dagegen weiß genau, was ich dann mache, und ich weiß es für jeden Tag und fast jede Stunde, sieben Tage die Woche.«

»Du sprichst von deinem Hotel wie von einem Gefängnis.«

»Es ist der schönste Ort der Welt, und ich liebe meine Leute und meine Gäste. Aber ja, es ist auch ein Gefängnis. Für einen gestohlenen Tag wie heute muss ich lange bezahlen.«

Sie trinkt ihren Wein aus, steht auf und verpackt alle Reste und den Müll wieder im Rucksack.

»Das klingt so, als hättest du dich längst entschieden«, sage ich. »Hast du schon unterschrieben?«

»Nein.«

»Warum nicht?«

Sie zögert mit der Antwort. Überlegt, was sie mir sagen soll. Dann schüttelt sie den Kopf.

»Komm, wir müssen weiter«, sagt sie und lacht. »Sonst schaffst du's nicht zurück, wirkst jetzt schon müde.«

Später, als ich sie in der Abenddämmerung am Hintereingang vom *Camin*-Hotel absetze, überlege ich, ob ich sie nach Naldini fragen soll. Aber ich tue es nicht. Die Lichter ihres Reiches glitzern, alle warten auf die Königin. Sie wird in einem Badezimmer verschwinden und eine halbe Stunde später mit strahlendem Lächeln an die Tische der Gäste treten. »*Buona sera*, wie schön, Sie zu sehen. Geht es Ihnen gut?«

Der Suzuki klettert wie gewohnt tapfer den unmöglichen Weg zu meinem Turm hoch. Eine schwarze viereckige Silhouette vor dem See. Ich habe keine Ahnung, was ich heute Abend mache. Ist das ein Segen?

»Ja«, sage ich laut, als ich die schwere Holztür aufsperre. Und ich lasse mein Ja hinunter ins Tal fliegen bis zum *Camin*-Hotel, bis zu Lara.

25

DER ERSTE GEDANKE HEUTE MORGEN: MACHE ICH mir selber einen Kaffee? Nein. Ich will runter zu *Biagio*, brauche etwas Leben. Ich gehe mit dem Laptop unter dem Arm los, die Schritte auf dem steilen Waldboden tun mir gut. Ich werde ruhiger. Ich habe es gleich beim Aufwachen gespürt, seit langem mal wieder. So was Flattriges, Nervöses. Früher wusste ich, das ist eine Art Warnsignal für bevorstehende Panikattacken. Panikattacken begleiten mich schon meine ganzen Jahre. Wie oft habe ich Therapeuten den Satz sagen hören: »Achten Sie auf Ihre Atmung …«

Am Lago Maggiore wurden die Angstattacken weniger und weniger. Geht es jetzt wieder los?

Ich setze mich bei *Biagio* an einen der Tische, die noch eine ganze Weile im Schatten liegen, bestelle Kaffee, einen Toast mit Schinken und stecke den Stick, den mir Palermo gegeben hat, in den Laptop.

Die Schrift poppt auf:

Bericht von Commissario Giuseppe Botazzo über die *comune foresta* – im Zusammenhang mit den Ermittlungen im Mordfall Antonio Conte.

Das ist die Überschrift. Dann kommt die Gliederung.

> Römisch erstens, I: Die Faktenlage vor dem Besuch der *comune foresta.*
> Römisch zweitens, II: Besuch in der *comune foresta.*
> Vorbemerkung: Die unterschiedliche Länge von Teil 1, lang, und Teil 2, kurz, begründet sich in der abweisenden Wesensgestaltung der Bewohner der *comune.*

Abweisende Wesensgestaltung. Ich beschließe, mir diese Formulierung zu merken. Wenn sich irgendwann die Möglichkeit ergibt, möchte ich Commissario Giuseppe Botazzo fragen, wie er auf diese Formulierung gekommen ist – und vor allem, ob er wenigstens geschmunzelt hat, als er sie aufschrieb. Bei einem deutschen Polizisten kann man nach meiner Erfahrung die Möglichkeit des Schmunzelns ausschließen.

Giuseppe Botazzo schreibt:

> Die *comune foresta* besteht aus mehreren Steinhäusern, verteilt auf zwei, drei Quadratkilometern mitten im Wald, hoch über Luino und hoch über einigen kleineren Bergdörfern. Die Kommune und deren Häuser sind nur auf steilen Fußwegen zu erreichen. Die Häuser sollen viele Jahre regelrechte Ruinen gewesen sein, die längst in den Besitz der verschiedenen Gemeinden übergegangen waren und vor sich hin gammelten. Als sich die Leute der Kommune meldeten, waren alle froh, dass sich endlich jemand darum kümmerte. Die Leute der Kommune wurden ordnungsgemäß Besitzer

der Häuser. Der Kaufpreis lag bei zehn Euro, die Käufer versicherten im Gegenzug laut Kaufvertrag, die Häuser instand zu setzen.

Kommissar Botazzo schreibt noch ein paar Bemerkungen über die Lage und Zahl der einzelnen Häuser. Es sind insgesamt zwölf, etwa dreißig Leute, schätzt Botazzo, wohnen dort fest, dazu noch einige Dauerbesucher; die meisten Bewohner sind zwischen 40 und 70 Jahre alt, Kinder oder sehr alte Menschen wurden nicht angetroffen; Frauen und Männer scheinen in etwa gleich verteilt zu sein; Menschen mit den verschiedensten Nationalitäten finden sich hier, aus der Schweiz, Deutschland, aus Norwegen, aus Russland, Menschen mit den verschiedensten Lebensgeschichten; es gibt Anzeichen, dass auch Menschen dabei sind, die eine kriminelle Vergangenheit haben, die Informationen darüber sind spärlich, mit Ausnahme von Bruno Alberetti. Botazzo schreibt:

Im Zusammenhang mit der Ermordung von Antonio erscheinen zwei Personen von besonderem Interesse, zum einen Bruno Alberetti, wegen seiner terroristischen Biographie, und zum anderen Laura Schwarzmann, wegen ihrer persönlichen Nähe zu Antonio Conte.

Weiter notiert der Kommissar:

Von seinem öffentlichen Bekanntheitsgrad her müsste Bruno Alberetti der Mittelpunkt der Gruppe sein – ob das wirklich so ist, lässt sich schwer einschätzen. Nach außen hin legt die Gruppe viel Wert auf Gleichberechtigung und so Sachen.

Gleichberechtigung und so Sachen. Botazzo scheint ein Mann ganz auf der emotionalen Höhe dieser Tage zu sein. Ich würde mich wirklich freuen, ihn kennenzulernen. Ich trinke meinen Cappuccino aus und hole mir noch einen.

Dann lese ich weiter:

Bruno Alberetti, geboren 1952, hatte eine Lehre als Schreiner hinter sich, als er sich als junger Mann der italienischen Terrorgruppe der »Grünen Brigaden« anschloss. Die »Grünen Brigaden« galten als der idealistischere und gefährlichere Arm der dominierenden Terrorgruppe »Rote Brigaden«. Alberetti war an mehreren Bombenanschlägen auf Banken und Armeeeinrichtungen beteiligt, bei denen mehrere Menschen ums Leben kamen. Er wurde 1979 verhaftet und ein Jahr später zu lebenslanger Haft verurteilt. 2006, nach 26 Jahren Gefängnis, kam er wieder in Freiheit. Im Gegensatz zu anderen Terroristen hat sich Alberetti nie von den »Grünen Brigaden« losgesagt. Reden war allerdings ohnehin nicht so sein Ding, in den Prozessen gegen ihn hat Alberetti nie ein einziges Wort gesprochen. Aus diesem Grund bekam er von den Medien den Spitznamen »Der stumme Terrorist«. Nach dem Gefängnis ging er seinem alten Beruf nach, er arbeitete als Schreiner und Holzarbeiter, was er bis heute tut.

Über Laura Schwarzmann schreibt der Kommissar:

Sie ist Jahrgang 1977, gebürtige Schweizerin, arbeitete einige Jahre als Schauspielerin am Theater in Basel, bevor sie eine Ausbildung zur Heilpraktikerin und Psychotherapeutin machte. Sie gilt als die Gründerin der *comune foresta* und ist angeblich bis heute die Frau, die zumindest mitentscheidet, wer hier auf Dauer wohnen darf und wer nicht. Laura Schwarzmann ist geschieden, hat zwei erwachsene Kinder, die in Deutschland leben. Ob sie Kontakt zu ihnen hat, ist unbekannt. Gerüchte sagen, Frau Schwarzmann und Antonio Conte standen sich persönlich sehr nahe, ob es eine Beziehung war, lässt sich nicht beurteilen. Er bewohnte jedenfalls seit seiner Ankunft vor vier Jahren ein Zimmer in ihrem Haus. Es könnte auch sein, dass Frau Schwarzmann eine Art Therapeutin für Conte war, der ja anscheinend viele persönliche Probleme hatte. Das Haus von Frau Schwarzmann liegt etwa sechshundert Meter vom Haus von Bruno Alberetti entfernt, getrennt durch zwei Hügel. Conte soll Alberetti bei Holzarbeiten unterstützt haben, wofür Alberetti Conte auch bezahlte. Womit Frau Schwarzmann ihren Lebensunterhalt bestreitet, konnte nicht in Erfahrung gebracht werden.

So, jetzt kommt römisch zwei, II, der kurze, der ganz kurze Teil:

Nach einem doch ziemlich steilen Fußweg durch den Wald sind wir, Kommissar Gubellini und ich, in der Kommune angekommen. Wir trafen Bruno Alberetti beim Sägen von großen Baumstücken an. Alberetti sagte, er werde kein Wort zur Sache sagen, verschwand im Haus und kam mit einer Visitenkarte von seinem Anwalt zurück; wir sollten uns an den wenden, wenn wir was wollten. Auch Frau Schwarzmann trafen wir an, in ihrem Haus, auch sie sagte, sie möchte sich nicht äußern. Anwalt hat sie anscheinend keinen, jedenfalls gab sie uns keine Visitenkarte.

Ich bleibe noch ein bisschen sitzen. Die Sonne hat den Tisch jetzt erreicht, sie scheint mir ins Gesicht, was ich gerade als sehr angenehm empfinde. Ich glaube, ich fahre da jetzt gleich hin. Und gehe hinauf in die *comune foresta* und versuche mein Glück. Weit ist es nicht, paar Kilometer mit dem Auto, paar Meter zu Fuß. Das ist eine der besonderen Eigenschaften dieser Gegend. Man kann am See sitzen, mit Blick auf schicke Motorboote und Yachten. Und nur ein paar längere Augenblicke später trifft man auf eine völlig andere Welt, auch reizvoll, aber eine Welt, in der das Dunkle, das Stille, das Gefährliche regiert. Hier regiert die Sonne, dort der Schatten.

26

ER SIEHT SO AUS, ALS WÄRE ER NICHT VON HIER. Die langen Haare bis zur Schulter, die Nickelbrille. Die leicht gebeugte Haltung: Wie er da so steht, in Jeans und weißem T-Shirt vor seinem Haus im Wald, könnte man ihn für einen Dozenten halten, der für seine Ökologievorlesung an der Universität ein paar Bodenproben entnimmt. Ich hatte mir vorher auf dem Handy noch die alten Bilder angeschaut. Sein Gesicht auf den Fahndungsplakaten, die Fotos aus dem Gerichtssaal. Bruno Alberetti, der stumme Terrorist. Die vielen Jahre scheint er gut weggesteckt zu haben. Sein Blick ist klar, seine Stimme auch.

»Kann ich Ihnen irgendwie helfen?«

»Ich würde gerne ein paar Worte mit Ihnen reden, wenn es passt«, sage ich. »Ich hätte mich auch vorher angemeldet, aber ich wusste nicht, wie.«

Alberetti tritt ein paar Schritte nach vorn und schaut mich an.

»Es geht um Antonio Conte. Sie kannten ihn, Herr Alberetti. Ich würde mich gerne mit Ihnen über ihn unterhalten, mich interessiert, wie Sie über ihn denken, auch über seinen Tod.«

Polizeischule, Grundkurs: Immer den Eindruck in den

Fragen vermitteln, der andere sei wichtig, man interessiere sich für seine Gedanken, für seine Beobachtungen. Grundkurs Polizeischule – taugt das für Bruno Alberetti?

»Wer sind Sie?«, fragt er.

»Mein Name ist Lukas Geier. Ich bin ein Freund von Cristina Conte, Antonios Schwester. Sie sitzt im Gefängnis, das wissen Sie sicher, sie wird verdächtigt, ihren Bruder ermordet zu haben. Ich halte das für absurd.«

»Ich verstehe es nicht so recht: Was genau wollen Sie von mir?«, fragt Alberetti.

»Ich kannte Antonio Conte nicht. Ich möchte mit Menschen reden, die Antonio gekannt haben. Ich will verstehen, was passiert ist. Er hat hier gelebt, Sie haben ihn gekannt. Deshalb bin ich hier.«

Er schaut mich an. Ich schaue ihn an, sein klarer Blick verschwimmt etwas. Ist es Müdigkeit, die da durchschimmert, oder Wachsamkeit? Dann macht er eine Handbewegung, eine Art Winken, ich verstehe es: Kommen Sie rein. Wobei er kein »rein« meint. Alberetti geht ums Haus, da steht ein großer Holztisch mit Bänken. »Nehmen Sie doch Platz«, sagt er.

Ein schöner Platz, umgeben von Hortensien, die erste Blüten zeigen. Haus und Tisch sind eingerahmt von hohen Bäumen, die eine fast kathedralenhafte Ausstrahlung haben. Wir setzen uns.

Alberetti sagt: »Fragen Sie.«

»Wie haben Sie Antonio Conte kennengelernt?«

»Er war einfach irgendwann da. So ist das bei uns hier. Menschen sind plötzlich da, so wie Sie jetzt. Und dann sind sie auch wieder weg. Antonio wohnte bei Laura. Wie sich die zwei kennengelernt haben, weiß ich nicht. Wir hier im Wald interessieren uns nicht für die Vergangenheit, wir interessieren uns für die Gegenwart.«

»Was war Antonio für ein Mensch?«, frage ich.

»Er hat mir mal zugeschaut, wie ich einen Baum gefällt habe. Es war kein großer Baum, aber auch nicht klein. Er fing gleich an, mir zu helfen, er war von Anfang an sehr geschickt. Er kam öfters, es gab immer etwas zu tun. Ich mag Holz, er mochte Holz, so war das. Er war sehr zuverlässig, das ist wichtig im Wald. Ich konnte Antonio gut leiden.«

»Wussten Sie, dass er Probleme hatte?«

»Probleme.« Alberetti verzieht bei dem Wort das Gesicht. »Ich bin in meinem Leben noch nie einem Menschen begegnet, der keine Probleme hat.« Nach einer Pause fragt er: »Wollen wir einen Schluck Wein trinken? Ich habe einen ganz guten hier.«

»Gerne«, sage ich.

Er verschwindet im Haus, kommt mit zwei Gläsern und einer halb vollen Flasche Rotwein zurück. Er gießt ein, er wird nichts davon trinken.

»Zum Wohl«, sagt er. »Zum Wohl«, sage ich.

»Was für Probleme hatte Antonio?«, frage ich.

Vielleicht hätte ich ihn besser fragen sollen, welche Bäume denn am schwersten zu fällen sind. Aber ich will mich gerade nicht über Bäume unterhalten, ich möchte nicht mit ihm über Dinge reden, die mich nicht interessieren, nur weil man so vielleicht sein Vertrauen gewinnt. Alberetti und Vertrauen? Wird sowieso schwer werden.

»Ich habe mit Antonio nie über so was geredet. Wir haben gearbeitet, wie gesagt. Mal fünf Tage hintereinander durch, von morgens bis abends. Da war dieser Sturm, der hat hier Dutzende Bäume einfach abgerissen. Alle Wege waren blockiert. Antonio und ich haben das wieder freigeräumt.«

»Sie wissen nichts über ihn?«

»Doch«, Alberetti grinst, »ich weiß, dass er mit einer Motorsäge umgehen konnte. Und dass ihm weder Hitze noch Regen bei der Arbeit etwas ausgemacht haben.«

»Haben Sie eine Theorie, warum Antonio sterben musste?«

»Nein«, sagt er und schweigt.

Ich schweige ebenfalls, weil ich hoffe, da kommt noch was nach, aber es kommt nichts nach. Irgendwann frage ich: »Können Sie sich vorstellen, dass Cristina ihren Bruder getötet hat?«

»Sie fragen immer weiter, und ich gebe Ihnen keine Antwort, weil ich Ihnen keine Antwort geben kann. Wollen wir noch lange so weitermachen?«

»Warum wollen Sie nicht antworten?«

»Ich kenne die Schwester von Antonio kaum, ich habe sie nur einmal gesehen. Ich kann Ihnen dazu nichts sagen.«

»Sie kennen sie nicht? Cristina hat mir erzählt, dass Sie beide gerne mal was zusammen trinken, in Luino.«

Alberetti hebt den Blick.

»Da müssen Sie was falsch verstanden haben«, sagt er. »Ich war schon ewig nichts mehr trinken in Luino. Wenn ich in Luino bin, verkaufe ich Holz. Sonst habe ich da nichts zu tun.«

»Cristina hat mir erzählt«, lüge ich, »dass bei Ihnen auch die Polizei war, dass Sie auch verdächtigt werden, mit dem Tod von Antonio etwas zu tun zu haben.«

Er steht auf. »Ich glaube, es ist besser, wenn Sie gehen. Ich habe noch zu tun.«

Wir gehen erneut die paar Schritte um das Haus. »Schön haben Sie es hier«, sage ich, »wirklich schön. Hier gibt es sicher viele Tiere, auch wilde Tiere. Füchse, Wildschweine … Vielleicht 'ne blöde Frage, aber fürchten Sie sich manchmal hier? Haben Sie eine Waffe?«

»Klar habe ich eine Waffe«, sagt Alberetti, »aber nicht wegen der Tiere. Wegen der Menschen.« Er lacht. »Auf Wiedersehen.«

»Ich möchte noch zu Laura Schwarzmann. Wie komme ich zu ihrem Haus?«

»Können Sie nicht verfehlen. Immer den Weg nach oben. 500 Meter, dann sehen Sie es schon, rechts.«

Erkenntniswert null. So nannten wir das früher, als ich noch Polizist war, wenn wir aus einer Befragung kamen, die nichtssagend verlaufen war. Einmal, glaube ich, hat Alberetti gelogen, in Sachen Cristina und der Bar, merkwürdig, dass er das gemacht hat. Ein kleiner Impuls Eifersucht glimmt auf. Ist da was zwischen Cristina und ihm? Ich habe gelesen, dass Alberetti den Ruf hatte, ein großer Frauenheld zu sein. Ich vertreibe den Impuls und denke: Hat dieser Alberetti etwas mit diesem Schließfach zu tun, mit viel zu viel Geld in bar? Früher hatte er das, genau das gehörte zu seiner Welt, aber heute? Vorstellen kann ich es mir eigentlich nicht. Aber was bedeutet das schon?

Also, immer nach oben und dann hoffentlich rechts. Ja, da ist es. Das Haus wirkt etwas kleiner als das unten. Eine Frau steht in der Tür. Ob Alberetti ihr eine Nachricht geschickt hat, dass ich komme? Die Nachricht hätte mich interessiert. Aber vielleicht gibt es hier ja gar keine Handys. Erster Blick: attraktive Frau, Mitte vierzig, dunkle Haare, Jeans, blaues T-Shirt, auffallend gerader Rücken. Bestimmt wieder ein harter Brocken, der nicht zu knacken ist.

Ich sage mein Sprüchlein auf: Freund von Cristina, möchte wissen, wer Antonio war, möchte rausfinden, warum er sterben musste. Ich sage auch gleich noch, dass ich gerade bei Alberetti war, dass es ein bisschen mühsam war, weil er nichts erzählen wollte von Antonio.

»Hat er Ihnen Wein angeboten?«, fragt sie.

»Ja«, sage ich, »war gut, der Wein.«

»Immerhin, das macht er nicht immer. Darauf können Sie sich was einbilden. Dann kriegen Sie jetzt von mir einen Kaffee. Ich habe mir gerade einen gemacht.«

Wir sitzen wieder draußen, diesmal an einem Steintisch. Der Kaffee ist gut. Ich sage das auch.

Laura Schwarzmann sagt: »Sie dürfen den Bruno nicht unterschätzen. Er weiß viel vom Leben, sehr viel.«

Alberetti, der Frauenheld. Er beginnt, mir ein klein wenig auf die Nerven zu gehen.

Das Gespräch läuft völlig anders als das davor, denn ich habe diesmal das Zauberwort mitgebracht, es heißt: Cristina. Es ist eine Art Monolog, den Laura hält.

»Sie sind ein Freund von Cristina? Cristina ist eine interessante Frau, ich habe sie kennengelernt. Antonio hat sie sehr geliebt, ja, wirklich geliebt. Er hat nichts auf sie kommen lassen. Wissen Sie, Antonio hatte viele Probleme, und wir haben so viel darüber geredet. Und ich war davon überzeugt, dass Cristina den Schlüssel dazu hatte.«

»Wie meinen Sie das?«

»Ich bin Psychotherapeutin, das ist einer meiner Berufe.« Sie lächelt. »Antonio und Cristina haben eine unglaublich schwierige Familiengeschichte. Wissen Sie davon?«

Ich nicke. »Ein bisschen, ja.«

»Es dreht sich alles um die Mutter. Ich habe Antonio gesagt, du kommst nicht weiter, du musst dich deiner Geschichte stellen, endlich. Du drehst dich immer im Kreis. Ich wollte, dass er mit seiner Schwester darüber spricht. Aber ich glaube, er hat es nicht gemacht. Und jetzt ... mein Gott.« Sie schließt kurz die Augen. »Jetzt ist es zu spät für Antonio. Aber hier liegt der Schlüssel zu allem, da bin ich sicher. Ich habe mich ja sogar mit ihr getroffen, kurz vor seinem Tod.«

»Sie haben Cristina getroffen?«

»Ja, Antonio wusste nichts davon, und eigentlich macht man das als Therapeutin nicht, ich weiß. Aber ich sah keine andere Möglichkeit.«

»Wie war das Treffen?«

»Darüber möchte ich nichts Genaueres sagen. Es war jedenfalls ein merkwürdiges Treffen. Wir haben Kaffee getrunken. Sie hat immer nur zugehört. Ich hab ihr gesagt, sie muss Antonio helfen, nur sie kann das tun. Am Ende hat sie gesagt, sie muss nachdenken. Ich mache mir Vorwürfe, Herr Geier, ich hätte härter sein müssen, ich hätte sie vielleicht an diesem Abend nicht nach Hause gehen lassen sollen. Herr

Geier, Sie sind doch ein Freund von Cristina, sagen Sie ihr bitte, ich warte auf sie. Dringend.«

»Weiß Cristina Bescheid, wenn ich ihr das so ausrichte?«, frage ich.

»Ja, das weiß sie. Ganz sicher.«

Irgendwann gehe ich wieder. Ein paar Tassen Kaffee sind es am Ende geworden. Links und immer runter, hat sie gesagt, dann können Sie nichts falsch machen. Bei meinem Weg vom Turm ist das noch einfacher, denke ich, da gibt es nur runter. Links und rechts gibt es eigentlich nicht.

Alles dreht sich um die Mutter, hat Laura Schwarzmann gesagt. Ich erinnere mich an Cristinas verschlossenen Gesichtsausdruck, als ich sie mal nach ihrer Mutter gefragt habe.

Du lagst neben mir im Bett, Cristina, weißt du noch? Es war ein Sommermorgen, das Sonnenlicht fiel in steilen, scharfen Streifen durch die Schießschartenfenster im Turm.

Lange tot, mehr hast du nicht dazu gesagt damals. Jetzt, beim Abstieg im Wald, denke ich, ich hätte darauf reagieren sollen. Stattdessen habe ich nur gesagt: »Bist du sicher? Dann hast du mir was voraus.« Weil ich dir unbedingt die Geschichte vom Verschwinden meiner Eltern erzählen wollte …

Links und immer runter, hat Laura Schwarzmann gesagt. War das mit dem links schon? Ich habe nicht aufgepasst. Ich stehe vor einer Weggabelung. Rechts geht's bergab, links eher geradeaus weiter. Ich gehe rechts. Runter ist immer richtig.

Meine Eltern: vom Tsunami verschluckt, jahrelang vermisst, dann für tot erklärt. Bis heute lagern die Sachen aus ihrer Wohnung in München in einem Container. Dann, wieder Jahre später, diese Postkarte aus Laos, mit der Handschrift meiner Mutter und dem Liedtext meines Songs, den sie eigentlich nicht mehr erlebt haben konnten. *Tutto bene, my love, don't worry. Tutto bene, we're alright.* Hatten meine Eltern die Chance genutzt und ihr altes Leben von der Flutwelle fortspülen lassen? Und mich einfach im Ungewissen gelassen? Eine so lange Zeit?

Dieser Weg im Wald beschreibt einen Bogen, der immer weiter um den Berg herumführt, das kann so nicht stimmen. Ich kehre um, zurück zur Gabelung. Doch nach links. Ich schaue auf die Uhr, halb sieben ist es inzwischen.

Was hat es mit deiner Mutter auf sich, Cristina? Wobei solltest du deinem Bruder helfen? Warum – Gefängniswärterin hin oder her – sprichst du mit mir in Rätseln?

Ich befinde mich jetzt in einem steilen Tal, ziemlich finster hier, auf der gegenüberliegenden Seite stehen schwarze Felsen zwischen den Bäumen. Das ist definitiv nicht der Weg, den ich gekommen bin. Manche Wege hier haben weiß-rote Markierungen für Wanderer, dieser nicht.

Ich habe übers Auswärtige Amt recherchiert, sah so aus, als hätten meine Eltern unter falschem Namen einen E-Bike-Verleih in Hanoi eröffnet. Aber viel weiter bin ich nicht gekommen. *Come on*, du warst mal Polizist ... Wollte ich nicht weiterkommen? Alles dreht sich um die Mutter ...

Habe ich mich jetzt in diesem Scheißwald verlaufen? Ich bleibe stehen. Handy, Google Maps. Das Netz ist sehr schwach, und ich bin auf der Karte ein Punkt im Nirwana ohne Weglinien, das kann ich vergessen. Es ist totenstill hier. Ich höre keine Straßengeräusche, keinen ratternden Zug.

Ich habe mal gelesen, dass es nur noch wenige echte Wildnisgebiete gibt, in denen man drei Tage braucht, um einen Zivilisationspunkt zu erreichen. In den Alpen waren solche Gebiete angezeigt, und eines davon war ziemlich nahe am Lago Maggiore …

Vom Himmel ist hier nichts zu sehen, die Baumkronen und Äste versperren die Sicht. Und es ist schon dämmerig. Ich kontrolliere den Handy-Akku: 32 Prozent. Die brauche ich möglicherweise für die Taschenlampe. Das Netz ist jetzt ganz weg. Wie kann man nur so blöd sein, denke ich, und meine Schritte werden immer schneller. Nach unten kann nicht falsch sein, denke ich. Sagt wer?, denke ich gleichzeitig. Es gibt hier finstere Täler, aus denen man nur nach oben entkommt … Ich merke, wie ich Herzklopfen kriege. Ruhig atmen, ordne deine Gedanken, konzentriere dich auf eine Aufgabe. Was ist als Nächstes in dem Fall zu unternehmen? Ich muss noch mal mit Cristina sprechen. Ich muss Paul fragen, ob seine Datenrecherchen etwas ergeben haben. Ich sollte die Pistole und das Geld aus Cristinas Wohnung jemandem zur Verwahrung geben. Aber wem? Ich stelle mir das Gesicht meines Freundes Ambrogio vor. Ausgeschlossen. Herbert? Pistole ja, aber Geld? Ausgeschlossen. Lara. Vielleicht Lara.

Das laute Knacken jetzt stammt nicht von meinen Schritten. Da bewegt sich ein großes Tier oberhalb meines Weges im Wald. Wildschwein, vermute ich. Gibt's hier eigentlich auch Wölfe? Keine Ahnung. Die Roten Wölfe. Palermo wusste darüber etwas, das war klar, aber was?

Plötzlich wird der Hang flacher, und vor mir taucht zwischen den Bäumen ein Zaun auf. Ein von Menschen gemachter Zaun – und dahinter ein von Menschen gemachter Schuppen. Harmlos stehen diese Dinge da herum und haben keine Ahnung, welche Erleichterung sie in mir auslösen. Der Zaun führt zu einem geteerten Weg, der Weg zu einer Ansammlung von Häusern, in denen schon die ersten Lichter brennen. Was war das Problem, Lukas? Sagen diese Lichter.

Mein Handy hat wieder Netz. Es zeigt mir jetzt, dass ich in einem ganz anderen Ort gelandet bin als dem, wo mein Suzuki steht.

Ich werde an einem der Häuser klingeln müssen und fragen, ob mich jemand zu meinem Auto fährt. *Buona notte.*

27

HEUTE NACHT HABE ICH ENDLICH DEN FILM angeschaut, den mir Paul gegeben hat. Achte auf die Musik, hatte er gesagt. *Die vier Jahreszeiten der Tochter* heißt die Dokumentation. Ein klassisch erzähltes Porträt einer Sizilianerin, die aus gutem Hause stammt, sich dann aber entgegen aller Tradition zur Feministin entwickelt. Für mich vor allem interessant: die assoziativen Schnitte zu Landschaftsaufnahmen, bei denen die Musik in den Vordergrund drängt. Klanggebilde bauen sich da aufeinander auf, die einerseits sehr geschickt und dezent Vivaldis *Vier Jahreszeiten* aufgreifen, andererseits etwas Spaciges haben, geeignet auch für Science-Fiction. Und durch die unterlegten Rhythmen lösen sie sehr unterschiedliche Emotionen aus: beunruhigende, nervöse oder friedliche und versöhnliche.

Unsere bisherigen Versuche, Ersatz für Helen zu finden, waren erfolglos. Trotz meiner Bitte, damit aufzuhören, schickte meine Plattenfirma fast täglich ein neues Video. Ich habe es immer gleich ungesehen an Paul weitergeleitet, der dann Best-ofs zusammenstellte, die wir an zwei Abenden in ein paar Grappa ertränkten. Vielleicht haben wir auch nur unseren Schock über Helens Ausscheiden ertränkt. Es waren durchaus interessante Musiker dabei, zum Beispiel ein junger Typ aus Marseille, der nicht nur Keyboarder war, sondern auch Tänzer. Aber Paul und ich sind seit Wochen wie ein schwarzes Loch. Was auch immer hineingelangt an musikalischen Ideen, wird verschluckt – und nichts, gar nichts, kommt zurück.

Meine Gitarren starren mich jeden Morgen vorwurfsvoll an, aber wenn ich nach einer greife, kann ich nur abgegraste Riffs vor mich hin dudeln, jede Verbindung zwischen dem Instrument, meinen Händen und meiner Seele scheint zurzeit gekappt zu sein. Der neue Song *Buona Notte* liegt unberührt nur als Skizze herum, und zur Freigabe der finalen Mixe des *Luna-Luna*-Albums kann ich mich nicht aufraffen.

Heute Nachmittag kommt wieder mal jemand hoch ins Studio. Eine Schlagzeugerin aus Zürich, auf die ich eigentlich gespannt sein müsste. Es gibt ein Album von ihr, nur eigene Stücke, nur Gesang und Drums. Eine hohe, engelsgleiche Stimme schwebt da über schweren Beats. Auf den YouTube-Videos sieht man eine sehr dünne, große Gestalt mit blonden aufgetürmten Haaren und grellrot geschminkten Lippen, die hinter einer Burg aus Trommeln, Computerpads und Keyboards ihr Unwesen treibt.

Ich rufe Paul an.

»Vielleicht musst du dir die Schweizerin heute ohne mich anschauen«, sage ich, während ich mir den ersten Kaffee mache.

»Warum?«, fragt er.

»Es gibt Neuigkeiten in Sachen Cristina Conte. Ich muss wahrscheinlich weg. Erzähl ihr irgendwas, dringende Familienangelegenheit oder so. Das Studio ist offen.«

»Sie wird enttäuscht sein. Sie hat viele Ideen dabei und ausgearbeitete Passagen zu den alten Songs.«

»Kann ich mir ja danach anhören. Nimm alles auf.«

»Ich kann sie auch verschieben ...«

»Nein, mach den Termin, hör sie dir an, bitte.«

»Okay.«

Klingt nicht gerade begeistert. Ich setze mich mit meinem Kaffee an den Küchentisch und beiße in ein Cornetto von gestern.

»Ich habe mir die DVD angeschaut, die du mir gegeben hast«, sage ich.

»Und?«

»Das ist sehr beeindruckend. Geht einem nicht aus dem Kopf. Im Abspann steht bei Musik nur: ›Wintermantel‹ ...«

»Ja, das ist eine Frau«, sagt Paul. »Sie arbeitet unter diesem Namen. Aber sie heißt auch wirklich so. Rebecca Wintermantel.«

»Und? Weiter ...«

»Sie ist Belgierin, lebt in Rom. Dir sagt sie gar nichts, oder? Sie gilt als eine Pionierin der elektronischen Musik. Nicht so dein Metier ...«

Paul erzählt genauso, wie er Bass spielt: sparsam, mit wichtigen Pausen.

»Pionierin? Was heißt das?«

»Das heißt: Sie ist alt, Lukas. Rebecca Wintermantel ist 62.«

Ich schalte meinen Laptop ein. Dauert ewig, bis das Ding hochfährt.

»Deine Plattenfirma stellt sich jedenfalls was anderes vor«, sagt Paul. »Ich schätze auch, dass wir die gar nicht kriegen würden. Lebt zurückgezogen, gibt keine Interviews, lehnt fast alle Aufträge ab. Die Regisseurin der Doku ist wohl eine Freundin von ihr.«

Jetzt erscheinen Bilder von Rebecca Wintermantel auf meinem Bildschirm. Die Frau, die ich da vor mir habe, sieht aus, als wäre sie die Hauptfigur einer englischen Fernsehserie aus den sechziger Jahren des vergangenen Jahrhunderts. Bluse mit Rüschenkragen, Perlenkette, ondulierte Frisur, goldene Ohrringe. Sie erinnert mich ein wenig ... ja, ich kann es nicht anders sagen, an Königin Elisabeth II.

»Oh«, sage ich.

»Hast du die Bilder vor dir?«, fragt Paul. »Schau dir auch die alten an. Das war schon immer ihr Look. Lady aus den Sechzigern.«

Er schweigt, während ich durch die Bilder scrolle. Es gibt auch ein paar wenige von Live-Auftritten. Eines aus einem Berliner Club aus den Neunzigern, ein anderes von einem Gastauftritt mit den Pet Shop Boys in New York. Immer steht sie vor einem winzigen Pult mit ihrem Laptop, meistens in einem dunkelblauen Kleid aus Samt. YouTube-Videos finde ich gar keine, nur Ausschnitte aus Filmen, für die sie Musik gemacht hat.

»Schick mir doch mal alles, was du von ihr gut findest«, sage ich. »Ich finde die Idee spannend. Vielleicht kannst du sie schon mal kontaktieren?«

»Das musst du machen, Lukas«, sagt er sehr bestimmt. »Oder die Plattenfirma. Weiß nicht, was besser ist. Ich sage dir: Wir können froh sein, wenn sie antwortet.«

Wir legen auf. Ich lasse das alte Cornetto liegen und trete an mein Fenster. Hallo, See. Gut geschlafen?

Lukas Albano Geier und Rebecca Wintermantel – das klingt wie aus einem Comic für Kinder. Und am Bass: ein ehemaliger Doppelagent. Gefällt mir irgendwie.

28

ICH BIN AM ABEND MIT HERBERT VERABREDET. Im Ravioli-Ristorante in Luino. Am Nachmittag kommt eine SMS von Herbert: *Können wir uns auch ohne Essen treffen? Mir geht es magenmäßig gerade nicht so gut ...*

Ich hatte mich auf die Ravioli gefreut, deutlich mehr wenigstens als auf Herbert. Überlege kurz: spazieren gehen? Schön, aber: nee. Ich schreibe zurück: *Kein Problem. Komm doch hoch zu mir in meinen Turm. Kriegst einen Zwieback. Auch der Weg nach oben wird deinem Magen guttun.*

Herbert antwortet sofort: *Gut, bin um sieben da. Freu mich auf den Zwieback.*

Pünktlich ist er wenigstens immer noch. Zwei Minuten nach sieben höre ich ihn kommen. Für die Mengen Alkohol, die er in den letzten Tagen in sich hineingeschüttet hat, schwitzt Herbert gar nicht besonders. Zumindest körperlich scheint er noch einigermaßen in Form zu sein.

»Hallo, Lukas«, sagt er.

»Hallo, Herbert«, sage ich.

»Du bist sauer auf mich, oder?«, fragt er.

»Du meinst, weil ich jetzt keine Ravioli kriege?«

»Du weißt schon, was ich meine«, erwidert er.

Gut, dass er so anfängt. Sein Gespür für Stimmungen hat

er nicht verloren. Ich habe nämlich wirklich keinen Nerv, mit ihm jetzt feinfühlig umzugehen.

Wir sind in der Küche.

»Setz dich doch«, sage ich. »Soll ich dir einen Tee machen?«

Herbert setzt sich und greift sich an den Bauch. »Ja, das wäre gut. Vielleicht irgendwas mit Kräutern.«

Ist Pfefferminz okay?, frage ich. Sehr okay, sagt er.

»Herbert, ja, ich bin sauer.«

Ich setze mich auch, ihm gegenüber. Ich brauche nur den Monolog abzurufen, den ich im Kopf schon mehrmals gehalten habe. »Bist du wahnsinnig? Du kreuzt besoffen bei einem Mann auf, einem Killer nebenbei, dem wir nach unendlicher Arbeit eine neue Identität verschafft haben. Und du pöbelst rum und versuchst, ihn zu erpressen? Darf ich dich daran erinnern, dass du Polizist bist? Bist du irre?«

Er schaut mich an und sagt nichts.

Ich fahre fort: »Darf ich dich daran erinnern, dass wir unser Leben lang Geheimnisträger sind? Ein Geheimnisträger zu sein, bedeutet, dass man bestimmte Geheimnisse für sich behält. Und zu solchen Geheimnissen gehören insbesondere die geheimen Identitäten bestimmter Menschen. Es gibt eigentlich nichts Geheimeres.«

Ich mache nur eine kurze Pause. »Und du marschierst in die Eisdiele und posaunst vor Publikum, dass du genau weißt, wer der brave Eismann in Wirklichkeit ist!«

»Lukas, was soll ich sagen?«, murmelt er. Er hat jetzt den Pfefferminztee vor sich. Er setzt die Tasse an zum Trinken.

»Vorsicht«, sage ich, »der ist noch sehr heiß.« Herbert nimmt einen großen Schluck. Ich sehe seinem Gesicht an, dass er sich den Mund verbrennt. Ich vermute, genau diesen Schmerz will er jetzt.

»Ich habe mit Ramirez telefoniert. Er hat mir ein bisschen was von deiner Krise erzählt. Na ja, er hat mehr angedeutet als erzählt. Dass du von Sabine getrennt bist. Dass du beurlaubt bist.«

Herbert nickt. »Gut. Dann muss ich nicht bei Adam und Eva anfangen.«

Wie oft habe ich diesen Spruch von ihm in irgendwelchen Verhören gehört, wenn er irgendwelchen Verdächtigen sagte: Sie müssen nicht bei Adam und Eva anfangen, oder: Fangen Sie doch bitte bei Adam und Eva an. Und jetzt sagt er diese Redewendung an sich selbst gerichtet, in einem mittelalterlichen Turm hoch über dem Lago Maggiore. Auch Redewendungen können überraschende Karrieren machen.

Herbert beginnt zögerlich. »Sicher spielt die Sache mit Sabine eine Rolle. Du weißt ja, wir kennen uns ewig. Seit der Schulzeit. Ich habe immer versucht, mir einzureden, sie ist die Frau meines Lebens. Schluss. Aus. Ich habe einfach irgendwann beschlossen, dass es so ist. Und ich denke, bei Sabine war es so ähnlich. Dann kamen die Kinder ...«

Er trinkt noch einen letzten Schluck Pfefferminztee, dann ist die Tasse leer.

»Willst du noch eine Tasse?«, frage ich.

»Gerne«, sagt er, »der Tee ist jetzt gerade perfekt.«

»Dann habe ich Marie kennengelernt. Sie arbeitet in der Gerichtsmedizin. Ich glaube, du kennst sie nicht, die kam erst, als du schon weg warst, oder? So ’ne junge Lustige, Hübsche ...«

»Nee, kenn ich nicht. Zu meiner Zeit war da niemand Lustiges, und jemand Hübsches schon gar nicht.«

»Sie hat mir davon erzählt, dass sie öfter auf die Rennbahn geht. Pferderennen. Und ich habe sie gefragt, ob sie mich mal mitnimmt. Das hat sie gemacht. Ich fand das toll auf der Rennbahn, ich habe angefangen zu wetten. Und ich fand vor allem Marie toll. Sie hatte so was Leichtes. Du wirst es nicht glauben, der alte Herbert hat sich verliebt. Ich hab ihr den Hof gemacht, doch sie wollte nicht. Verheirateter Mann sei nix für sie. War 'ne Ausrede. Sie fand mich nett, aber nicht mehr. Die alte Geschichte. Aber mich hat das irgendwie umgehauen.«

Ich frage etwas ungläubig nach: »Was hat dich umgehauen? Dass ein junges, hübsches Mädchen nicht mit dir ins Bett wollte?«

»Ja, das gehörte dazu. Aber entscheidend war etwas anderes: Ich hatte plötzlich das Gefühl, jetzt weiß ich, wie sich wirkliches Leben anfühlen müsste. Ich habe mein altes Leben nicht mehr ertragen, das Zuhause, die Arbeit. Ich wollte Marie, die Rennbahn, ich fing an, eine Menge zu trinken. Es war so ein Kreislauf ...«

Er überlegt.

»Vielleicht ist Rutschbahn der bessere Ausdruck. Wenn mir jemand eine Heroinspritze gegeben hätte, dann hätt ich das auch gemacht.«

»Ramirez hat was von Schulden gesagt ...«

Herbert nickt.

»Ich hab auf Pferde gewettet. Auch mal gewonnen. Aber meistens verloren. Ich habe höher gewettet und höher verloren. Aber das hielt sich alles noch im Rahmen. Doch dann kam noch die Spielbank dazu, und da ging es dann richtig ab. Wahnsinnig. Ich weiß nicht, was mich geritten hat.«

»Sag mal 'ne Zahl: Wie hoch sind deine Schulden, in etwa?«

»300 000 Euro. Ungefähr. Horror.«

»Ramirez sagte, es gäbe den Vorwurf, du hättest dich von einem üblen Typen bestechen lassen. Deshalb seist du beurlaubt, weil da eine Untersuchung gegen dich läuft.«

»Das ist wirklich Schmarrn, da ist nichts dran, wirklich nicht, Lukas.«

»Wie kann es zu einem solchen Verdacht überhaupt kommen?«, frage ich.

Herbert schnauft. »Es gibt schon einen Grund. Ich hatte keinen guten Tag, ich war umstellt von Sorgen, es gab nur noch Sorgen ... und ich musste einen Rotlichtvogel verhören. Der merkte, dass bei mir was nicht stimmt, dafür haben solche Leute ein Gespür. Jedenfalls fragte er nach meinem Befinden und gab zu verstehen, er könnte mir ohne weiteres finanziell unter die Arme greifen ...«

Nichts Besonderes, Herbert, denke ich, so was gehört zu unserem Alltag, dass solche Typen den Versuch starten, einen zu kaufen. »Und, was hast du gesagt?«

»Ich hab für einen Moment echt überlegt, das muss ich zugeben. Wenn ich meine Schulden los wäre ...«

»Mensch, Herbert ...«

»Mein Fehler war, ich habe es einen Tag lang offengelassen, ob ich auf sein Angebot eingehe. Am nächsten Tag ging das Verhör weiter, und ich war klar und deutlich, wie ich es von Anfang an hätte sein müssen: Du kannst dir deine Kohle in den Arsch schieben. Das Problem war nur, sein Anwalt machte einen Riesenlärm um meine angebliche Bestechlichkeit und drehte es so hin, als hätte ich seinen Mandanten erpresst. Darauf wurde ich beurlaubt, konnte ja nicht anders sein, verstehe ich. Aber in der Untersuchung wird nichts rauskommen, da bin ich sicher, Lukas. Was soll auch rauskommen, da war nix.«

»Es wird auf jeden Fall rauskommen, dass du Schulden hast.«

Ich frage in dieser Sache nicht weiter nach, ist nicht mein Job. Ich sage nur: »Erzähl mal von Sabine ...«

»Sie hat natürlich gemerkt, dass mit mir was nicht stimmt. Sie hat immer wieder gefragt, und ich bin immer wieder ausgewichen. Dann kam dieser schreckliche Abend. Wir saßen in der Küche, und ich machte reinen Tisch. Hab von den Schulden erzählt, auch von Marie, obwohl da ja gar nichts war, irgendwie musste alles raus. Das Schreckliche war, für Sabine war das gar kein Schock. Im Gegenteil, sie wirkte erleichtert und erzählte mir, dass sie schon lange eine Affäre hat. Lukas, Sabine hatte längst mit mir abgeschlossen. Sie wollte nur weg, natürlich mit den Kindern. Wir saßen in der Küche, und sie hat immer nur gesagt: Herbert, es ist vorbei mit uns. Und: Herbert, es sind deine Probleme, nicht meine. Sie war unglaublich kalt. Ich dachte, da steht eine andere Frau vor mir.«

»O Mann«, sage ich. »Hast du dort in der Küche auch irgendwas gesagt?«

»Bald nix mehr. Was soll man da auch sagen? Ich hatte das Gefühl, der Boden unter mir bricht weg. Und weißt du, was ich gemacht habe? Ich bin in die Spielbank gefahren. Und habe 500 Euro auf Schwarz gesetzt. 500 Euro, das ist der große blaue Chip.«

»Und es kam Rot«, sage ich.

»Und es kam Rot«, sagt Herbert und lacht. »So was von Rot.«

»Soll ich dir noch einen Tee machen?«

»Ja, bitte. Pfefferminztee wird jetzt meine neue Droge. Sag mal, Lukas, ich will das mit der Eisdiele wiedergutmachen. Meinst du, es bringt was, wenn ich zu dem Killer fahre und mich bei ihm entschuldige? Und ihm sage, er wird nie wieder was von mir hören?«

»Nee, lass mal, das habe ich schon erledigt. Wie bist du eigentlich überhaupt an die Akten gekommen? An diese Akten kommt doch kein Mensch ran, das liegt doch alles unter tausend Sicherheitsschranken.«

»Ich habe für ein paar Tage den Nachlass von Frank Becker betreut. Lass es mich so sagen: Da gab es ein paar Akten, die habe ich kopiert.«

»Herbert, du bist wahnsinnig.«

»Nee, Lukas, ich war wahnsinnig. Ich fang mich wieder, ich hab das jetzt beschlossen. Schluss mit dem Alkohol, Schluss mit der Spielerei. Es ist vorbei mit dem Irrsinn.«

»Das hast du beschlossen. Das klingt gut. Und du glaubst, das geht so einfach? Du beschließt, du bist wieder der alte Herbert, dann bist du wieder der alte Herbert? Jetzt will ich …«

»Ich bin nicht blöd«, unterbricht er mich, »ich weiß, dass das keine einfache Sache wird. Ich werde eine Therapie machen, das muss ich sowieso, wenn ich noch irgendeine

Chance in meinem Beruf haben will. Ich nehme das ernst, das kann ich dir sagen. Ob ich am Ende wieder der alte Herbert bin? Ich hoffe nicht.«

Ich stehe auf, räume unsere Tassen weg. »Du bist in einer richtigen Scheißlage, man kann es nicht anders ausdrücken, aber natürlich kommst du da wieder raus, wenn du es wirklich willst, da bin ich sicher. Und vielleicht kann ich dabei auch helfen, aber vorher, entschuldige bitte, muss ich noch was loswerden.«

»Unbedingt«, sagt Herbert, »mach …«

»Ich habe dich vor ein paar Tagen gesehen, ich habe das Bild noch vor Augen, wie fertig du da in dem Apartment warst. Was Ramirez erzählt hat, was du jetzt von deiner Krise erzählt hast … Und jetzt sitzt du da, und alles klingt so vernünftig und abgeklärt, als hättest du deine Therapie nicht vor dir, sondern schon hinter dir. Geht alles etwas schnell, verstehst du, was ich meine? Ist dir der Heilige Geist erschienen?«

Herbert steht auf und geht zum Fenster. Draußen ist es längst dunkel, schwarz wie die Nacht. Nur die Lichter von Luino funkeln wie ein Haufen verlorener Sterne im All. Er schweigt einen langen Moment und kommt dann zurück zum Tisch. »Leopold hat mich vorgestern angerufen. Du weißt, Leopold, mein Sohn …«

Ich weiß genau, der lustige Leopold. »Natürlich erinnere ich mich«, sage ich. »Was ist mit ihm?«

»Er hat Mist gebaut. Er hat nachts einen Kiosk aufgebrochen, die Kasse mitgenommen. Hundert Euro waren drin. Er brauchte Geld für seine Joints, sagt er. Jedenfalls wurde er erwischt. Ist keine große Sache, aber Sorgen macht man sich natürlich schon, ich hatte keine Ahnung, dass er Hasch raucht. Er ist vierzehn!«

Ich hätte beinahe gesagt, na, wenn man älter ist, wird man auch nicht unbedingt vernünftiger, schlucke es aber runter und frage: »Und warum hat er dich angerufen?«

»Sabine weiß es noch nicht. Und er hat einen totalen Horror davor, es ihr zu erzählen. Lukas, ich soll ihm helfen. Sein Anruf hat mich ins Herz getroffen, hört sich kitschig an, war aber so. Da gibt es jemanden, der mich braucht.«

Herbert hat jetzt Tränen in den Augen. »Wenn du so willst, Leopold war eine Art Heiliger Geist für mich.«

»Jedenfalls klingt es nach einem Schutzengel«, sage ich. »Das ist der Neustart, du kümmerst dich um deinen Sohn. Und Herbert, du weißt, ich habe ein bisschen Geld. Mein *Tutto Bene* läuft und läuft, jetzt ist das *Unplugged*-Album sogar in Asien ein Hit. Ich kann dir bei deinen Schulden helfen, als Bürge, als Kreditgeber. Sag das den Leuten, mit denen du darüber redest. Die sollen sich an mich wenden. Ich helfe dir, wenn es einen offiziellen Rahmen bekommt. Was ich nicht mache: Ich will nicht finanzieren, dass du in der nächsten Spielbank wieder 500 Euro auf Schwarz setzt.«

»Demütige mich nur«, sagt er und versucht, seinem Gesicht ein Lächeln abzuzwingen. »Lukas, ich weiß gar nicht, was ich sagen soll. Ich bin echt baff. Ich fürchte, ich muss darauf zurückkommen. Ich weiß echt nicht, was ich sagen soll.«

»Sag gar nix. Normalerweise würde ich uns einen Schnaps einschenken, aber vielleicht lassen wir das in dem Fall jetzt lieber.«

»Ja, besser lassen wir das.«

Wir sitzen noch ein wenig in der Küche und plaudern so dahin. Leichtigkeit ist angesagt, schwer war das Gespräch lange genug. Und es klappt ganz gut, wir reden über den Lago Maggiore, über die Musik und darüber, warum Ramirez bei uns für immer Ramirez heißen wird.

Dann kommt der Anruf. Es ist ein brutaler Anruf. »Dürrschmidt« steht auf dem Display meines Handys, der Anwalt von Cristina. »Herbert, entschuldige«, sage ich, »da muss ich kurz rangehen.«

»Herr Dürrschmidt ...«, sage ich.

»Entschuldigen Sie, dass ich Sie so überfalle«, sagt die Stimme des Anwalts, »aber haben Sie schon gehört, was passiert ist?«

»Nein, was denn?«

»Cristina Conte ist im Gefängnis von einer Mitgefangenen angegriffen worden. Ich weiß nicht viel mehr, keine Ahnung, wer die Täterin ist, es muss wohl ein Messerangriff gewesen sein.«

»Und wie geht es Cristina?«

»Ich weiß es nicht. Sie wird zur Stunde in der Klinik operiert. Die Lage muss wohl sehr ernst sein.«

Als das Gespräch beendet ist, merke ich erst gar nicht, dass Herbert ja noch da ist. Ich sage ihm ein paar Sätze über Cristina und was passiert ist. Weiß nicht genau, was ich alles von mir gebe. Ich höre Herbert sagen: »Wenn ich dir irgendwie helfen kann, sag bitte Bescheid. Vergiss nicht, ich bin bei aller Krise trotzdem Polizist.«

Ich höre es und merke, dass es mir guttut, das Gefühl, nicht ganz allein auf der Welt zu sein.

29

ICH HÄTTE GERN, DASS SICH EINE EULE MEINEN Turm als Wohnung aussucht. Ein einziges Mal bin ich einer begegnet.

Es war in meinem ersten Sommer hier, spätabends, lange nach Einbruch der Dunkelheit. Ich saß mit einem Glas Rotwein auf einer der Bänke, die Ambrogio für mich gebaut hatte. Aus heutiger Sicht markieren sie den Beginn unserer Freundschaft. Ich saß da und schaute über den See. Der Mond hatte die Wasseroberfläche in ein glänzendes Tablett aus Silber verwandelt. Die Ruine des Wasserschlosses erhob sich dunkel aus der Silberfläche, als wollte sie alte, machtvolle Zeiten heraufbeschwören. In meinem ersten Sommer saß ich oft so vor meinem Turm, zu jeder Tages- und Nachtzeit. Ich war noch gar nicht in der Lage, mein neues Leben hier richtig zu begreifen. Die Tatsache, dass ich nicht mehr zur Arbeit gehen musste, dass mich kein Wecker mehr aus Träumen reißen würde. Dass ich jetzt kein Polizist mehr war, sondern nur noch Musiker. Dann überwältigten mich Glücksgefühle, und ich prostete dem See zu oder den Bergen oder der Sonne oder dem Mond oder einem Fiat Cinquecento, der sich gerade unten im Ort in eine Parklücke quetschte.

Aber manchmal überfiel mich auch eine kalte Angst. Dann

schien mir plötzlich alles fremd, bösartig fremd: die schweigenden Mauern des Turms, die schweigenden Bäume, das Rascheln der Tiere im Unterholz, die schwarzen Berge, die mich umkreisten. Sogar mein Körper wurde mir dann fremd und verweigerte mir den Kontakt. So war es auch in jener Nacht, als ich die Eule sah. Ich weiß noch, dass ich auf meine Beine schaute, auf meine Oberschenkel, und sie schienen jemand anderem zu gehören. Was mache ich hier? Allein im Wald? Ein Mann, der nicht nur Angst vor Schlangen hat, sondern an schlechten Tagen auch vor Geistern? Was will ich hier? Mich von der Welt zurückziehen? Von den Menschen? Ich? Der ich die gesamte Zeit, die ich bisher in meinem Leben wirklich ganz allein mit mir verbracht hatte, mühelos in einen Gitarrenkoffer packen konnte? Ach was, in das kleine Fach des Koffers, wo das Stimmgerät und die Ersatzsaiten drin waren. In dem Moment, als ich mich erheben wollte, um in meinem Turm Schutz vor diesem Gefühl zu suchen, spürte ich am Hinterkopf einen starken Luftzug, der meine Haare verwirbelte. Als hätte jemand für ein paar Sekunden hinter mir eine Tür aufgerissen und sofort wieder geschlossen. Dieser Luftzug war mit keinerlei Geräusch verbunden, und ich brauchte eine Weile, ehe ich begriff, dass das, was geschehen war, nicht hinter mir, sondern vor mir zu besichtigen war. Die dunkle Silhouette des abgesägten Baumstumpfes, der keine fünf Meter vor mir aus dem Boden ragte, hatte sich verändert, und zwar gewaltig. Ein Tier saß dort jetzt, ein riesiger Vogel, schätzungsweise einen Meter hoch. Er musste eben dort gelandet sein, den Luftzug hatten seine Flügel erzeugt, knapp über meinem Kopf.

Der Vogel blickte wie ich in Richtung See. Ich konnte ihn jetzt sogar riechen. Er mich offenbar auch, oder vielleicht hatte ich ein Geräusch des Erschreckens von mir gegeben, jedenfalls drehte er den massigen Kopf nach hinten und sah mich an.

Es ist ein Unterschied, ob man einen Uhu im Vogelpark sieht oder ob er nachts im Wald vor einem sitzt. Die diabolisch aussehenden Federohren zeichneten sich deutlich im Mondlicht ab, die Augen blitzten. Ich weiß nicht, ob ich ihre orange Farbe damals im Dunkeln wirklich sehen konnte oder ob ich mir das heute nur einbilde, nachdem ich viele Fotos betrachtet habe.

Es war ein vollkommen stiller Moment. Und es war ein vollkommen friedlicher Moment. Ich hatte – nach dem ersten Schreck – keinerlei Angst. Wie lange wir uns so angeblickt haben, kann ich nicht sagen. Sekunden? Oder vielleicht ein, zwei Minuten? Irgendwann drehte der Uhu seinen Kopf wieder zum See, seine Flügel zuckten – und schon war er in der Luft. Lautlos und mit gewaltigen Schwingen glitt er hinaus in den Himmel überm See, weg von mir. Ich konnte ihn noch kurz mit den Augen verfolgen. In vielen folgenden Nächten habe ich auf meiner Bank Stellung bezogen. Aber ich habe den Uhu nie wiedergesehen.

Wenn man möchte, dass sich eine Eule auf dem Grundstück niederlässt, muss man einen Brutkasten aus Holz bauen und ihn an einer geeigneten Stelle anbringen. Habe ich damals gelesen. Sogar zwei solcher Kästen habe ich nach einer Anleitung aus dem Internet zusammengeschraubt. Einen habe ich ganz oben an die Außenmauer des Turms gedübelt, den anderen an den Stamm der großen Fichte in der Nähe des Studios. Aber den Geräuschen nach, die im Sommer aus diesen Kästen dringen, fühlen sich dort vor allem Siebenschläfer wohl. Es hört sich so an, als spielten sie da drin Fußball. Das wäre eine willkommene Nebenwirkung einer anwesenden Eule: dass sie den Bestand dieser kleinen Nervensägen in Schach halten würde.

Herbert ist inzwischen wieder in seinem Apartment, das hoffe ich jedenfalls. Vielleicht macht er sich ja noch einen letzten Tee. Ich sitze auf meiner Uhu-Bank vor dem Turm und denke an Cristina. Ich habe Angst um sie. Ein Messerangriff einer Gefangenen? Eine Notoperation? Was ist das nur für eine Geschichte? Mit jeder neuen Information wird sie unheimlicher. Ich tappe völlig im Dunkeln.

Man könnte sagen: Ich spüre nur den Luftzug, und er wird immer stärker. Aber ich erkenne die Ursache nicht, ich sehe den Uhu nicht.

Ich wähle die Handynummer von Kommissar Palermo. Mir egal, dass es jetzt mitten in der Nacht ist. Nach ein paar Klingeltönen springt die Mailbox an. Gleich morgen früh werde ich ihn wieder anrufen. Und dann noch mal in Cristinas Wohnung gehen. Vielleicht habe ich dort etwas übersehen?

30

MEIN ERSTER ANRUF GING AM MORGEN GLEICH AN Palermo. Er hatte sein Handy auf sein Sekretariat umgestellt. Er wird Sie zurückrufen, sagte eine mittelfreundliche Frauenstimme. Ich wartete eine halbe Stunde, dann versuchte ich es wieder. Er wird Sie zurückrufen, sagte eine mittelunfreundliche Frauenstimme.

Jetzt sitze ich unten am See auf einer Bank direkt am Ufer. Ich musste irgendwas tun, sonst wäre ich wahnsinnig geworden. Also ging ich runter.

Hat Cristina die Operation überlebt? Gibt es Cristina noch?

Ich schaue auf das Wasser. Nein, eigentlich schaue ich auf einen langen Holzsteg, auf dem ganz am Ende ein Kormoran steht. Vollkommen ruhig, sein Kopf zeigt Richtung Wasser. Kormorane sind die Todfeinde jedes Fischers, jedes Anglers. Wenn ein Angler einen Kormoran sieht, weiß er: Hier gibt es nicht viel zu holen, die Fische sind entweder schon vom Kormoran gefressen worden, oder sie sind derart verängstigt, weil sie einen Kormoran gesehen oder gespürt haben, dass sie sich in dunklen Höhlen verstecken, weit weg jedenfalls von jedem Angelköder. Mir kann es egal sein, ich bin kein Angler. Ich will auch nichts von dem Kormoran, ich will nur, dass dieses verdammte Telefon endlich läutet und Kommissar Palermo dran ist. Aber es läutet nicht.

Ist schon merkwürdig, gestern Abend die Erinnerung an die Eule. Heute sitze ich vor dem Kormoran. Es gab Zeiten, da hatte ich Angst vor Vögeln, sie sorgten für regelrechte Panikattacken. Krähen, sogar Möwen haben schon gereicht. Der Therapeut sagte: Sie müssen hören, was Ihnen Ihre Seele sagen will, wenn die Angst kommt, die Angst vor diesen Vögeln. Meine Seele. Ich muss sagen, allein diese Frage hat anscheinend geholfen, was willst du mir sagen, denn die Ängste sind weniger und weniger geworden. Und jetzt sitze ich hier und kann denken: Ein schöner Vogel ist der Kormoran. Ganz schwarz, nur der Schnabel ist weiß. Ich denke: Wenn man einen Anruf ganz dringend erwartet, kommt er nicht. So ist es immer. Also muss ich an was anderes denken. Palermo, ruf an! Bitte.

Jetzt läutet das Handy. Es ist tatsächlich Palermo. »Herr Geier, ich sollte Sie zurückrufen …«

»Danke«, sage ich. »Ich hab gehört, was im Gefängnis mit Cristina passiert ist. Es hieß, sie sei in Lebensgefahr. Wissen Sie, wie es ihr geht?«

»Keine Lebensgefahr mehr«, sagt der Kommissar. Der Klang seiner Stimme wirkt, als würden ihm gerade die Tränen in die Augen schießen. Palermo ist gerührt, er scheint Cristina wirklich nahezustehen. Ich bin auch gerührt, ich spüre meine nassen Augen. Palermo fährt fort: »Sie wurde in der Nacht vier Stunden operiert. Der Arzt hat gesagt, sie ist über den Berg.«

»Ist sie ansprechbar?«

»Nein, noch nicht. Sie liegt auf der Intensivstation und wird noch künstlich beatmet. Ich habe den Arzt gefragt, er meint, sie werden sie in den nächsten Tagen aufwecken. Der Arzt hat gesagt, sie hatte riesiges Glück. Das Messer scheint nur um Millimeter die Leber verfehlt zu haben. Dann wäre es vorbei gewesen.«

»Weiß man etwas über die Täterin?«, frage ich.

»Ich weiß bisher kaum was. Sie muss schon viele Jahre in Haft sein. Sie galt als eher harmlos. Im Gefängnis sagen sie jetzt, die Frau muss durchgedreht sein, wie in einer Art psychotischem Schub. Früher muss das wohl auch schon mal passiert sein.«

»Was war denn ihr Motiv? Weiß man da schon was? Woher kannte sie Cristina?«

»Herr Geier, wie gesagt, ich habe nur spärliche Informationen, aber es heißt, sie habe Cristina gar nicht gekannt. Sie sind sich zufällig begegnet. Wenn Sie so wollen: Es war wohl die Wahnsinnstat einer Verrückten.«

»Keine Verbindung zu dem Mord an Cristinas Bruder?«

»Nein, anscheinend nicht.«

»Werden Sie die Täterin verhören?«, frage ich.

»Man kann sie nicht verhören. Sie ist tot.«

»Was?«

»Sie hat sich in ihrer Zelle das Leben genommen. Hat sich die Pulsadern aufgeschnitten. Als sie gefunden wurde, war sie schon tot.«

»Was ist das nur für eine Geschichte ...«, stammle ich.

»Herr Geier, meine Leute sind gerade vor Ort. Sobald ich mehr weiß, rufe ich Sie noch mal an.«

»Ich danke Ihnen. Auch für Ihren Rückruf.«

Ich bleibe noch einen Moment auf der Bank sitzen. Cristina lebt. Nennt man das Glück, was ich gerade empfinde?

31

WIEDER BIN ICH AUSGERÜSTET MIT MEINEN Dietrichen und dem Alibischreiben des Energieunternehmens ASPEM, aber diesmal fehlt beides: das Herzklopfen wegen der Sorge darüber, etwas Illegales zu tun – und die Zweifel, ob ich mich überhaupt in Cristinas Angelegenheiten einmischen soll. Beides habe ich schon hinter mir.

Die Straße, in der ihre Wohnung liegt, sieht heute deutlich freundlicher aus als bei meinem letzten Besuch. Der Glanz der Frühlingssonne an den Häuserfassaden und der Glanz des Frühlings auf den Gesichtern der Menschen verändern viel. Cristinas Moto Guzzi steht immer noch unberührt im Durchgang, aber bei schönem Wetter verliert ein abgestelltes Motorrad das Traurige, Sinnlose. Stattdessen strahlt es Bereitschaft zum Abenteuer aus. Ich mache ein Foto und werde es Cristina bei Gelegenheit zur Aufmunterung schicken.

Am Klingelbrett drücke ich gleich auf alle Knöpfe auf einmal und rufe »Handwerker« in die Sprechanlage, als es darin knackt. Im Treppenhaus bin ich leise, schleiche im dritten Stock an der Wohnungstür der netten Stella Badoni vorbei, die Cristinas Bonsaibäume hütet.

Dann stehe ich wieder in der Wohnung.

Man braucht kein feines Gespür, um zu sehen, was hier anders ist. Der Konzertflügel ist verschwunden. Das Zimmer ist vollkommen leer. Auch das Regal mit den Musiknoten ist ausgeräumt. Auf dem Holzboden tanzen noch ein paar Staubfussel.

Noch einmal gehe ich die Räume und Schränke systematisch durch, versuche, mich dabei zu erinnern, aber eine weitere Veränderung fällt mir nicht auf. Allerdings verstärkt sich ein Eindruck sehr, der beim letzten Mal nur ein diffuses Gefühl war – vielleicht liegt das an dem einen ganz leeren Zimmer: Diese Wohnung ist seltsam leblos. Hier fehlen alle Anzeichen eines Ortes, an dem ein Mensch wohnt. Mit seinem alltäglichen Krimskrams, seinen zu erledigenden Aufgaben, seinem Müll, den herumstehenden oder -hängenden Zeugen einer Vergangenheit, den Fehlkäufen und so weiter und so weiter …

Hast du hier wirklich gelebt, Cristina? Wenn ja: Was war das für ein Leben?

Ein stilles Leben, sagen die Leute im Treppenhaus. Als Polizist weiß ich: Egal, ob es sich um eine Wohnung handelt oder die Erzählung des Hergangs eines Verbrechens – ein allzu makelloser Anschein ohne Ungereimtheiten, eine zu glatte Oberfläche, das bedeutet immer, dass etwas verborgen wird.

Was versteckt diese Wohnung? Was versteckst du, Cristina? Warum? Und vor wem? Hilft es dir überhaupt, dass ich herumstochere in diesem Fall? Seit ich es tue, gerätst du immer mehr ins Schlamassel. Jetzt wurdest du auch noch mit einem Messer angegriffen. Eine Verrückte, sagt Palermo. Aber sie hätte sich auch jemand anderen aussuchen können.

Wo ist der Flügel?

Ich bleibe eine ganze Weile in der Küche sitzen. Dann verlasse ich die Wohnung wieder. Aber ich läute bei Stella Badoni. Die alte Dame sieht erneut tadellos aus, diesmal steckt sie in einem dunkelbraunen Hosenanzug. Sie erinnert sich sofort an mich, deshalb kann ich gleich im Hausflur meine Frage loswerden:

»Sagen Sie, Stella, ich überprüfe gerade ein paar unserer Handwerkstätigkeiten in der Gegend und wollte mich erkundigen, ob Sie mitbekommen haben, dass unsere Leute da waren und die Gasleitung von Frau Conte ausgetauscht haben?«

Nein, davon hat sie nichts mitbekommen, sie erklärt mir, dass sie ja auch öfters nicht da war in letzter Zeit. Zahnarztbesuche, sagt sie, immer Ärger mit den Zähnen ... Doch sie sagt dann schnell, was ich hören wollte: »Aber wir hatten ein Riesenremmidemmi hier im Haus, *grande casino*, als die das Klavier von Frau Conte geholt und durchs Treppenhaus abtransportiert haben ...«

»Oje«, sage ich. »Warum das denn?«

Stella zuckt die Achseln und breitet theatralisch die Hände aus. »Der Besitzer wollte das Ding zurückhaben, sagten die Möbelarbeiter. Das waren vielleicht starke Männer, das können Sie mir glauben. Wie die dieses Ungetüm geschultert haben und um die Kurven gewuchtet haben ... Das war schon sehenswert.«

Mehr weiß sie nicht, wir plaudern noch ein bisschen, und ich verabschiede mich. Auf dem Weg nach unten nagt etwas an mir, was sie gesagt hat, aber erst auf der Straße fällt mir ein, warum. Das waren vielleicht starke Männer ... Und ihre leuchtenden Augen ... Ich kehre um und klingele noch einmal bei Stella.

»Sagen Sie, Stella ...« Ich lächle. »Was ich fast vergessen hätte: Sie haben doch letztes Mal einen Polizeibeamten erwähnt, der Ihnen viel zu weich und unentschlossen war, wie ein Priester, haben Sie gesagt.«

Sie lächelt auch. »Ja, der. Wo sind sie nur geblieben, die richtigen Männer?«

»Ich hatte nämlich unlängst auch mit einem solchen Polizisten zu tun und dachte dabei an Sie ...« Ich hole mein Handy aus der Tasche und zeige ihr ein Foto von Padre Naldini. »Nur so aus Jux, war das zufällig der da?«

Sie setzt ihre Brille auf, schaut auf das Foto und lacht. »Ja, ja, das war er, der Kollege von Frau Conte. Der hat die Bonsaibäume vorbeigebracht. Übrigens habe ich die inzwischen gut im Griff. Ich sage Ihnen, die fühlen sich wohl bei mir. Möchten Sie sie mal anschauen?«

Ich entschuldige mich, die vielen Aufträge und Termine heute noch ...

Als ich unten wieder ins Auto steige, fällt mir das Straßenschild auf. Viale Sant'Antonio. Die Straße, in der du wohnst, Cristina, heißt wie dein Bruder. Aber was auch immer die anderen Sachen alle bedeuten mögen – *das* ist sicher nur Zufall.

32

DAS UFER DES LAGO MAGGIORE FÄLLT ZIEMLICH steil ins Wasser. Es gibt nur wenige Badestellen, die das Wort *Strand* verdienen. In meinem Ort Maccagno sind einige davon, weil sich hier eine kleine Landzunge in den See tastet. Auf ihr stehen Häuser und Restaurants, es gibt dort zwei Campingplätze, einen Fußballplatz, einen Friedhof. Die Landzunge wird von einem einmündenden Fluss zerschnitten. Im Sommer ist sein Bett fast ausgetrocknet, im Herbst und Winter aber, vor allem während der Schneeschmelze in den Bergen oder nach starken Regenfällen, verwandelt er sich in ein reißendes Ungeheuer, das allerhand Holz in den See spuckt. Äste und halbe Bäume treiben dann ans Ufer, türmen sich auf und müssen von Gemeindearbeitern mit kleinen Traktoren weggeräumt werden.

Als ich an diesem Abend zu Lara fahre, sind diese Arbeiten erledigt, das Ufer ist geputzt, aber der Wasserstand ist noch immer sehr hoch. Der See kommt dann den Häusern, die unterhalb der Straße liegen, gefährlich nahe. Ein sehr schönes Haus, das man von der Straße aus sehen kann, weil es in einer Biegung am Felsen klebt, wird regelmäßig geflutet. Ich sehe auch heute im Vorbeifahren: Terrasse und das gesamte Parterre der Villa stehen unter Wasser.

Laras *Camin*-Hotel in Colmegna liegt hoch genug, aber der kleine Hafen sieht aus wie eine riesige, übervolle Badewanne aus Stein. Ich stelle den Suzuki an der Straße ab und betrete das Restaurant wie immer vom Parkplatz aus. Die Saison hat begonnen, das erkennt man an den Schweizer und deutschen Kennzeichen der großen, blankpolierten Autos, die dort stehen.

Es ist ein warmer, herrlicher Frühlingsabend.

Die Hotelanlage ist eine Landschaft aus vielen kleinen und größeren Ebenen und unzähligen Treppen. Die Bediensteten sind alle schwarz-weiß gekleidet und tragen Tabletts mit Getränken und Speisen auf und ab durch diese Landschaft. Von der Küche ganz hinunter zu den Tischen an der Bar, von der großen Terrasse hinüber zu den Liegestühlen an der Kaimauer, vom Garten ganz nach oben zum Glashaus, wo kleinere Feiern stattfinden, von der Grillstation ins Hauptgebäude, wenn die Hotelgäste in ihren Zimmern essen wollen … Man kann Laras Leute um Mitternacht beim Aufräumen beobachten, und wenn man mal frühmorgens kommt, stehen dieselben Leute schon wieder mit der Hand hinterm Rücken neben den Frühstückstischen und schenken Kaffee oder Prosecco ein.

Ich will heute Abend *Branzino al sale* essen, Wolfsbarsch in der Salzkruste. Ich freue mich schon den ganzen Tag darauf, habe sogar im Restaurant angerufen, weil ich den kleinen Tisch an der Spitze der Terrasse haben will. Von dort kann ich die Isola Bella im Süden sehen und meinen eigenen Turm im Norden. Während der Turm damals renoviert wurde, wohnte ich die ganze Zeit bei Lara im Hotel und aß jeden

Abend an diesem Tisch. Aber nicht mit Speise- und Weinkarte, hat Lara gleich gesagt, wir überraschen dich lieber.

So trat jeden Abend der weißhaarige Umberto neben mich und trug mir das Menü vor. Umberto sieht aus wie ein Graf, er begrüßt fast jeden Gast mit Namen, auf Italienisch, Deutsch, Französisch, manchmal auch in einem scheinbar zufälligen Mix dieser Sprachen. Bei mir fügt er nach seinem »*Buona sera*, Signor Geier« immer hinzu: »Was macht die Musik?« Umbertos Rolle in der Hierarchie von Laras Leuten ist unklar. Als ich sie mal danach fragte, hat sie die Achseln gezuckt und geantwortet: »Schau, du kennst doch unsere riesengroße stachelige Agave auf der Mauer im Garten. Wir haben nur die eine. Hat sie eine Stellung in der Hierarchie? Braucht sie nicht.«

Umberto ist heute nicht da. Das ist ungewöhnlich. Ich bestelle als Vorspeise die *Pasta malfatto*, die misslungene Pasta. Sie heißt so, weil die Teigstücke unregelmäßig gezupft werden, nicht in Form geschnitten. Die Misslungenen liegen in einer Zitronensoße mit Scampi. Meinen Fisch danach zerlegt heute Abend Enzo, er ist der Maître de Maison, der Chef des Restaurants. Er erledigt das auf einem herbeigerollten Extratisch. Ich beobachte ihn dabei, und erst jetzt entdecke ich plötzlich Lara.

Sie sitzt unterhalb der Terrasse an einem abseits aufgestellten Tisch im Garten. Sie hat ein Glas Wasser vor sich und spricht mit einem Mann, von dem ich nur den Rücken sehe, der Rest ist von den Zweigen eines Kakibaumes verdeckt. Laras Gesicht ist sehr ernst, sehr entschlossen. Eisig.

Ich kenne dieses Gesicht. Die Botschaft dieses Gesichts

erinnert mich an ein Verkehrsschild, das ich mal in New York gesehen habe, an der Wall Street. *»Don't even think of parking here!«*, stand auf diesem Schild. Denken Sie nicht mal dran, hier zu parken.

Lara sitzt kerzengerade auf dem Stuhl. Ihre Hände liegen vor ihr auf dem Tisch, ausgerichtet wie Messer und Gabel. Sie benutzt sie nicht, um ihre Worte zu unterstreichen. Als sie fertig ist mit dem, was sie zu sagen hatte, steht sie auf, bedeutet ihrem Gegenüber mit einer Handbewegung, er möge sitzen bleiben, und verlässt den Tisch. Ich sehe, dass sie ein dunkelgrünes Kleid mit geschlossenem Stehkragen trägt. Sie verschwindet aus meinem Blickfeld. Der Mann bleibt sitzen. Vor ihm steht nur eine Espressotasse auf dem Tisch. Ein Kellner reicht ihm von der Seite die Rechnung. Ich sehe, dass der Mann kein Geld auf den kleinen Teller legt, sondern stattdessen die Rechnung zerknüllt. Dann steht er auf, und ich erkenne ihn. Er sieht aus wie auf den Bildern. Der kahlgeschorene Kopf, die steilen Falten neben dem Mund, der lange Hals. Es ist Padre Naldini. Er geht unten an der Terrasse vorbei Richtung Parkplatz. Ich höre seine Schritte auf dem Kies, und wenig später wird ein Auto angelassen und fährt weg.

Mein *Branzino* ist kalt geworden, ich habe ihn fast nicht angerührt. Ich stehe auf, überquere die Terrasse und dann, im Stock darüber, das Foyer des Hotels. Ich klopfe an die Holztür hinter der Rezeption. Den fragenden Blick der Rezeptionistin beschwichtige ich mit einer Handbewegung.

»Nicht jetzt!«, sagt Laras Stimme hinter der Tür. Ich öffne sie trotzdem, trete ein und schließe sie wieder hinter mir.

Laras Büro ist eher klein, das Fenster hat keinen Blick auf den See, sondern nach hinten hinaus, direkt auf die Felswand. Lara sitzt hinter ihrem Schreibtisch, und sie raucht eine Zigarette. Das habe ich nicht mehr gesehen, seit wir vierzehn waren.

»Lukas!«, sagt sie und drückt die Zigarette aus. »Wo kommst du plötzlich her?«

»Aus deinem Restaurant«, sage ich. »Ich habe euch gesehen. Was ist los?«

»Was hast du gesehen?«, fragt sie.

»Dich und deinen Padre Naldini«, sage ich. »Und dein Gesicht, und ihn, wie er die Rechnung nicht begleicht.«

»Er hat seinen Kaffee nicht bezahlt?« Sie lächelt dünn.

»Was wurde aus seinen vielen Millionen?«, frage ich.

»Komm, Lukas«, sagt sie und erhebt sich. »Wir gehen in den Garten.«

Sie geht voraus, nickt den Gästen an den Tischen zu, und am Ende der Terrasse hakt sie sich bei mir unter. Es dämmert jetzt, die Sonne ist hinter den Bergen verschwunden, der Himmel darüber glimmt in zartem Rosa. In die Steinplatten auf den Wegen sind kleine Lampen eingelassen, die jetzt leuchten und Palmen, Magnolien, Tabakpflanzen und Kamelienbüsche anstrahlen.

»Hast du schon gesehen«, sagt Lara, »wir haben den Teich neu angelegt, und der Springbrunnen ist wieder in Betrieb.« Wir bleiben davor stehen. »Was sagst du dazu?«

Ich muss an meine Keyboarderin Helen denken, die nicht mehr meine Keyboarderin ist. Zu kitschig, hätte sie gesagt. Keine Ahnung, was Rebecca Wintermantel dazu sagen würde. Ihre Antwort auf unser Angebot ist sehr knapp gewesen: *Bin gerne dabei.* Hat mich richtig gefreut. Morgen proben wir das erste Mal mit der Frau Königin. Eigentlich wollte ich mich heute Abend bei meinem Wolfsbarsch innerlich darauf vorbereiten.

»Sehr schön«, sage ich. »Sehr romantisch.«

»Du hast nie ernsthaft daran geglaubt, dass ich das alles hier verkaufe, oder?«

Ich zucke mit den Schultern. »Weiß nicht«, sage ich. »Und du? Hast du dran geglaubt?«

Sie blickt zur Seite und dann über den See.

»Ich wollte mal mutig sein«, sagt sie nach einer Weile. »Einmal in meinem Leben richtig mutig sein …« Sie sieht mich an. »Ja, ich habe dran geglaubt.«

Wir setzen uns auf eine Bank. Sie hat aus dem Büro ein leichtes sandfarbenes Kaschmirtuch mitgenommen, das sie sich jetzt um die Schultern legt. Sie lehnt sich an mich.

»Man braucht keinen Mut, um sich mit viel Geld einen Traum zu verwirklichen«, sage ich.

»Etwas aufzugeben, was man liebt«, sagt sie. »Den Mut meine ich.«

»Was ist denn bei eurem Deal schiefgegangen?«, frage ich.

In der Ferne bewegt sich das Licht eines kleinen Motorbootes schnell und schnurgerade über den See. Es ist so weit weg, dass man den Motor nicht hört.

»Ich bin froh, dass ich mit dir sprechen kann«, sagt Lara. Und dann spricht sie erst mal gut zehn Minuten lang nicht.

Die Geschichte, die sie schließlich erzählt, trug sich auf der anderen Seeseite zu, in dem Ort Cannero Riveria. Lara berichtet von einem großen alten Grandhotel mit phantastischer Parkanlage, Nebengebäuden, einem Pferdestall, einem eigenen, ziemlich großen Hafen. Alles im Besitz einer einzigen Familie. »Solche Häuser sind in modernen Zeiten nicht einfach zu betreiben«, sagt sie. »Der Aufwand, sie zu erhalten, ist hoch und der Erlös nicht so groß, dass jeder entfernte Cousin auch noch davon leben kann.«

Eine Immobilienentwicklungsgesellschaft aus Turin machte der Familie ein verlockendes Angebot, die ganze Anlage zu übernehmen. Die Großeltern waren strikt dagegen, aber sie hatten die Geschäfte schon an ihren Sohn übergeben, der schließlich auf das Angebot einging. Der Vertrag sah vor, dass er weiterhin die Geschäfte führen sollte.

»Der Anfang einer Tragödie«, sagt Lara. »Wer so viel Geld investiert, hat immer nur ein Ziel: Das Geld muss zurückkommen, und noch mehr Geld muss zurückkommen. Viel mehr.«

Das Unternehmen wurde sofort zerschlagen, der Hafen und der Pferdestall wurden in eigene Profitcenter umgewandelt, die Nebengebäude zu Ferienapartments umgebaut. Das Hauptgebäude wurde um drei moderne gläserne Etagen aufgestockt, wo zwanzig Eigentumswohnungen entstanden. Der Hotelbetrieb wurde eingestellt, das Haus in ein exklusives Privatsanatorium umgewandelt. Das ganze alte Personal wurde entlassen.

»Und der Sohn wurde durch seine Verträge gezwungen, all das zu exekutieren«, sagt Lara. »Er hat sich nach drei Jahren das Leben genommen.«

Sie macht eine Pause.

»Das hätte mit Naldini nicht so kommen müssen«, sage ich.

»Der Hauptgesellschafter dieser Immobiliengesellschaft in Turin ist eine ominöse Vereinigung, die sich *La speranza verde* nennt. Die Rechtsform ist unklar, es ist weder eine Stiftung noch ein Verein, die wären ja zu Transparenz verpflichtet. Aber mit ein bisschen Recherche findet man dann doch den Namen des Mannes, der dahintersteckt. Es ist Eduardo Naldini.«

Bisschen Recherche. Gelegentlich vergesse auch ich, wie gut Lara hier vernetzt ist. Bisschen Recherche. Lara sagt das nicht ironisch, sondern so, als hätte sie tatsächlich nur noch eben Zahnpasta besorgen müssen. Naldini hat sie mit Sicherheit unterschätzt. Wie so manche.

»Und das hast du ihm alles heute so gesagt, unter dem Kakibaum?«

Sie nickt.

»Ich habe ihm schon noch mehr gesagt. Es hat damals auch einen öffentlichen Skandal gegeben, wegen der Baugenehmigungen, der Erlaubnis des Denkmalschutzes und wegen einer Steuerbefreiung über zwanzig Jahre. Ein Denkmalschützer machte eine Aussage, er sei erpresst worden. Zwei Tage später hatte er einen tödlichen Autounfall. Sämtliche Ermittlungen wurden allmählich eingestellt.«

Ich schweige. Denke an Cristina. Kann auch ich dem Padre trauen? Das habe ich sie gefragt. Sie hat es nicht beantwortet.

»Lukas«, sagt Lara, »dieser Naldini ist ein schlimmer Mann. Weißt du, wie er reagiert hat, als ich fertig war?«

»Wie denn?«

»Er hat nichts abgestritten, gar nichts. Er hat blumig gesprochen: Als Priester lerne man schnell, die Gesetze der Macht zu akzeptieren, nicht nur im Leben mit Gott, das hat er gesagt. Macht ausüben und sich der Macht beugen, mal so, mal so, das sei die Welle des Lebens, jeder Baum sei ihr unterworfen, jedes Reh. Das habe ich mir gemerkt, wie er das gesagt hat: jeder Baum, jedes Reh ... Und dann hat er gesagt, er für seinen Teil sei gern bereit, sich hier und jetzt zu beugen, indem er mir verspricht, dass die Verträge so ausgestaltet werden, dass ein Vorgehen wie in Cannero unmöglich ist.«

Lara steht auf, geht ein paar Schritte Richtung Wasser, bleibt an der Mauer stehen, die das Stück Wiese begrenzt. Schließlich dreht sie sich zu mir um.

»Er hat dann gesagt, auch ich sollte mich nicht gegen das Gesetz der Macht stellen. Er würde sein Angebot erhöhen, damit mir das leichter falle. ›Und ich sorge dann über einen guten Freund dafür, dass das Finanzamt die Absicht wieder fallenlässt, bei Ihrem Hotel eine große Steuerprüfung durchzuführen.‹ So hat er das gesagt. Solche Steuerprüfungen hätten schon größere Unternehmen in die Insolvenz getrieben.«

»Und was hast du gesagt?«

»Ich habe ihm von meinem Vater erzählt«, sagt sie. »Dass der mir ein Leben lang eingeschärft hat: Lara, man darf sich nie, unter keinen Umständen, erpressen lassen. Das habe ich ihm gesagt und bin gegangen.«

»Hast du jetzt Angst vor so einer Steuerprüfung? Oder vor Naldini?«

Lara schaut mich an. Ihr Gesicht verändert sich, und ich

sehe ihm an, dass ich auf meine Frage keine Antwort bekommen werde. Lara will sich einem neuen Thema zuwenden. Sie kaut nicht gerne auf Gedanken und Gefühlen rum, bis sie faulig schmecken.

Es ist inzwischen dunkel geworden, ein ziemlich heller Mond hat die Lightshow übernommen.

Laras Augen funkeln.

»Warst du dieses Jahr schon im See?«, fragt sie.

»Nein, ist doch noch viel zu kalt«, sage ich.

Ich sehe, wie sie auf die Mauer steigt.

»Wollen wir mal richtig mutig sein?« Sie wirft das Kaschmirtuch ab und zieht sich blitzschnell das Kleid über den Kopf. Sie trägt dunkelrote Unterwäsche.

An dieser Mauer ist eine Metallleiter befestigt, die ins Wasser führt. Ich habe mal erlebt, wie sich eine Frau im Badeanzug an der Rezeption laut beschwerte: Wie kann ein so wunderschönes Hotel mit einem so wunderschönen Garten eine so unbequeme, verrostete Badeleiter als einzigen Zugang ins Wasser haben? Sie deutete auf ihren aufgeschürften Zeh und hörte nicht auf zu zetern – bis Lara aus ihrem Büro kam und mit zuckersüßem Lächeln und noch süßerer Stimme sagte: »Ich verstehe Sie, Frau Konsul. Aber was soll ich machen? Das *Camin*-Hotel ist keine Badeanstalt. Leider, leider.«

Lara benutzt die Leiter nicht, sondern hält sich die Nase zu und springt.

Und als ihr Kopf wieder auftaucht, ruft sie genau das, was ich befürchtet habe: »Lukas, komm!«

33

ICH LASSE DEN SUZUKI UNTEN IM ORT STEHEN UND gehe mit der großen Taschenlampe in der Hand zu Fuß zum Turm hoch. Das Wasser im See war eiskalt, ein bisschen Bewegung zum Aufwärmen tut gut. Hat ja sensationell geklappt mit meiner Vorbereitung der morgigen Bandprobe. Nicht einen Punkt meiner Liste habe ich abgearbeitet. Welche Songs spielen wir? Nur das alte Material? Darauf ist Rebecca Wintermantel vorbereitet. Oder auch unausgegorene Ideen, Riffs und Melodieschnipsel? Dann könnten wir sie in der kreativen Arbeit erleben. Aber welche Schnipsel? Mein iPhone ist voll davon ... Hunderte ... Wenn's reicht ...

Und was wollen wir von Rebecca Wintermantel hören und sehen? Wollen wir sie bitten, auch uns etwas von ihrem Material zum Fraß vorzuwerfen?

Sie telefoniert nicht, nie, hat Frau Königin gleich geschrieben. Da habe ich dann wohl meine Meisterin gefunden, habe ich gedacht. Nie, das ist eine Ansage. Ich kenne also noch nicht ihre Stimme, ihren Tonfall, ihre Art, zu lachen ... Ich hatte ihr verschiedene Orte vorgeschlagen, wo wir uns hätten treffen können. Ein Studio in Mailand zum Beispiel. Auch nach Rom wären wir gekommen. Aber sie schrieb, sie wolle schon zum Ursprung dieser Musik, sie wolle erleben, was uns an diesem Ort inspiriere. Das müsse ihr schon auch zusagen, sonst würden wir uns alle was vormachen.

Inzwischen habe ich das Gefühl, das ist morgen eher eine Probe für mich als für sie. Ich bin nervös, weil ich nicht gut vorbereitet bin, muss mir selber sagen, dass ich morgen nicht zu nett sein darf. Die Musik zählt, nur die Musik. Gefällt mir, was diese Frau spielt? Wie sie es spielt? Lösen die Töne etwas aus in mir? Bringen sie mich weiter – oder nicht?

Rebecca Wintermantel kommt um elf Uhr. Wie, das wissen wir nicht. Mein Angebot, sie irgendwo abzuholen, wenigstens unten im Ort, hat sie dankend abgelehnt. Sie bat nur um eine Wegbeschreibung mit Skizze.

Es ist jetzt Mitternacht vorbei. Eine große steingraue Katze läuft plötzlich vor mir im Lichtkegel der Lampe den Weg hoch. Ich bin ihr in letzter Zeit öfter mal begegnet. Und morgens finde ich manchmal steingraue Haare auf der Stoffplane, mit der ich den Grill abdecke. Paul hat die Katze auch schon gesehen und behauptet, das sei eine Wildkatze. Aber Paul versteht von Tieren gar nichts.

Sag mal, Paul, wo sind eigentlich deine Rechercheergebnisse aus dem Internet? Hast du auch etwas über Naldini rausgefunden? Oder nur Lara?

Ich werde ihn morgen nach der Probe danach fragen.

34

IN DEM SONG *TUTTO BENE* GIBT ES EINE KLEINE Trompetenmelodie, die ab der Mitte des Stücks den Refrain unterstützt. Sie war eine Idee von Paul. Er spielte Helen und mir die Töne dieser Melodie zuerst auf dem Bass vor. Damals wohnte ich noch nicht im Turm, auch das Studio gab es deshalb nicht, ich war ja noch Kriminalbeamter in München. Aber die Band in Maccagno gab es schon. Mit Biagios Hilfe hatten wir eine Garage gefunden, die zu einem verlassenen Bahnwärterhaus gehörte, das unverkäuflich war, weil die Züge drei Meter neben ihm vorbeidonnerten. Sie hatte eine Steckdose, man musste nur bei ASPEM Bescheid sagen, dann kam auch wieder Strom raus. Und die Bahn verlangte nur eine Miete von hundert Euro pro Jahr.

Wir konnten dort natürlich nichts aufnehmen, aber wir konnten so laut spielen, wie wir wollten, und wir thronten auch dort schon über dem See und verbrachten tolle Sommernächte auf Klappstühlen am ehemaligen Bahnsteig. Nur die Züge unterbrachen immer mal wieder unsere Diskussionen oder unsere Akkordfolgen. Nachdem Britta mich verlassen und lediglich einen Zettel in der Münchner Wohnung auf den Tisch gelegt hatte, kam ich fast jedes Wochenende hierher. Ich weiß noch, dass ich mich damals über meinen Chef

Frank Becker wunderte, weil er meine Ausflüge nicht – wie erwartet – mit Spott kommentierte. Er schwieg, und einmal, an einem späten Abend im Büro, als wir gemeinsam in einem Aktenberg des Verfassungsschutzes ein Dokument suchten, ließ er sich ein bisschen was erzählen über die Bands in meinem Leben. Und dann sagte er, Blick fest auf den Computerbildschirm gerichtet: »Hatte ich leider nie. Irgendetwas, das mich so berührt und fesselt wie dich deine Gitarre.«

Paul spielte damals die kleine Melodie für *Tutto Bene* auf den höchsten Tönen, die sein Bass hergibt. »Damit sogar du sie gut erkennen kannst«, sagte er zu mir, weil ich ihn oft damit aufziehe, dass ich außer einem tiefen Brummen von seinem Instrument nichts wahrnehmen kann.

Helen sagte: »Ich höre da eine Trompete, so eine einsame Trompete, die in Mafiafilmen auf Beerdigungen gespielt wird.« Genau das wurde später unsere Anweisung an den Trompeter, als wir in einem Münchner Studio den Song aufnahmen. Wer weiß, was aus *Tutto Bene* ohne diesen magischen Moment mit Pauls Melodie und Helens Mafiafilm-Assoziation geworden wäre?

Jetzt, in meinem umgebauten Eselstall, bei der ersten Probe mit der Keyboarderin Rebecca Wintermantel, denke ich an diesen Moment, weil sie gerade einen Klangteppich erzeugt, der so stark ist, dass ich das Gefühl habe, wir fliegen alle gleich davon, das ganze Studio hebt auf diesem Teppich ab Richtung Himmel. Ich sehe an Pauls fast erschrockenem Blick, dass er das auch so empfindet.

Wir sind jetzt schon mehrere Stunden miteinander am Werk. Pünktlich um elf Uhr pochte Rebecca Wintermantel an die Tür meines Turms. Und Paul und ich erlebten gleich mehrere Überraschungen. Draußen stand nicht die englische Königin, sondern eher die Angestellte eines Gartencenters. Nix Kostüm, Dauerwelle, Perlenkette … Stattdessen Jeans, grobe Arbeitsschuhe, T-Shirt, Parka. Die Haare eher kurz, verstrubbelt und grau, beinahe weiß. Das Gesicht ungeschminkt, mit zwei lustigen Knopfaugen im Zentrum, die von vielen Lachfalten umkreist werden. Neben ihr stand eine Art moderner Leiterwagen. Leichtmetallgestänge, Segeltuchbezug, vier große Räder mit dünnen Speichen und luftgefüllten Reifen, eine Deichsel zum Ziehen. Das Ganze offensichtlich faltbar.

»Hallo, Lukas, hallo, Paul«, sagte Rebecca Wintermantel. Auch ihre Stimme war eine Überraschung. Sie war sehr tief und dunkel – und sehr leise. Das erklärte sie dann gleich bei einem Kaffee oben in der Küche. Sie war vor ein paar Jahren nach einem Zeckenbiss lange im Krankenhaus gewesen und hatte danach ihre Stimme nicht vollständig wiedererlangt. Ich telefoniere nicht, nie …

In dem Leiterwagen hatte sie einen Alukoffer den Berg hochgezogen. Er enthielt ihr berühmtes ausziehbares Stehpult, ihren Laptop und ein Mini-Keyboard. Sie hat diesen Wagen schon lange und sagt: »Das ist mein Roadie. Ich habe ihn 2002 in einem Kaufhaus in Tokio entdeckt. Er ist zuverlässig, quatscht nicht rum und ist sehr genügsam. Nur ein paar Tropfen Öl im Jahr für die Räder, sonst quietschen sie bei der Arbeit.«

Das Outfit der Frau aus alten englischen Fernsehserien existiert nur bei öffentlichen Auftritten, auf Bühnen oder – sehr, sehr selten – bei einem Interview. Die Frisur ist eine Perücke. »Andere haben einen Künstlernamen, das war bei meinem Namen nicht nötig«, sagt sie. »Ich habe einen Künstleranblick.«

Paul und ich sind hingerissen von Rebecca. Sie hat sich unsere Musik sehr genau angehört, ergänzt nur manchmal etwas oder erklärt eine Idee, die bei einer Live-Performance das Gefühl des Stückes noch unterstützen könnte. Die Klänge, die sie mitgebracht hat, haben etwas Leichtes, aber auch Melancholisches. Zu den Gitarrensoli meines Freundes Stormy sagt sie, da würde sie gern ein Programm ausprobieren, das sie sich selbst gebastelt hat. Es nimmt einzelne Töne aus dem Solo einfach weg, und welche das sind, das kann man einem rhythmischen Muster unterwerfen – immer die erste Note des Taktes zum Beispiel, also die Eins. »Das hat einen erstaunlichen Effekt«, sagt sie. »Könnte an manchen Stellen noch Intensität und Spannung hinzufügen.« Aber das will sie uns heute nicht zeigen.

Nach dem Gänsehautmoment bei *Buona Notte* sagt sie plötzlich: »So, jetzt muss ich los. Ich denke, wir haben alle begriffen, wohin das in etwa führen würde, wenn wir uns zusammentun.« Sie packt ihren Leiterwagen, macht dabei Paul Komplimente für sein Bassspiel, lehnt ein Glas Wein ab und auch die Begleitung den Berg hinunter.

»Jungs, das hat großen Spaß gemacht«, sagt sie zum Schluss. »Ihr seid klasse, und das Studio hier oben auch.« Sie gibt jedem von uns beinahe förmlich die Hand. »Ich lasse das alles jetzt mal in mir nachklingen, das müsst ihr ja auch machen. Kann bisschen dauern, dann schaue ich mal, ob und wie das in mein Leben passen könnte. Und dann melde ich mich. Okay?«

Nachdem sie auf dem Weg nach unten aus unserem Gesichtsfeld verschwunden ist, holt Paul sofort die Flasche Grappa, die in einem Karton unter dem Mischpult aufbewahrt wird. Zwei Pappbecher hat er auch dabei. Wir setzen uns auf die Uhu-Bank vor dem Turm.

»Mann«, sagt Paul nur, und wir stoßen mit den Pappbechern an. Wir reden noch ein bisschen und stoßen noch zwei-, dreimal an. Wir beschließen, dass ich Rebecca morgen eine Mail schreibe, in der ich unsere Begeisterung formuliere und unsere Freude, wenn sie bei uns einsteigen würde. Vielleicht sollten wir sie auch erst später schicken, meint Paul dann aber, frühestens übermorgen. Sonst kommen wir so verliebt und unprofessionell rüber.

Als er aufbricht und die Tasche mit seinem Bass schultert, scheint noch die Sonne, aber man spürt, dass sich jetzt der Abend auf den See und die Berge legt. Ein besonderer Geruch liegt dann in der Luft.

Ich frage Paul nach seinen Rechercheergebnissen in Sachen Naldini, Alberetti und Antonio Conte. Vielleicht hat er sein Hilfsangebot ja bereut und will doch die Firewall zu seinem früheren Leben wieder hochziehen.

»Ich bin da dran, Lukas«, sagt er, doch er weicht meinem Blick aus. »Ich brauche noch Zeit. Du kriegst bald meine Ergebnisse.«

Mehr sagt er nicht, keine Begründung, keine Tendenz. Ich frage auch nicht weiter, er will das jetzt nicht, das ist klar. Komisch irgendwie.

Als ich allein bin im Turm, merke ich, dass ich einen Bärenhunger habe. Ich hole das argentinische Tomahawk-Steak aus dem Kühlschrank, es ist in Plastik eingeschweißt und lange haltbar. Ich habe meistens eines vorrätig. Jetzt werde ich zum ersten Mal in diesem Jahr den Grill anwerfen, draußen vor dem Turm. Und ich werde auch eine Aubergine in die Glut werfen, die ich dann auslöffele. Und dann werde ich mir auf dem iPhone das *Buona Notte* von heute Nachmittag noch mal anhören. Und dann werde ich ... Nun, das wird sich schon zeigen, was ich dann noch alles tun werde. Oder auch nicht.

35

»SIE SCHON WIEDER?« LAURA SCHWARZMANN lächelt. Sie steht mit einer beachtlich großen Gießkanne vor ihrem Waldhaus und wässert einen Strauch, der ziemlich vertrocknet aussieht. »Wollen Sie etwa wieder einen Kaffee?«

»Das wäre toll. Wenn Sie einen haben …«

»Kaffee habe ich immer. Ganz frisch ist er nicht mehr, aber er geht noch. Nehmen Sie doch schon mal Platz. Sie wissen ja, wo der Tisch steht.«

Ein paar Augenblicke später stellt sie mir eine Tasse Milchkaffee hin.

»Wie lange wohnen Sie hier schon?«, frage ich.

»Ein paar Jahre«, sagt sie und schaut mich an. »Um das zu fragen, sind Sie nicht hier raufgekommen, oder?«

Nein. Ich erzähle ihr, was Cristina im Gefängnis passiert ist. Von der Notoperation in der Klinik – und dass sie überlebt hat. Ich erzähle von der angeblich verrückten Täterin, höre mich auf ihre Nachfrage sagen, dass es bei der Tat wohl keine Verbindung zu der Ermordung ihres Bruders gibt, und merke dabei, wie unglaubwürdig das eigentlich klingt. »Frau Schwarzmann, nach unserem letzten Gespräch hatte ich mir vorgenommen, Cristina auszufragen, über ihre Mutter, aber auch über Ihr Treffen. Mit ihr kann ich jetzt nicht sprechen. Deshalb sitze ich bei Ihnen.«

»Frau Schwarzmann.« Sie wiederholt ihren Namen und schüttelt leicht den Kopf. »Frau Schwarzmann, das habe ich schon lange nicht mehr gehört. Ich bin bei allen immer nur die Laura.«

»Soll ich auch Laura …«

»Nee, bleiben Sie nur bei meinem Nachnamen. Wie war noch mal Ihr Name?«

»Geier. Lukas Geier.«

»Frau Schwarzmann und Herr Geier, das sind jetzt unsere Kennzeichen. Also, Herr Geier, fragen Sie.« Sie lacht.

Als ich noch Polizist war, hatte ich es mit vielen Psychologen und Psychiatern zu tun, später kam dann mein eigener Therapeut hinzu. Sie haben alle eine Eigenschaft, die mir oft aufgefallen ist: Sie sind wie die Regisseure ihres eigenen Films, mal blenden sie den einen Moment nach vorne, mal einen bestimmten Aspekt. Mal geht es um Trauer, mal um Freude. Mal geht es um die Toten, mal geht es um die Lebenden. Eines nach dem anderen. Bei Laura Schwarzmann merkt man, dass ihr das Schicksal ihres Freundes Antonio nahegeht, aber sie kann es jederzeit von sich wegrücken. Ich vermute, so etwas lernt man in der Therapeutenausbildung.

»Ich bin mit Cristina befreundet«, sage ich, »aber wir haben nie über ihre Familie geredet. Ich wusste zum Beispiel gar nicht, dass sie einen Bruder hat. Sie sagten in unserem letzten Gespräch, Sie glauben, dass Cristina den Schlüssel zur Lösung vieler Probleme von Antonio hatte. Was meinten Sie damit?«

Sie lässt jetzt den Hinweis weg, dass sie als Therapeutin über vieles nicht sprechen dürfe. Sie weiß ja, was sie sagen will und was nicht. »Als ich Antonio kennengelernt habe, mochte ich ihn gleich. Ich mag Menschen, die eine tiefe Verunsicherung ausstrahlen, das war bei mir immer so. Bei Antonio fühlte ich sofort, dass ihn etwas blockierte. Nach und nach erzählte er mir seine Geschichte, auch von seiner kriminellen Vergangenheit. Das erzählte er schnell. Von seiner Familie, seiner Herkunft erzählte er gar nichts. Also fragte ich nach, doch es kam nichts. Ich musste ganz nett rütteln, bis da eine Tür aufging. Ich kann versuchen, zusammenzufassen, was er mir da für ein Bild präsentiert hat. Wenn Sie das interessiert.«

»Das interessiert mich sehr.«

»Als er endlich anfing, davon zu erzählen, gab es Antonio als ›ich‹ nicht mehr. Es gab nur noch: meine Schwester und ich. Er schilderte eine schreckliche Ausgangssituation, fast wie aus einem schlimmen Märchen: Cristina und Antonio waren sechs und vier Jahre alt und lebten bei ihrer Mutter. Eines Tages war die Mutter verschwunden, und die beiden kleinen Kinder blieben alleine zurück. Und mussten sich Wochen, Monate allein durchschlagen, bis ein Nachbar die Behörden verständigte. Das muss man sich vorstellen: verlassen von der eigenen Mutter, in diesem Zwergenalter auf sich selbst gestellt, also ein Trauma schlechthin. Der erwachsene Antonio wusste nichts von seiner Mutter, nur dass sie ihn und seine Schwester verlassen hatte, dass sie psychisch krank gewesen sein soll und irgendwann offenbar starb. Mit anderen Worten: Mutter wird in eine Schublade gesteckt, in eine schreckliche Schublade. Mutter abgehakt. Mehr kam nicht, da konnte ich nachfragen, so viel ich wollte.«

Ich trinke den Kaffee und höre zu.

»Was Antonio erzählen konnte: wie es weiterging. Der Aufenthalt in zwei Heimen, dann kurz von Cristina getrennt in zwei verschiedenen Familien, dann kam diese Familie Naldini. Und auch da wieder: Alles war in Antonios Kopf abgestempelt. Die Heime waren schrecklich, die Trennung von Cristina entsetzlich, die Familie Naldini war schwierig, aber da gab es diesen paar Jahre älteren Jungen, diesen seltsamen Stiefbruder, der wurde auf ein Podest gehoben. Ich hörte immer wieder den Satz: Ohne ihn hätten wir es nicht geschafft. Alle Erinnerungen wurden abgestellt im dunklen Keller, wie alte, muffige Möbelstücke. Alles hatte seinen festen Platz, und wehe, man veränderte da irgendwas.«

Ich erinnere mich, wie ich Cristina im Gefängnis nach Eduardo Naldini fragte, wie sie geantwortet hat, auch mit diesem einen Satz über ihren Stiefbruder: Ohne ihn hätten wir es nicht geschafft. Hatte sie »ich« gesagt oder »wir«?

Ich habe das Gefühl, meine Ausgangsfrage passt ganz gut, und deshalb wiederhole ich sie noch mal: »Was meinten Sie mit dem Schlüssel für die Lösung von Antonios Problemen, den Ihrer Meinung nach Cristina hatte?«

»Gute Therapeuten wissen, dass es manchmal hilfreich sein kann, wenn man Dinge tief in der Vergangenheit vergräbt oder sie in geeigneten Vitrinen sozusagen ausstellt. Wenn es sich wie bei Antonio aber um eine Art Trauma handelt, ist es das Falscheste, was man tun kann. Ich habe ihn genervt und genervt. Ich habe ihm gesagt: Du musst herausfinden, wer deine Mutter war, soweit das irgend geht. Deine Mutter war mehr als nur diese Teufelin, die du aus ihr gemacht hast. Sie war auch ein Mensch! Ich erinnere mich noch gut, da saß er hier, wo Sie jetzt sitzen, da hab ich zu ihm gesagt: Du musst dich dieser Geschichte stellen, das ist die einzige Möglichkeit, glaub mir. Und er hat mich lange angeschaut, ewig lange, schweigend, und dann sagte er: Ich will mich dieser Geschichte aber nicht stellen.«

»Hatten Sie ihn irgendwann so weit, dass er es doch getan hat?«

»Ich hatte den Eindruck. Er hat erzählt, dass er jetzt ein paar Leute treffen wird, die seine Mutter von früher kannten. Ich habe dann immer wieder nachgefragt: Wie waren denn die Treffen, was haben die Leute gesagt? Aber er hat schnell wieder abgeblockt, ich erzähl es dir, wenn es so weit ist. Lass mich, hat er manchmal gesagt. Nur einmal hat er was Interessantes gesagt.«

»Was denn?«, frage ich.

»Schön, dass Sie so gar nicht neugierig sind. Wir saßen unten bei Bruno, tranken ein paar Gläser Wein, bei Bruno muss man immer trinken. Wir waren bei einem ganz anderen Thema, und plötzlich schaute mich Antonio an und meinte: Laura, die Geschichte mit meiner Mutter ist vielleicht eine ganz andere Geschichte, als ich bisher dachte. Und ich fragte: Besser oder schlechter? Und er antwortete ganz schnell: Schlechter. Ich fragte natürlich weiter, aber es kam nichts mehr. Ich habe noch versucht, ein paar Weisheiten loszuwerden, nach dem Motto: Du wirst sehen, die Wahrheit ist besser für dich, so schlimm sie auch sein mag. Beim Wort

Wahrheit ist dann Bruno ins Gespräch eingestiegen. Und ich sag Ihnen, zum Thema Wahrheit kann Bruno Alberetti lange Monologe halten.«

»Was wollten Sie von Cristina, als Sie beide sich getroffen haben?«

»Ich hatte wie gesagt den Eindruck, dass Antonio tatsächlich mit einer Recherche über seine Mutter begonnen hatte, und ich war beunruhigt, weil er plötzlich so verstummt war. Ich merkte, dass ihn etwas quälte, aber er redete nicht. Und ich wusste ja, dass Cristina und er so was wie Zwillinge sind, zumindest was ihre Familiengeschichte angeht. Ich wollte, dass Cristina ihrem Bruder bei der Suche nach der Mutter hilft. Mein Vorschlag: Macht diese Sache doch gemeinsam! Darum habe ich sie gebeten.«

»Und wie hat Cristina reagiert?«

»Zunächst erstaunlich aggressiv. Antonio hatte mit ihr darüber gesprochen, natürlich. Und Cristina fand das überhaupt keine gute Idee. Sie beschimpfte mich regelrecht, wie ich ihm nur so was Schwachsinniges einreden konnte. Und sie werde sich daran sicher nicht beteiligen. Sie sagte so was wie: Was soll dieses Wühlen im Dreck bringen? Ja, ›wühlen im Dreck‹, das hat sie gesagt. Ich fand die Wortwahl erstaunlich. Es ging immerhin auch um ihre Mutter. Ihre erste Reaktion war wirklich sehr erstaunlich.«

»Und wie ging es weiter?«

»Ich versuchte, ihr zu erklären, dass ich mir große Sorgen um Antonio machte und wie lebenswichtig ich es fand, dass er sich endlich mit seiner Vergangenheit beschäftigte. Sie müssen Ihren Bruder retten, so was in der Richtung habe ich gesagt. Und sie hat mich gefragt, ob ich das alles aus therapeutischem Interesse sage oder aus persönlicher Zuneigung. Ich habe ihr geantwortet, und diese Antwort hat ihr anscheinend gefallen. Jedenfalls sagte sie, sie werde nachdenken und sich überlegen, ob sie Antonio bei seiner Muttersuche unterstützt. Das sagte sie allerdings mit einem leicht spöttischen Unterton.«

»Was für einen Eindruck hat Cristina auf Sie gemacht?«, frage ich.

»Sie ist ganz anders als ihr Bruder. Sie will auf keinen Fall den Eindruck von Schwäche vermitteln oder gar, dass sie Hilfe braucht. Sie machte auf mich einen sehr aggressiven Eindruck. Zunächst offen aggressiv, und dann unterdrückte sie ihre Aggressionen die ganze Zeit. Ich fand sie ein bisschen unheimlich. Wenn ich ganz ehrlich bin, habe ich mich ein wenig vor ihr gefürchtet.«

»Aggressiv? Cristina?« Ich schüttle ungläubig den Kopf. »Ich habe sie völlig anders erlebt.« Ich denke kurz an unsere gemeinsamen Nächte. Sie war zärtlich, kontrolliert, das vielleicht, aber aggressiv? Nein.

»Wollen Sie noch einen Kaffee? Aber ich muss Sie warnen, er ist noch etwas weniger frisch als vorhin.«

»Nein, danke, keinen Kaffee mehr.«

Ich frage Frau Schwarzmann noch, was sie eigentlich auf die Frage von Cristina geantwortet hat, ob sie sich aus therapeutischen oder aus persönlichen Gründen für Antonio interessiere. Sie schaut mich an, schweigt überraschend lange und sagt dann: »Das geht Sie gar nichts an, Herr Geier!«

36

AUF DEM WEG NACH UNTEN ACHTE ICH JETZT genau auf die erste Abzweigung nach links. Aber diesmal habe ich schon beim Aufstieg den Rat meines Vaters befolgt, den er mir als Junge bei jeder Wanderung hier in der Gegend eingebläut hat, den »Bergsteigertrick«, wie er ihn genannt hat: »Dreh dich auf deinem Weg immer mal wieder um, dann siehst du, wie der Rückweg aussieht, und verläufst dich nicht.« Ob Bergsteiger das wirklich so machen, weiß ich nicht, aber die Methode funktioniert gut. Wenn ich in fremden Städten unterwegs bin, höre ich heute noch im Geiste den Ausruf meines Vaters: »Bergsteigertrick!« Dann drehe ich mich um und präge mir den Anblick ein. Als wir einmal mit der Band nach unserem *Tutto-Bene*-Konzert in Phnom Penh in einer Bar versackt sind und ich danach mühelos und ohne Google Maps den Weg zurück ins Hotel fand, lobte Helen meinen Orientierungssinn. »Oder gibt's da einen Trick?«, hat sie betrunken gefragt. »Ja«, habe ich betrunken geantwortet, »aber ich verrate ihn dir nicht.«

Überall hier im Wald stehen aufgeschichtete Holzstapel herum. *Meter-Ware* nennen das die Holzleute, also auf die Länge von einem Meter zurechtgesägte Stämme und dicke Äste. Nach meinem ersten Besuch in der Waldkommune habe ich mich mit meinem Freund Ambrogio getroffen, weil ich wissen wollte, wovon diese Leute hier im Wald um Bruno Alberetti wirklich leben. »Geschäfte mit Holz« schien dem Ex-Polizisten in mir etwas schwammig: Dreißig, manchmal vierzig Menschen bezahlen mit Geld, das die Bäume abwerfen?

Jesus war bei dem Treffen auch dabei, der Mann, der eigentlich Lele heißt, aber wie Jesus aussieht und auf meinem Grundstück die Holzarbeiten macht.

»Natürlich kenne ich Bruno Alberetti«, sagte Ambrogio. »Ich mache relativ viele Arbeiten für die Waldkommune, oft vermitteln sie mir auch Arbeit bei ihren Kunden.«

Der Schreiner Ambrogio hat in der Gegend den Spitznamen »Holzmelancholiker«, weil er Schrauben und Nägel hasst, die das Holz verletzen, wie er sagt. Er arbeitet fast nur mit Holzzapfen und Leim. In dem Holz der zwei Bänke vor meinem Turm befindet sich keine einzige Schraube.

Ich habe bei unserem Treffen erfahren, dass sich die Waldkommune auf bestimmte Kunden spezialisiert hat: Ferienhausbesitzer. Menschen also, die Geld im Portemonnaie haben und im Kopf eine romantische Vorstellung von ihrem Domizil. Sie möchten gespaltenes Brennholz geliefert bekommen, in sauberen, schmucken Stücken, am besten nach Holzarten sortiert, Birke für die rauchfreie Flamme im offenen Kamin, Feige oder Kastanie für den Duft am Feuerkorb, Fichte für die schnelle Hitze im skandinavischen Ofen, wenn man nach Wochen in einem kalten Haus eintrifft. Außerdem brauchen sie Holz für Tischplatten, Bänke, Verandaüberdachungen. Hier kommt dann Ambrogio ins Spiel.

»Die Geschäfte laufen gut«, sagte Ambrogio. »Alberetti bleibt immer im Hintergrund, aber manchmal glaube ich, dass die Tatsache, dass er ein berühmter Ex-Terrorist ist, dem Unternehmen sogar ein wenig Glamour verleiht.«

Lele bestätigte das. Er hatte sogar zwei Jahre dort oben gelebt, ehe er sein eigenes ökologisches Projekt in Monte Venere startete.

»Warum bist du dort weggegangen?«, habe ich ihn gefragt.

»Mir hat die Stimmung nicht so gut gefallen«, hat er geantwortet. »War irgendwie nicht so ganz meine Sache, immer diese ideologischen Diskussionen, viel Geschichten von früher, wenig junge Leute ...« Er suchte nach weiteren Sätzen. »Die Häuser stehen ja auch mitten im Wald, nirgends der weite Blick, wenig Licht, ziemlich düster alles dort oben ...«

»Und Alberetti?«

»Er ist der König, der Boss, alles richtet sich nach ihm. Sie lieben ihn schon, glaube ich, aber manche fürchten ihn auch regelrecht. Mir war er nicht sehr angenehm.«

Ich bin diesmal schon nach zehn Minuten Fußweg bei meinem Suzuki. Seit ich unlängst ein paar Zementsäcke zum Turm transportiert habe, sieht er innen aus wie Sau. Einer der Säcke war aufgeplatzt. Hier muss mal jemand aussaugen.

Ich lasse den Motor an und denke an den Moment, als Laura Schwarzmann vorhin die aggressive Cristina beschrieb. Über Menschen Erkundigungen einholen, das ist eine zentrale Tätigkeit bei der Kriminalpolizei. Allmählich setzt man ein Bild zusammen von einzelnen Personen und dem Beziehungsgeflecht, in dem sie sich bewegen und – nicht selten – gefangen sind. Mein Bild von Cristina wird nicht schärfer, sondern im Gegenteil: Es wird immer unschärfer. Mit wem kann ich reden, damit ich ihr wieder näherkomme? In dieser Gegend kennt jeder jeden, heißt es doch immer, alle hängen irgendwie zusammen. Warum finde ich niemanden, der sie kennt?

Du wirst es nicht glauben, Cristina, aber ich bin sogar schon die Straße abgelaufen, in der du wohnst. Nur der Mann in der Suppenküche für Obdachlose hat gesagt, dass er Cristina Conte kennt, weil sie ihn unterstützt, meistens mit Geld, aber gelegentlich auch mit einem Topf Minestrone, die sie gekocht hat. Immer freundlich, so hat er sie beschrieben, immer aufgelegt zu einem kleinen Gespräch. Er hat meinen zweifelnden Blick gesehen und das bekräftigt. Ich habe ihm trotzdem ein Foto von ihr in meinem Handy gezeigt.

Ich habe es mal abends gemacht, in einer Pizzeria in Laveno, wo wir so viel gelacht haben, weil eine Touristenfamilie aus Schwaben viermal Pizza mit Pommes frites drauf bestellt hat – und dann noch eine Portion Pommes frites extra.

»Ja, ja«, hat der Mann in der Suppenküche gesagt und gelächelt. »Cristina Conte, das ist sie.«

Frau Conte, ich mache Sie jetzt darauf aufmerksam, dass alles, was Sie bei dieser Vernehmung sagen, gegen Sie verwendet werden kann: Seit wann kochen Sie Minestrone?

37

ICH WACHE AUF, WEIL JEMAND GESCHRIEN HAT, und ich weiß im selben Augenblick, dass ich das war. Mein Herz schlägt wie wild, es ist stockfinster und totenstill, aber mein eigener Schrei dröhnt mir noch in den Ohren. Ich sitze im Bett, hochgeschossen wie von der Tarantel gestochen. Mein T-Shirt ist schweißnass, auch mein Gesicht ist nass. Hab ich geweint?

Ich lasse mich ins Bett zurückfallen und warte, dass sich mein Herz beruhigt. Einen einzigen Fetzen des Traums habe ich noch zu fassen bekommen, wie den Hemdkragen einer über dem Abgrund hängenden Person. Eine Weile hofft man noch, dass man sie hochziehen kann, diese Person, in Sicherheit. Aber dann reißt der Stoff. Der Traum ist verschwunden, abgestürzt in Schluchten meines Hirns, die ich nicht erreichen kann. Der Fetzen ist ein einziges Wort. Nicht das dazugehörige Bild, sondern tatsächlich das Wort selbst, bestehend aus sechs Buchstaben: Mutter.

Habe ich von meiner Mutter geträumt? So fühlt es sich nicht an, in meiner Blutbahn, die noch ganz heiß ist. Von Laura Schwarzmann, die gesagt hat, Cristinas Mutter sei die Schlüsselfigur?

Ich bin jetzt hellwach und steige die Wendeltreppe ganz

nach oben in die Küche. Ich spritze mir an der Spüle kaltes Wasser ins Gesicht und setze mich mit einem Glas kalter Milch an den Küchentisch. Der leere Stuhl gegenüber lässt mich kurz an Samantha denken, wie sie dort gesessen und sich tapfer an der letzten Kaffeetasse festgehalten hat – bevor sie im Schneetreiben in den Leichenkeller der Gerichtsmedizin aufgebrochen ist, um einen Mann abzuholen, der Stormy genannt wurde und der in den letzten Monaten seines Lebens *ihr* Stormy war.

Wo mag sie jetzt gerade sein, diese Samantha? Ich sollte sie mal anrufen. Schon wegen der Frage, was wir mit Stormys grüner Gibson-Gitarre machen wollen.

Mutter.

»Wie von der Tarantel gestochen«, diese Formulierung verwendete nur meine Mutter.

In der Kiste mit den Sachen, die mir Leonardo zukommen ließ, befand sich auch die an mich adressierte Karte aus Laos: *Tutto bene*, uns geht's gut … Die Kiste ist immer noch hier in der Küche, verstaut im Besenschrank. Ihr Strohhut ist da auch drin. Ich stehe auf, hole ihn heraus und setze ihn auf.

So weit kann man also kommen im Leben. Dass man mitten in der Nacht mit dem Strohhut seiner Mutter auf dem Kopf, aber mutterseelenallein in einem uralten Turm sitzt und Milch trinkt. Mein Freund Ambrogio würde sagen: Was ist daran schlecht? Du hast deine Mutter geliebt, der Strohhut steht dir, und allein ist immer besser als mit irgendeiner Nervensäge. Ambrogio akzeptiert eigentlich keine Probleme, kein Leid. Jedenfalls solange es um andere geht. Wenn es ihn selbst betrifft, sieht die Sache etwas anders aus. Schon ein abgebrochener Fingernagel kann für tagelange Leidensmiene und entsprechenden Gesprächsstoff sorgen.

Als meine Eltern fast kein Geld mehr hatten, kamen sie trotzdem noch regelmäßig hier an den Lago. Ich habe immer vermutet, dass Leonardo sie umsonst im Haus »Lady Jane« wohnen ließ. Der treue Leonardo, der Idealist, der selber nicht viel hatte und immer sagte: Geld darf Träumen nicht im Wege stehen.

Ich war damals schon nicht mehr dabei, hatte ein eigenes Leben, war gerade Polizist geworden. Einmal rief mein Vater an und bat mich, sie doch dort zu besuchen, er würde gern etwas mit mir besprechen.

Ich war gerade in München mit Britta zusammengezogen und nahm sie mit in ein verlängertes Wochenende. Sie sagte, dass ich ihr ja dann meine Kindheit zeigen könne und dass sie sich darauf freue. Damals habe ich das noch geglaubt. Heute denke ich: Kindheit herzeigen ist eine rührende Sache, aber nur für den, der sie herzeigt. Schau mal, an diesen Zaun habe ich immer mein Fahrrad gekettet, schau mal, dort, wo jetzt der Neubau steht, wohnte damals meine Klavierlehrerin … Für den anderen ist das … na ja.

Es waren trotzdem schöne Tage.

Mein Vater wollte damals mit mir allein eine Bergtour unternehmen, und dabei eröffnete er mir, dass er sich Sorgen um meine Mutter machte. Ich dachte zuerst, dass es vielleicht wieder eine Geschichte mit einem anderen Mann gäbe, meine Mutter war ja dafür sehr, sagen wir: anfällig. Aber das Gegenteil war der Fall.

»Es ist hier für sie zu langweilig geworden«, sagte mein

Vater. »Weißt du, es ist nicht mehr so wie früher. Die Abende am Feuer, die jungen Leute, die spannenden Besucher, die dort hochkamen zu Leonardo ... die Tage am See ... die Partys ... die Leichtigkeit, das Flirten ... Das gibt es alles so nicht mehr.« Er blieb stehen und schaute mich an. An diesen Augenblick erinnere ich mich sehr gut. Sein Gesicht zeigte beinahe Verzweiflung. »Manche der Holzhäuser sind immer leer. Und wir Übrigen sind alle älter geworden, leider. Der Hunger nach dem Leben hat deutlich nachgelassen. Aber genau den braucht deine Mutter, das weißt du. Und zwar viel davon. So wie manche Menschen viel Magnesium brauchen, damit sie keine Muskelkrämpfe kriegen.«

Ich wusste nicht, was ich darauf sagen sollte.

»Ich mache mir Sorgen, dass sie depressiv wird«, fuhr er fort. »Oder abhaut. Oder irgendwas Dummes macht. Oder körperlich krank wird. Sie ist dabei, sich in sich selbst zu verkriechen.«

Wir gingen weiter. Ich hatte damals schon keine Ahnung, wo genau wir überhaupt herumwanderten, ich war ihm einfach nachgegangen. Heute habe ich erst recht keinen Schimmer mehr.

»Wir müssen etwas tun, Lukas.«

Das hat mein Vater jedenfalls am Ende dieser Wanderung gesagt, als wir auf einem Parkplatz hinter einer Kirche in den Wagen stiegen.

Und genau dieser Satz hat dazu geführt, dass ich den beiden den Thailand-Urlaub geschenkt habe. Und dann in der vom Tsunami verwüsteten Landschaft nach ihnen gesucht habe.

Ich nehme den Strohhut wieder ab und lasse ihn in der Umzugskiste im Besenschrank verschwinden.

Dann ziehe ich die Austrittstreppe von der Decke herunter und steige hinauf auf die Plattform des Turms. Ich ziehe die Schutzhülle vom Teleskop, schalte die Steuerung ein. Ein kleines Rotlicht sagt: Bin bereit.

Ich suche das Sternbild Herkules am Himmel und richte das Teleskop auf einen kleinen nebligen Fleck dort. Das ist der Kugelsternhaufen M13. Über 100 000 Sonnen haben sich dort zu einer Kugel formiert, warum, weiß niemand so genau. Im Okular des Teleskops verwandelt sich das Nebelfleckchen in ein phantastisches Spektakel. Hallo, alter Freund, sage ich laut.

Mit dem Bild von M13 vor Augen möchte ich einschlafen, als ich zurück ins Bett gehe. Stattdessen leuchtet in meinem Kopf plötzlich eine Frage auf: Die Wohnung, in der Cristina neben ihrem toten Bruder aufgewacht ist – wem gehört die eigentlich wirklich? Warum weiß ich das nicht?

38

WENN ICH VON LUINO NACH MACCAGNO ZURÜCK-fahre, schaue ich am Ortseingang immer nach rechts auf den kleinen Platz, an dem Biagio sein kleines Café hat. Ich schaue, ob ich Biagio sehe oder sonst jemanden, den ich kenne. Diesen Blick habe ich mir so angewöhnt, der gehört zu meinem Leben hier. Heute ist da tatsächlich jemand. Herbert sitzt an einem schattigen Tisch vor einem Getränk. Ich hoffe, es ist ein Tee. Ich stell den Wagen ab, schräg gegenüber, vor dem Friseurladen, dem *Salon Katia*, da muss ich auch bald wieder einen Termin machen.

»Hallo, Herbert.«

»Hallo, Lukas.« Ein Tee ist es jedenfalls nicht. Herbert sieht meinen kritischen Blick. »Biagio hat gesagt, das ist für meinen Magen besser als ein Tee.« Es ist ein Punt e Mes, irgendwas zwischen Aperitif, Magenbitter und Vermouth. Schmeckt jedenfalls ausgezeichnet, auch wenn man nix am Magen hat. Ich bestelle auch einen, nehme meinen mit Eis und Zitrone. Das Getränk kam übrigens auf ungewöhnliche Weise zu seinem Namen. Hat mir mein Weinhändler erzählt. Ein Gast kam in eine Bar und bat den Barkeeper, ihm einen individuellen Aperitif zu mixen. Der Gast arbeitete an der nahegelegenen Börse und war völlig vertieft in irgendwelche Transaktionen. Der Mann bekam sein Getränk, und irgendwann rief er laut und freudig in die Bar hinein: »Punt e Mes«, was in der Börsensprache bedeutet, dass eine Aktie um eineinhalb Prozent gestiegen ist. Der Punt e Mes ist also ein Siegerdrink.

Als ich den Anruf von Rechtsanwalt Dürrschmidt bekam, mit der Nachricht, dass Cristina mit dem Messer attackiert worden war, habe ich Herbert, der dabei war, ein bisschen von dem Fall erzählt. Ich habe ihm auch eine SMS geschickt, als ich wusste, dass Cristina überlebt hat.

»Gibt's was Neues in dem Fall?«, fragt er jetzt.

Nichts gegen diese Frage, aber sie überfordert mich gerade. Ich antworte mit einem ratlosen Blick.

»Was hältst du davon, wenn wir für einen Moment so tun, als wäre ich Frank Becker?«

Ich weiß sofort, was er meint. Frank Becker war auf verschiedene Weise ein genialer Polizist. Aber besonders gut war seine Technik, den Stand von Ermittlungen immer wieder auf den Punkt zu bringen: Wo stehen wir? Was gibt es noch zu tun?

»Okay«, sage ich, »mach mir den Becker.«

»Was ist der Hauptstrang der Geschichte?«, fragt Herbert.

Ich muss kurz lachen. Genau so hat es Becker immer formuliert: der Hauptstrang der Geschichte. Ich trinke einen Schluck und denke nach. Becker hat es gehasst, wenn man irgendwas plapperte. »Erst denken, dann Maul aufmachen«, hat er immer gesagt.

»Der Hauptstrang: Antonio Conte wird tot in einer fremden Wohnung gefunden. Er wurde erschossen. Neben ihm liegt seine Schwester Cristina, von Beruf Kriminalkommissarin. Sie wacht auf neben ihrem toten Bruder und kann sich an nichts erinnern.«

»Sagt sie«, sagt Herbert.

»Was?«

»Ich halte nur fest: Sie sagt, dass sie sich nicht erinnern kann.«

»Ja, stimmt. Also weiter im Hauptstrang: Die Schwester Cristina Conte wird kurze Zeit später verhaftet, weil ein anonymer Hinweis zu einem Schließfach im Luganer Bahnhof führt. Dadrin wurde der Mietvertrag für die Wohnung gefunden, in der Antonio Conte starb. Der Mietvertrag ist auf Cristina Conte ausgestellt. Dazu wurden in dem Schließfach verschiedene Pässe gefunden, alle ausgestellt auf Cristina Conte. Ziemlich plumpe Fälschungen. Cristina Conte sagt wieder, sie könne sich an nichts erinnern, nicht an den Mietvertrag und schon gar nicht an die falschen Pässe.« Ich überlege einen kurzen Augenblick, ob ich die Sache mit den 200 000 Euro und der Pistole in der Tüte in Cristinas Wohnung erzählen soll, verwerfe den Gedanken aber.

»Sie wurde verhaftet«, wiederholt Herbert. »Gibt es die Idee eines Motivs?«

»Soweit ich weiß: nein.«

»Gut, mach weiter mit dem Hauptstrang.«

»Die Geschwister haben eine hochproblematische Biographie. Von der Mutter alleingelassen, als sie ganz klein waren. Dann Heim, dann Pflegefamilie. Die Pflegefamilie könnte wichtig sein: Da gibt es einen Stiefbruder, der heißt Eduardo Naldini. Er ist ein paar Jahre älter als die beiden, und er kümmert sich, er wird so was wie der gute Geist für die zwei. Naldini ist heute eine Art Kirchenfürst, der aber auch therapeutische Kliniken betreibt und im Immobiliengeschäft tätig ist. Eine dubiose Figur. Cristina hatte ja eine Art Nervenzusammenbruch nach der Todesnacht und zog sich in Naldinis Kloster zurück, war dort bis zu ihrer Verhaftung.

Was noch wichtig ist: Die Geschwister haben sich immer gut verstanden, trotz ihrer völlig unterschiedlichen Lebenswege. Cristina wird Polizistin, Antonio nimmt die gegensätzliche Richtung. Schwieriger Junge, zeitweise auch kriminell, mit kürzeren Gefängnisaufenthalten, aber alles schon ein paar Jahre her.«

»Könnte seine kriminelle Vergangenheit mit seiner Ermordung zu tun haben?«, fragt Herbert.

»Möglich. Aber ich weiß nichts Konkretes dazu.«

»Noch was Wichtiges im Hauptstrang?«

»Ja, vielleicht. Antonio wollte herausfinden, wer seine Mutter wirklich war und was damals, vor vielen Jahren, als sie wegging, genau passiert ist. Damit hat er wenige Wochen vor seinem Tod angefangen. Bisher ist nicht bekannt, was er rausgefunden hat, zumindest mir nicht. Da könnte was schlummern.«

»Und, Lukas, gehört zum Hauptstrang nicht auch das Attentat auf Cristina?«

»Ich weiß es nicht. Eher nicht. Palermo sagt, die Täterin war eine Verrückte. Außerdem hat sie sich in der Nacht nach der Tat umgebracht.«

»Palermo?«, fragt Herbert.

»Das ist der ermittelnde Kommissar in Varese. Guter Typ, absoluter Profi. Kollege von Cristina.«

»Okay, machen wir weiter«, sagt Herbert. »Gibt es Nebenstränge?«

»Die Kommune im Wald. Da haben Leute mit teilweise etwas zwielichtigen Biographien verfallene Häuser mitten im Wald hergerichtet und leben jetzt dort. Echt abgeschieden, man kommt nur zu Fuß hin. Antonio Conte hat da zuletzt auch gelebt.«

»Was heißt ›zwielichtige Biographien‹?«

»Einer heißt Bruno Alberetti, eine bekannte Figur in Italien. Der war in den siebziger Jahren Terrorist, linksradikal. So was wie Christian Klar bei uns. Alberetti saß lange im Gefängnis. Heute handelt er mit Holz, Antonio hat zeitweise bei ihm gearbeitet. Die haben sich wohl gut verstanden. Ich habe mit Alberetti geredet und auch mit einer Frau, die da oben lebt, so was wie eine Freundin und Therapeutin von Antonio. Macht auf mich einen guten Eindruck. Also, ich glaube nicht, dass die was mit Antonios Tod zu tun haben. Bislang zumindest glaube ich das nicht. Palermo sieht das übrigens ähnlich, ich habe mit ihm über die Waldleute geredet.«

Herbert fasst zusammen: »Hauptfiguren sind Antonio und Cristina. Wer sind die wichtigsten Nebenfiguren?«

»Eduardo Naldini. Vielleicht ist er sogar eine Hauptfigur. Ich weiß es nicht.«

»Lukas, du weißt, was jetzt kommt. Frank Becker hat immer danach gefragt: Was sind die zentralen Orte der Geschichte? Diese Frage war oft der Bringer, du erinnerst dich.«

»Ich erinnere mich. Die zentralen Orte? Das Schließfach im Bahnhof. Vielleicht …«

»Becker hat das Wort ›vielleicht‹ gehasst«, sagt Herbert. Wir müssen lachen.

Ich bleibe beim Vielleicht: »Vielleicht die Wohnung, wo Antonio erschossen wurde. Ich frage Palermo, ob es über die Wohnung inzwischen irgendwelche Erkenntnisse gibt. Wem sie gehört hat. Und dann gibt es vielleicht noch diese Bar …«

»Welche Bar?«, fragt Herbert.

»Die Bar *Manhattan* in Luino. Ich hab dir das noch nicht erzählt. Cristina war da wohl in der Nacht kurz vor Antonios Tod. Mit irgendeinem Freund. Wie wichtig dieses Treffen war, kann ich nicht beurteilen, und Cristina kann ich nicht fragen.«

»Klingt schon wichtig«, sagt Herbert, »aber meinst du nicht, dass die italienischen Kollegen bereits gecheckt haben, was da los war in der Bar? Frag doch mal diesen Kommissar.«

»Kann ich machen, aber ich bin mir gar nicht sicher, ob er überhaupt von dem Abend weiß.«

»Wie bitte?«

»Das ist jetzt kompliziert, Herbert. In Kurzform: Ich habe Cristina in dem Kloster besucht. Wir hatten nur kurz Zeit und waren auch nicht wirklich allein. Sie hat mir eine kryptische Nachricht auf einen Zettel geschrieben. Da stand was von letzter Erinnerung, und dann: ›mit einem Freund in der Bar *Manhattan*‹. Und dann stand da noch: ›kein A‹.«

»Was bedeutet das?«

»Keine Ahnung«, sage ich.

»A wie Antonio?«, spekuliert Herbert.

Ich zucke die Achseln. »Ich trinke noch einen Punt e Mes, willst du noch einen Tee?«

»Ich trinke auch noch einen Punt e Mes. Ich bin kein Alkoholiker, nur magenkrank.«

Wir warten, bis die neuen Drinks kommen. Pause muss sein.

»So«, sagt Herbert irgendwann, »kommen wir zum Schluss unserer Becker-Tour. Was ist das Dringlichste, was jetzt zu tun ist?«

Eine Luftblase scheint sich wieder einmal meinem Hirn zu nähern. »Was meinst du?«, frage ich.

»Also, ich würde sagen: Es gibt in dem Fall echt viele Fragen, aber drei dringliche: Was hat Antonio über seine Mutter rausgefunden? Wem gehört diese Wohnung, in der Antonio gefunden wurde? Und: Wer ist dieser Eduardo Naldini wirklich?«

Ich weiß die Antwort, jetzt ist es mir klar. Ich muss kurz an Paul denken, wie merkwürdig er reagiert hat, als ich ihn fragte, ob er in der Recherche Naldini weitergekommen sei. Was sollte das: Er brauche noch Zeit? Kann doch eigentlich nicht so schwer sein. Ich sage: »Wer ist dieser Naldini? Das hat Priorität.«

Biagio setzt sich zu uns an den Tisch. »Stör ich?«, fragt er und will keine Antwort hören. Wir reden ein wenig, Smalltalk kann so was Angenehmes sein.

Irgendwann fahre ich Herbert zurück in sein Apartment in Colmegna.

»Herbert, kannst du die Recherche Naldini übernehmen?

Lara kann dir was von ihren Erfahrungen mit ihm erzählen. Sie hat auch bestimmt Tipps, mit wem du noch reden könntest. Du würdest mir einen Riesengefallen tun.«

Ich erwarte, dass Herbert jetzt so was sagt wie: Mensch, ich kann doch gar kein Italienisch.

Aber Herbert sagt: »Okay, übernehme ich gern.« Und er wirkt dabei so, als hätte es das Wort Krise in seinem Leben noch nie gegeben. »Wie viel Zeit habe ich?«

»Wie immer keine.«

»Ich melde mich, sobald ich was habe, spätestens in drei Tagen.«

39

DIE *MANHATTAN*-BAR LIEGT IN EINER SCHMALEN Gasse im alten Luino, die von der Hauptstraße am See im 90-Grad-Winkel abzweigt und den Berg hochführt. Gesperrt für Autos. In dieser Gasse ist alles schon immer genauso gewesen wie heute. In dem kleinen Ledergeschäft hat mir meine Mutter zum Geburtstag mal eine Lederjacke gekauft, die ich dann gleich abends zu einer Party am See angezogen habe, obwohl es viel zu heiß war. In dem Ristorante daneben stand schon damals ein Ragout aus Eselfleisch auf der Speisekarte und drunter die deutsche Übersetzung »Schmortesel«, die meinen Vater köstlich amüsierte. Weiter oben gibt es einen Laden, wo man Wasserhähne, Dichtungen, Gasleitungen und Toiletten-Siphons kaufen kann, *L'idraulico*. Und ganz oben, im Innenhof eines alten schönen Hauses, finde ich die *Manhattan*-Bar. Ob es sie zur Zeit meiner Eltern schon gab, weiß ich nicht. Im Sommer sitzt man garantiert nur in diesem Innenhof, auch jetzt sind schon vier Tische draußen aufgebaut. An einem davon sitzt ein italienisches Paar, beide um die sechzig, beide ziemlich missmutig, beide mit einem Glas Rotwein vor sich. Sie sehen so aus, als hätten sie die letzte Stunde kein einziges Wort gesprochen.

Ich will drinnen sitzen. Am 6. Dezember, das hab ich

nachgeschaut, war richtig schlechtes Wetter, Wind, Regen, sieben Grad. Cristina war an diesem Abend nicht draußen.

Kaum öffnet man ihre Tür, stellt auch die Bar *Manhattan* klar: Mich gibt es schon lange. Auf den dunklen Holztischen stehen Kerzen in Weinflaschen, die mit herunterfließendem Wachs überzogen sind. An den Wänden hängen Poster aus den siebziger Jahren. Die Ankündigung eines Konzerts der Band Golden Earring in Mailand zum Beispiel. Neben den Garderobenhaken gibt es Haken für Zeitungen, die in Holzbügel eingespannt sind. Der Bartresen ist gegenüber der Tür, rechts davon befindet sich eine kleine Bühne, ein mit altem Teppichboden bespanntes Holzpodest. An der Seite steht ein Klavier, an der Wand lehnen zwei eingeklappte Mikrophonständer. Aus den Lautsprechern, die über der Bar hängen, kommen die Songs einer alten Blues-Platte von Van Morrison. Ich bin ziemlich sicher: Hier waren meine Eltern auch schon. Möglicherweise hat ihnen sogar derselbe Mann, der heute Abend hinterm Tresen steht, die Drinks gemixt. Ein Bär von einem Mann, gewaltige Schultern und Oberarme, ein gewaltiger Kopf mit Löwenmähne und Vollbart, beide schneeweiß.

Die Überraschung in dieser Bar ist das Publikum. Die Tische sind voll mit jungen Leuten, zum Teil sehr jung, erst sechzehn oder siebzehn. Sie drängen sich auf den Bänken, stehen in der Mitte des Raumes herum, lachen, quatschen und rufen. Es ist kurz nach sieben Uhr abends. Später werde ich herausfinden, dass die *Manhattan*-Bar zwischen 17 und 19 Uhr der angesagte Treffpunkt der Jugend ist. Bevor man etwas anderes unternimmt.

Die Tische stehen in Nischen, die aus massivem dunklem Holz gebaut sind. Es gibt acht davon. An einem saß am Abend des 6. Dezember Cristina. »Mit einem Freund. Letzte Erinnerung: Weg zum Auto, kein A.« So hat sie es mir aufgeschrieben, als ich sie im Kloster besucht habe.

Ich gehe zum Tresen und kriege trotz der vielen Leute gleich Blickkontakt mit dem Bären. Ich bestelle ein Glas Weißwein. Die Bar leert sich dann schnell, um halb neun nehme ich Platz in einer der Nischen, der Bär bringt Oliven, Erdnüsse und eine kleine Karte. Ich bestelle gebackene Gnocchi mit Parmaschinken. Um zehn füllt sich die Bar wieder, jetzt mit Erwachsenen älteren Semesters. Ich sehe Männer mit längeren grauen Haaren, Stirn- und Lederarmbändern. In meiner Nische setzen sich drei Frauen zu mir, die mit allerlei Ketten behängt sind und Champagner bestellen. Eine von ihnen hatte heute Geburtstag.

Später begebe ich mich an den Tresen, lasse mir vom Barkeeper einen der alten Single Malts empfehlen, die hinter ihm im Regal stehen, und frage ihn, ob ich kurz mit ihm reden kann.

»Sì«, sagt er. *»Certo.«*

Ja, sicher, aber dann bedient er erst noch mehrere Tische, holt aus einem Lagerraum ein neues Fass Bier, wischt die Spüle ab. Es vergehen bestimmt zwanzig Minuten, ehe er mir schließlich unaufgefordert einen zweiten Whisky einschenkt und seine Unterarme auf den Tresen legt. »Um was geht's denn?«

Ich zeige ihm das Foto von Cristina in meinem Handy und sage: »Ich bin ein Freund dieser Frau.«

Er nickt: »Kommissarin Conte.«

»Sie kennen sie?«

Er verzieht die Mundwinkel zu einer vagen Geste. »Zeitung«, sagt er.

Der Mann dürfte fast siebzig Jahre alt sein, denke ich. Brille braucht er aber keine, oder er benutzt Haftschalen. Seine Augen liegen in tiefen Falten seines fleischigen Gesichts. Ich kann bei der matten Beleuchtung nicht sehen, ob sie freundlich sind oder nicht.

»Ich möchte meiner Freundin helfen und herausfinden, was genau an einem bestimmten Tag passiert ist«, sage ich. »Es geht um den 6. Dezember, das war ein Dienstag. Am Abend war sie hier in Ihrer Bar.«

Er sagt nichts. Mustert mich. Wartet.

»Haben Sie vielleicht eine Erinnerung an diesen Abend?«, frage ich.

»Sind Sie von der Polizei?«, fragt er.

»Nein.«

Wieder sagt er nichts. Rührt sich auch nicht. Ich verstehe nichts von Bären, habe noch nie einen getroffen. Es ist anscheinend nicht einfach, sich mit ihnen zu unterhalten.

»Sie waren wohl zu zweit an diesem Abend«, fahre ich fort. »Cristina und ein Freund.«

Er macht mit dem Kopf eine Bewegung, die hinter mich in den Raum deutet. »Sie saßen an dem Tisch in der Ecke links.«

Ich drehe mich um. Jetzt sitzt da niemand.

»Aber sie waren nicht zu zweit«, sagt er. »Sie waren zu dritt.«

»Zu dritt?«

Er mustert mich wieder. »Der Bruder und Bruno«, sagt er dann. Er registriert meine Überraschung.

»Bruno? Bruno Alberetti?«

Er nickt.

»Was ist denn da abgelaufen an dem Abend?«, frage ich. »Haben Sie davon etwas mitbekommen?«

»Was an Abenden so abläuft«, sagt er, und jetzt lächelt er ein bisschen. »Hendrix ist immer dabei.« Ich registriere: Aus den Boxen kommt der Anfang von *Hey Joe.* »Sie sehen ja, was läuft. Sie sind ja schon den ganzen Abend hier.«

»Machen Sie selber Musik?«

»Früher«, sagt er. »Bisschen Gitarre. Lange her.«

»Können Sie mir nicht etwas mehr erzählen? Was Sie damals für einen Eindruck hatten von diesem Tisch? Wie lange die da waren? Ob es vielleicht Streit gab? Solche Sachen? Ist mir schon klar, dass sie das alles damals bereits der Polizei erzählt haben ...«

Er schüttelt den Kopf. »Der Polizei? Nein, die Bullen waren nicht hier.« Er dreht sich um und macht ein paar Schritte zu einem kleinen Pult, wo das Telefon steht, dann kommt er mit einem Kalender zurück, legt ihn auf den Tresen, blättert darin zurück. »Bruno hat den Tisch reserviert. 20.30 Uhr. Das ist seine Zeit, sein Tisch. Oft kommt er ja nicht mehr.« Offenbar hat er sich jetzt entschlossen, das Gespräch mit mir hinter sich zu bringen. Zu jemandem, der von einem Tisch herüberwinkt, sagt er laut: *»Vengo.«* Komme gleich.

»Bruno war als Erster da. Wir haben noch ein bisschen gequatscht. Dann kamen die Contes. Bruno und der Conte-Bruder kannten sich ja, der arbeitete ja bei ihm. Aber die

Kommissarin und er sind sich da zum ersten Mal begegnet. So was sieht man, Begrüßung und so. Eine Stunde ungefähr haben sie sich unterhalten. Konzentriert und leise. Ich habe nicht mitbekommen, um was es dabei ging. Aber es war eine ernste Angelegenheit, das war klar. Bruno hat erstaunlich viel geredet, er hat denen irgendwas erzählt. Oder irgendwas erklärt.«

Der Bär klappt den Kalender zu.

»Mehr kann ich nicht dazu sagen. Nehmen Sie noch einen Whisky?«

»Danke, nein«, sage ich. »Ich muss noch fahren.«

»Verstehe«, erwidert er. Er tritt an die Kasse, lässt den Bon rausrattern und legt ihn mir auf den Tresen.

»Komm gut heim«, sagt er noch.

Ich laufe zum Auto und denke an diesen Alberetti. Wie er so dastand in seinem Wald, als ich das erste Mal oben war, wie er den Rotwein eingeschenkt hat. Über zwanzig Jahre Gefängnis hat der Typ im Kreuz und zersägt sie jetzt dort oben in kleine Stücke …

»Weg zum Auto, kein A.« Heißt das: »kein Alberetti«? Cristina hat auch geschrieben: »Abend mit einem Freund.« Hat sie das so formuliert, weil ihr Bruder mit ihm befreundet war? Cristina und Antonio, das war immer eins …?

Was mir auch durch den Kopf geht: Warum hat die Polizei den Bären nicht vernommen?

Während der Fahrt nach Hause rede ich laut mit Frank Becker.

»Also, Frank«, sage ich. »So viel steht fest: Einer der zentralen Orte dieser ganzen Geschichte ist die *Manhattan*-Bar.

Und ein Schlüsselmoment ist der Abend des 6. Dezember. Sagt mir mein großer Zeh.«

Das war auch so ein Satz von ihm. Er kam immer dann, wenn er sich einer Sache plötzlich sicher war: Sagt mir mein großer Zeh.

40

WENN MAN VON MEINEM TURM AUS NICHT NACH unten in den Ort geht, sondern nach oben, also weiter den steilen Berg hinauf, tiefer in den Wald hinein, dann kommt man nach zehn Minuten an der Ruine eines Hauses vorbei. Auf diesem Stück des alten Eselsweges müsste auch mein Suzuki aufgeben.

Man sieht die Ruine kaum, weil sie überwuchert ist von einer Kletterpflanze, die den ganzen Sommer weiß blüht: Jasmin. Vermutlich wurde sie dort irgendwann mal angepflanzt.

Das Haus hat längst kein Dach mehr und besteht nur noch aus drei Steinmauern und dem Steinboden. An der Stirnseite, die dem Tal zugewandt ist, existiert keine Mauer mehr. Ich habe diese Ruine mal bei einem Spaziergang mit Helen entdeckt, weil sie in dem Duft von Jasmin eine Rast machen wollte. Plötzlich standen wir in dieser Ruine, und Helen begann, laut zu singen. Wir waren beide begeistert, was für ein Klang sich in dieser U-Form der Mauern entwickelte, und lachten und sangen alte Beatles-Lieder. *Don't Let Me Down* war das Beste. Wir schrien es in den Wald und zum See hinunter. *Don't let me down! Don't let me dow-ow-ow-own!*

Ich wäre ein merkwürdiger Anblick, wenn mich jemand

sehen würde, wie ich mich gelegentlich über die steilen Felsstufen zu diesem Platz nach oben kämpfe – einen großen Gitarrenkoffer in der einen Hand und einen Klappstuhl von Ikea in der anderen. Aber ich bin dabei noch nie jemandem begegnet. Heute Abend begleitet mich die zwölfsaitige Gitarre. Ich benutze sie nur selten, und es gibt unter Musikern den Spott, dass Gitarristen mit einer Zwölfsaitigen die Hälfte ihrer Zeit damit zubringen, das Instrument zu stimmen – und die andere Hälfte damit, auf einem verstimmten Instrument zu spielen. Aber sie ist laut, ziemlich laut, und dort in der Ruine entwickelt sie eine regelrechte Magie. Einen Rucksack mit der großen Taschenlampe drin habe ich auch umgeschnallt, weil es bereits dämmert.

Das Gestrüpp vor der Ruine ist so dicht, dass man den See nicht mehr sehen kann, und mit den Mauern aus Jasminblättern um einen herum entsteht der Eindruck eines grünen Zimmers, in das noch letzte Strahlen der tiefstehenden Sonne fallen.

Heute kein Beatles-Song. Heute zum Warmwerden ein bisschen Eagles und Tom Petty. *Take it easy, man, and fly into the great wide open* ... Helen hätte die Augen verdreht.

Die Gitarre klingt phantastisch, sie durfte nie auf eine Aufnahme, aber jetzt spiele ich auch die Songs meiner Alben mit ihr. Sogar meine Stimme mag ich heute, ich höre ihr beim Singen zu, als käme sie direkt aus den grünen Mauern.

Ich wünschte, meine Gesangslehrerin Connie könnte mich hören. Kontakt zu seinen Gefühlen kriegen, singen heißt sich zeigen. Das sind ihre Botschaften. Nur wenn du dich zeigst, wirklich zeigst, nur dann wird dir jemand zuhören …

Ich bemerke den Fuchs nicht gleich, weiß nicht, wie lange er schon dort steht, habe weder gesehen, wie er gekommen ist, noch, woher er gekommen ist. So ist es oft mit Füchsen. Sie bewegen sich sehr unauffällig und vollkommen lautlos. Von Wildschweinen kann man das nicht behaupten.

Es ist ein Fuchs, den ich kenne. Ich habe ihn schon ein paarmal gesehen in diesem Frühjahr. Er ist noch jung, hat einen dünnen Körper und sehr neugierige Augen. Aber er ist groß, er wird mal ein gewaltiger Bursche. Sein Fell ist orange und weiß, sieht aus wie frisch shampooniert und gekämmt. Sein Schwanz ist dick und riesig und wirkt so, als gehörte er nicht zum Körper, wie angeklebt. Er steht, hat eine Pfote angehoben und den Kopf leicht schief gelegt. Er sieht mir direkt in die Augen.

Ich spiele gerade schon zum dritten Mal den Refrain des neuen Songs. »*Buona Notte, this is goodbye. Buona Notte, this is the end of the fight.*« Ich mache die Augen jetzt instinktiv zu beim Singen, um ihn nicht zu vertreiben, und nur ab und zu öffne ich sie einen kleinen Schlitz, um nachzusehen, ob er noch da ist.

Ich rechne jedes Mal damit, dass er verschwunden ist. Aber dann hat er sich plötzlich sogar hingelegt, wie ein Hund, keine fünf Meter von mir entfernt. Ich bleibe bei *Buona Notte*, variiere die Akkorde, die Melodieteile, probiere Strophen aus, aber ich höre nicht auf zu spielen.

Es ist schon dunkel, als ich dann sehe, dass er fort ist.

Till the next time we say goodbye. Ein ziemlich unbekanntes Lied von den Rolling Stones. Ich will es spielen, finde aber die Akkorde nicht auf die Schnelle. Tiere beobachten uns sehr genau, wenn wir in ihrem Revier sind, das habe ich mal gelesen. Ich frage mich, ob der Fuchs aus einem Versteck zusieht, wie ich meine Gitarre in den Koffer packe, den Stuhl zusammenklappe und die Taschenlampe einschalte.

41

ALS ICH NACH HAUSE KOMME, LIEGT AN DER EINgangstür meines Turms ein Kuvert, eingewickelt in eine italienische Fußballzeitung. Was drin ist, weiß ich. Herbert hat mich bei seinen Recherchen über Eduardo Naldini ein bisschen auf dem Laufenden gehalten, und ich hatte ihn gestern auf der Mailbox. Da kündigte er an, er sei jetzt fertig mit seinem Bericht und werde ihn mir morgen hochbringen. Und Herbert sagte noch: »Ein unglaublich widerlicher Typ, dieser Naldini. Ich fürchte, der ist die Hauptfigur von allem.« Mir bereitete diese Nachricht auf der Mailbox ein wenig Kummer, nicht so sehr wegen des Inhalts, das ahnte ich schon beinahe, sondern wegen der Art und Weise, wie Herbert das Wort »Hauptfigur« aussprach, da war zwischen »Haupt« und »Figur« eine Pause, und »Figur« ging unter in einem Nuscheln. Ich habe es mir zwei Mal angehört, klar war es schon beim ersten Mal: Herbert ist betrunken, und zwar ziemlich.

Mensch, Herbert. Du bist meine große Stütze. Und diese Stütze ist besoffen.

Ich setze mich an meinen Küchentisch und öffne das Kuvert. Ein paar Seiten, geschrieben auf einer alten Schreibmaschine. Von der hatte er mir erzählt, Lara hatte ihm die Schreibmaschine gegeben, er freute sich aufs Tippen. Herbert wollte unbedingt einen zusammenfassenden Bericht schreiben. Alte Schule. Auch das hatte uns Frank Becker eingebläut: Schreiben präzisiert das Denken. Würde Becker echt gefallen, wenn er uns zuschauen könnte. Wenn er sehen könnte, wie sehr er uns geprägt hat.

Ich fange an zu lesen:

Lieber Lukas,
ich stelle einige biographische Angaben vorweg und mache ein paar einschätzende Bemerkungen, danach folgen die vier einzelnen Punkte, die sich aus meinen Recherchen ergeben.

Also: Eduardo Naldini, geboren am 24. März 1968 in Bergamo. Er stammt aus einer sehr wohlhabenden Familie, der Vater Marco Naldini ist einer der mächtigsten Industriellen Italiens. Es gab immer wieder Berichte, dass die Grundlage seines Reichtums der Großvater geschaffen hat – durch die Enteignung jüdischer Unternehmer während der Faschismus-Jahre unter Mussolini. Er selbst hat das immer entschieden dementiert. Sicher ist aber jedenfalls auch, dass dieser Marco Naldini eine soziale Ader hat. Er spendet viel – und er hat ja auch Pflegekinder aufgenommen, wie wir wissen: Cristina und Antonio. So viel zum Vater. Der Sohn: brillanter Schüler, auch sehr guter Fußballspieler (vor einer Sportverletzung galt er als echte Jugendhoffnung). Mitten in seinem Wirtschaftsstudium, das er mit den besten Noten abschloss, entschied er sich für eine Kirchenlaufbahn und ging ins Kloster. Das kam

für viele überraschend, denn nach meinen Informationen fiel er bis dahin niemandem als besonders religiös oder kirchenaffin auf.
Grundsätzliche Einschätzung: Ich ahne jetzt zu wissen, was Naldini für ein gefährlicher und auch brutaler Mensch ist. Ich glaube, Naldini hat den Kirchenweg sehr bewusst für seine kriminellen Machenschaften gewählt. Das Leben hinter hohen Kirchenmauern war ideal für ihn. Denn er hat sich auf die Seelsorge spezialisiert, besonders von Leuten, die in Krisen geraten. Ich füge hinzu: besonders von reichen Leuten, die in Krisen geraten. Er hat ihnen die Beichte abgenommen, er hat sie auf die Couch gelegt. Der feinfühlige Naldini, der allen zuhört und jeden wie einen Freund berät. Was er in den Beichten und Therapien gehört hat – Geheimnisse, Geständnisse –, hat er ausgenützt für seine Geschäfte und Machenschaften. Naldini gehört ein kleines regionales Imperium aus Klöstern, Kliniken und verzweigten Firmensystemen. Es geht bei seinen Geschäften meistens um Immobilien und die Gesundheitsbranche.
Es gab immer wieder Verfahren gegen ihn, allein die Mailänder Staatsanwaltschaft hat vier Ermittlungsverfahren gegen ihn eingeleitet. Es kam nie zu einer Anklage. Naldini beschäftigt ein Heer von Anwälten. Dieser Peter Dürrschmidt ist wohl sein wichtigster Mann in dieser Anwaltsarmee. Dass Naldini Dürrschmidt zu Cristinas Anwalt gemacht hat, zeigt, wie wichtig diese Sache für ihn ist.

Nun zu den einzelnen Punkten.

1) Ich war bei Martin Strobl, der wohnt nicht weit weg von hier, in einem kleinen Dorf in der Nähe von Lugano. Ungefähr 70 Jahre alt, ich habe ihn in seiner kleinen Zweizimmerwohnung besucht. Er hat gleich am Anfang gesagt: Ich muss Ihnen was zeigen. Es war ein Fotoalbum, und er zeigte mir Bilder von Häusern, in denen er früher gelebt hat, lauter Prachtvillen mit Pool und riesiger Gartenanlage mit eigenen Gärtnern. Diese Kategorie. Und dann sagte er: So habe ich gelebt, bevor ich Herrn Naldini begegnet bin; und schauen Sie sich um, so lebe ich jetzt. Ich habe alles verloren.
Ich war sechs Stunden bei ihm. Ich versuche, es kurz zu machen. Martin Strobl war so Mitte fünfzig und hatte eine Lebenskrise. Er hatte eine Geliebte und eine Ehefrau, dazu gab es Kinder, und er wusste nicht, was er eigentlich wollte. Ich habe vergessen, wer ich war, hat der Strobl zu mir gesagt (Anmerkung: ausgerechnet zu mir!). Dazu kam eine schwierige Konstellation in seiner Baufirma, es gab ein Übernahmeangebot, und auch da wusste er nicht, wie er sich verhalten sollte. Und dann bekam er einen Tipp: Geh doch mal zu diesem Padre Naldini, der soll ein irrer Typ sein, lebenszugewandt, weise und auch noch äußerst kompetent in Wirtschaftsfragen. Sie trafen sich, mochten sich, er vertraute ihm sofort – und sie begannen eine Art Therapie. Der Strobl hat zu mir gesagt: Ich habe ihm alles erzählt, über meine Familie, meine Kinder, über meine Geliebte; und auch alles über die Firma; ich dachte, das muss ich so machen, er muss doch Bescheid wissen, der gute Padre, sonst kann er mir ja keine guten Ratschläge erteilen.

Strobl hat mir ausführlich erzählt, wie Naldini in diesen Beratungsstunden agiert hat. Das lasse ich jetzt mal weg. Kurzform, wie es weiterging: In seiner Firma kam es zu einer schlechten Nachricht nach der anderen, als würde mit unsichtbarer Hand ein Krieg gegen ihn geführt.
Viel zu spät hat Strobl erkannt, als er schon verkaufen musste, weil er kurz vor der Insolvenz stand, dass hinter allem Naldini steckte. Auch die Firma, die ihn am Ende aufkaufte, gehörte Naldini. Aber das Geschäftliche war es nicht allein. Naldini vernichtete ihn auch privat. Es kamen anonyme Briefe an seine Frau, an seine Geliebte, sogar an seine Kinder, mit intimsten Details, die alle nur einen Zweck hatten: die Zerstörung sämtlicher Beziehungen von Strobl. Diese Briefe wurden losgeschickt, kurz nachdem Strobl Naldini angekündigt hatte, er werde geschäftlich gegen ihn klagen, er lasse sich das nicht gefallen. Die Gerichtsverfahren stürzten Strobl endgültig in den finanziellen Ruin, rausgekommen ist dabei nie was.
Von einer gespenstischen Szene hat Strobl noch erzählt. Als alles für ihn schon verloren war, läutete es eines Abends an seiner Wohnungstür. Es war Naldini. Er stand einfach nur da und sagte: Ich wollte nur, dass Sie mein Gesicht nicht vergessen. Dann ging er wieder.
Lukas, der Naldini hat was Sadistisches. Dem geht es nicht nur ums Geld. Strobl nannte mir noch mehrere Namen von Leuten, denen es mit Naldini ähnlich ergangen sein soll. Es war nicht genügend Zeit, um das nachzuprüfen.

2) Jetzt kommt eine völlig irre Geschichte. Ich konnte nicht nachprüfen, ob da wirklich was dran ist. Ich fürchte aber, es ist was dran. Also, ich traf einen Mann, ich lasse die Namen jetzt mal weg, ich hab das alles vermerkt – dieser Mann erzählte die Geschichte seines Vaters. Und die geht so: reicher Mann, dann wird er schwer krank, irgendeine Immunkrankheit, er grübelt über sein Leben, zieht Bilanz und gerät in die Krise. Also, wie gehabt. Er wendet sich an Padre Naldini, und der kümmert sich, sitzt tagelang an seinem Krankenbett. Der Sohn sagt, am Ende habe der Vater viel Geld an die Kirche gespendet. Die Kinder wollten das verhindern, hatten aber keine Chance. Doch jetzt kommt es: Der alte, kranke Mann trug ausgeprägte Rachegefühle mit sich herum, vor allem gegen zwei Leute, eine Frau und einen Geschäftsmann. Ich erspar dir die Details, die haben mich Stunden gekostet. Nun erzählt der Sohn, dass Naldini zu dem Vater gesagt hat: Soll ich Ihr Arm dieser Rache werden? Ich kann das für Sie erledigen. Und natürlich fehlte der Bibelspruch »Auge um Auge, Zahn um Zahn« nicht. Woher der Sohn das wusste? Angeblich hat der Vater es ihm auf dem Sterbebett erzählt. Das Irre ist, erzählt der Sohn: Die beiden Racheopfer sind tot; die Frau starb bei einem Verkehrsunfall, der Geschäftsmann wurde während einer Schlägerei in einem Restaurant als völlig Unbeteiligter erstochen.

Wie gesagt, das ist die Geschichte des Sohnes. Überprüfen konnte ich sie nicht.

3) Naldini muss ein schrecklicher Chef sein. Es gibt zig Arbeitsgerichtsprozesse in seinen verschiedenen Firmen. Selber tritt er nie auf, in vielen Fällen weiß niemand, dass er der Chef oder Firmenbesitzer ist. Wäre ja auch nicht gut für seinen Ruf als edler Gottesmann. Mir hat das ein Betriebsrat erzählt, von einer Firma, die ebenfalls vernichtet wurde. Der hat mich noch auf eine andere Sache aufmerksam gemacht. Vor fünf Jahren gab es eine Serie von Selbstmorden in Naldinis Kloster. Medien berichteten darüber, und der Vatikan ließ die Sache untersuchen. Eduardo Naldini stellte sich an die Spitze der Untersuchung, präsentierte sich als Aufklärer. Du ahnst, was dabei rausgekommen ist? Nichts. Es gab einen Abschlussbericht, in dem stand: Es seien alles tragische Einzelschicksale von Menschen, die ihren Glauben an Gott verloren und sich der Finsternis überlassen hätten.

4) Ich war auch bei der Staatsanwältin in Mailand, die vor Jahren die vier Verfahren gegen Naldini eingeleitet hat, die zu nichts geführt haben. Die war sehr vorsichtig, sagte nicht viel. In ihren Verfahren ging es um Steuerhinterziehung, einmal auch um Untreue. Sie sei nach wie vor sicher, dass Naldini betrogen habe, auch persönlich. Aber ihre Chefs seien ihr nicht gefolgt. Ich fragte sie, ob sie ihn persönlich kenne. Einmal, sagte sie, habe er sie zum Essen in ein sehr feines Mailänder Restaurant eingeladen. Sie sei mitgegangen, weil sie sich erhofft hatte, etwas in der Sache zu erfahren, und sie habe natürlich darauf bestanden, ihre Rechnung selbst zu bezahlen. Sie sagte, Naldini sei außer-

ordentlich charmant und freundlich gewesen. In der Sache habe er gar nichts gesagt.

Lukas, ich habe auch versucht, etwas über die Beziehung zwischen Eduardo Naldini und den beiden Pflegekindern Cristina und Antonio herauszubekommen. Doch ich habe nichts gefunden, gar nichts. Es gibt noch eine alte Haushälterin, aber die wollte nicht mit mir sprechen.

Das war's. Wir sehen uns.

Herbert

PS: Dieser Punt e Mes ist ja echt der Hammer. Muss aufpassen, dass ich auf das Zeug nicht süchtig werde.

Ich stecke die Seiten wieder zurück in das Kuvert. Wow, Herbert. Gute Arbeit.

Ich stehe auf und gehe ans Fenster. Draußen der strahlend blaue See und drüber der strahlend blaue Himmel. So viele üble Informationen über Eduardo Naldini. Es ist kein gutes Gefühl, jetzt zu wissen, mit wem man es da zu tun hat. Und es wird nicht besser, wenn ich mich an den Dialog zwischen Cristina und mir im Gefängnis erinnere. Ich fragte sie, ob sie Naldini vertraue. Und sie antwortete: Hundertprozentig.

42

»WAS SOLL DAS HEISSEN, SIE WISSEN NICHT, WO Cristina ist und wie es ihr geht?«

»Das heißt, was ich sage: Ich weiß nicht, wo Cristina Conte ist und wie es ihr geht.«

»Aber Sie sind Ihr Anwalt!«

Den ganzen Tag habe ich schon versucht, Peter Dürrschmidt zu erreichen. Sein Rückruf erreicht mich spätabends im Auto. In der Leitung ist es jetzt still.

»Hallo?«, sage ich. »Sind Sie noch dran?«

»Ich muss Ihnen mitteilen, Herr Geier, dass ich das Mandat für Cristina Conte niedergelegt habe.«

Seine Stimme ist klar und deutlich, als säße er neben mir.

»Wie bitte?«, frage ich.

»Sie haben es schon richtig verstanden«, sagt Peter Dürrschmidt.

»Herr Dürrschmidt, Sie wissen, ich bin ein Freund von Cristina. Darf ich fragen, aus welchem Grund Sie das Mandat niedergelegt haben?«

»Sie dürfen fragen, Herr Geier«, antwortet er. »Aber ich kann Ihnen das nicht sagen. So leid es mir tut.«

»Hat es etwas mit Padre Naldini zu tun? Hat er Ihnen das aufgetragen?«

»In meiner Eigenschaft als Rechtsbeistand kann mir niemand etwas befehlen«, sagt er. »Ich bin nur dem Gesetz und meinem Gewissen verpflichtet. Ich habe meine Entscheidung heute auch Herrn Naldini mitgeteilt.«

»Herr Dürrschmidt...«

»Herr Geier.«

Es ist wieder still in der Leitung. Keinerlei Nebengeräusche. Ich fahre an Laras *Camin*-Hotel vorbei.

»Geben Sie mir wenigstens einen Hinweis«, sage ich. »Bitte.«

Ein paar Sekunden vergehen, dann sagt er: »Lassen Sie es mich so formulieren: Ich habe Erkenntnisse gewonnen, welche die Ausgangslage meines Mandats verändert haben.«

Und nach ein paar weiteren Sekunden sagt er: »Alles Gute, Herr Geier.«

Als ich nach Maccagno komme und wieder automatisch nach rechts Richtung Biagios Bar schaue, schiebt sich plötzlich ein anderes Bild in meine Wahrnehmung. Ich habe es vorhin im Vorbeifahren aufgenommen, aber jetzt ist es entwickelt: In der Einfahrt des *Camin*-Hotels standen ein großer Notarztwagen und dahinter ein Polizeiauto. Ich halte an, wähle Laras Nummer. Es läutet ins Leere. Ich drehe um.

Wenn es auf Mitternacht zugeht, wird die Beleuchtung des *Camin*-Hotels heruntergedimmt. Die größeren Laternen werden ausgeschaltet, auf dem Parkplatz und im Garten arbeiten nur noch schwache Strahler zur Orientierung, viele Hotelfenster sind schon schwarz. Als ich in die Einfahrt biege, wird gerade eine Bahre in den Notarztwagen verfrachtet. Eine Tür des Alfa Romeo der Polizei ist auch offen. Zwei

Carabinieri stehen daneben. Die Fahrzeuge haben Standlicht an. Lara ist nicht zu sehen. Ich fahre auf den Parkplatz. Eine Gruppe sicht- und hörbar angeheiterter Frauen kommt den Weg von der Bar herüber. Sie drehen kurz die Köpfe, als sie die Carabinieri bemerken, stöckeln dann aber weiter Richtung Straße. Ich bleibe im Auto sitzen und wähle noch mal Laras Nummer. Sie nimmt nicht ab. Ich steige aus, betrete das Hotel von hinten und will an der Rezeption nach Lara fragen.

Die Frau an der Rezeption hat rote Augen und bricht in Tränen aus, als sie mich sieht.

»Was ist passiert, um Gottes willen?«

»Wissen Sie es noch nicht?«, fragt die Frau.

»Nein!«

»Umberto ...« Sie schaut mich hilfesuchend an. »Umberto hat ... Umberto ...«

Sie stockt. Mensch, komm schon, raus damit. Der Gedanke schießt mir durch den Kopf, dass Umberto neulich abends nicht im Restaurant war.

»Umberto ist tot«, sagt sie schließlich. Die Schminke unter ihren Augen ist zerlaufen.

»Wo ist Lara?«, frage ich.

Sie zuckt nur die Achseln und schüttelt den Kopf. *»Non so.«* Sie weiß es nicht. Ich erspare ihr weitere Fragen.

Ich finde Lara im Garten. Sie sitzt auf derselben Bank, auf der sie mir beim letzten Mal die Naldini-Geschichte erzählt hat. Sie ist allein, schaut auf den See, hat sich in einen weiten dunklen Mantel verkrochen.

»Lukas.«

Mehr sagt sie erst mal nicht, als ich mich neben sie setze.

Dann, nach einer Weile, mit belegter Stimme: »Er hat sich erhängt. Wir haben ihn vor zwei Stunden im Geräteschuppen gefunden, wo wir jeden Abend die Auflagen der Liegen hinräumen.«

Ich will ihre Hand nehmen, aber sie ist im Mantel vergraben.

Lara schüttelt den Kopf. »Das stimmt nicht«, sagt sie.

»Was stimmt nicht?«, frage ich.

»Umberto nimmt sich nicht das Leben«, sagt sie.

Ich weiß, was ich dazu sagen kann, und ich werde es auch gleich sagen. So gut wir einen Menschen auch zu kennen glauben, was wirklich in ihm vorgeht, bleibt oft verborgen ... Sätze in diese Richtung. Ich werde das auch möglichst ruhig sagen. Doch der Schreck, dass Lara etwas passiert sein könnte, und die Erleichterung, dass es nicht so ist – das zirkuliert heftiger durch meinen Körper als der Schock über Umbertos Tod.

»Er ist zwei Tage nicht zur Arbeit erschienen, und wir haben ihn auch nirgends erreicht«, sagt sie. »Ich hätte da stutzig werden müssen. Umberto verschwindet nicht einfach.«

»Ein solcher Rückzug geht oft so einer Tat voraus«, sage ich.

»Umberto hat sich nicht das Leben genommen«, entgegnet sie. Dann dreht sie sich zu mir hin, sieht mich an und befördert aus den Tiefen des Mantels ein Kuvert hervor.

»Heute Morgen bin ich wie immer in mein Auto gestiegen«, sagt sie. »Der Mini, du weißt. Er steht abgeschlossen in unserer Garage. Und die ist auch abgeschlossen.« Pause. »Auf dem Fahrersitz lag das hier.«

Sie gibt mir das Kuvert. Ich hole mein Handy hervor, schalte die Taschenlampe ein.

»Für Lara« ist auf den Umschlag gedruckt. Er ist nicht zugeklebt, war auch nicht zugeklebt. Ich nehme eine weiße Karte heraus. Auch hier: keine Handschrift, sondern gedruckter Text, schwarze Schrift:

Im Andenken an einen geliebten Menschen:
Romae omnia venalia sunt.

»Das ist Latein«, sage ich.

»Ja«, sagt Lara, »das ist Latein. Es heißt: In Rom ist alles käuflich.«

Ich mache die Taschenlampe aus.

»Du denkst an Naldini«, sage ich.

»Ich denke an Naldini«, sagt sie. Es ist ein leichter Wind aufgekommen. Eine Haarsträhne weht in ihr Gesicht.

»Heute Morgen wusste ich nichts damit anzufangen«, sagt sie, »war nur schon alarmiert. Aber jetzt ist klar: Naldini.«

Wir schauen beide wieder aufs Wasser. Der Moment, in dem sie hier in dieses Wasser gesprungen ist, kommt mir gerade wie eine Sinnestäuschung vor. Eine Fata Morgana der Erinnerung.

»Hast du das Kuvert der Polizei gezeigt?«

»Den Carabinieri? Nein, das hat keinen Sinn«, antwortet Lara.

»Aber wir müssen damit zur Polizei«, sage ich. »Im Grunde sofort.«

»Ja«, sagt Lara, »das müssen wir.«

Ich wähle die Nummer von Kommissar Palermo. Nach ein paar Klingeltönen springt die Mailbox an. »Herr Kommissar, hier ist Lukas Geier, ich muss Sie sprechen. Es ist etwas passiert, was Sie dringend wissen müssen. Wenn ich nichts von Ihnen höre, komme ich morgen früh in Ihr Büro.«

Ich frage Lara, ob ich bis morgen früh bei ihr bleiben soll.

Sie lehnt ab. »Ich fahre nach Hause«, sagt sie. »Mir wird erst mal nichts passieren. Das ist eine Drohung, dass ich das Hotel doch besser verkaufen soll … eine Erinnerung an Machtverhältnisse.«

Ich begleite sie zu ihrem Wagen. Die Sanitäter und die Carabinieri sind weg. Sie nimmt das Kuvert wieder an sich und sagt: »Hol mich morgen zu Hause ab. Nicht zu früh, meine Familie braucht davon nichts zu wissen. Ich will sie nicht beunruhigen. Vorerst jedenfalls. Sagen wir: zehn Uhr.«

Als ich im Suzuki sitze, kündigt das Vibrieren meines Handys in der Hosentasche den Eingang einer Nachricht an. Es ist aber nicht Palermo. Es ist eine Mail von Rebecca Wintermantel. Ausgerechnet jetzt antwortet sie auf das Angebot.

Die Stimme von Umberto meldet sich in meinem Kopf. »*Buona sera*, Signor Geier. Wie geht es Ihnen? Und was macht die Musik?«

Ich öffne die Mail von Rebecca Wintermantel nicht.

43

DIE WUT IST ÜBER NACHT NICHT WENIGER GEWORden. Es war eine quälende Nacht, keine Ahnung, wann ich endlich eingeschlafen bin. Naldini, dieser widerliche Pfaffe. Lara glaubt, dass er Umberto umgebracht hat oder umbringen hat lassen. Und ich glaube es auch. Herbert hatte es in seinem Bericht geschrieben: Naldini hat was Sadistisches, er hat Freude an seinen Taten. Er signiert seine Grausamkeiten, nach alter Mafiatradition. Er züchtet so eine Aura des Schreckens. Ich spüre meine Wut bis in die Fingerspitzen. Ich denke: Jetzt reicht es, Padre Naldini, wir legen dir das Handwerk. So viel Polizist ist aber schon noch in mir, dass ich einen störenden Gedanken nicht ganz vertreiben kann: Was können wir ihm eigentlich konkret beweisen? Der arme Umberto, der tot von der Decke hängt, die lateinischen Zeilen in Laras Mini Cooper. In einem fernen Winkel meines Polizeihirns höre ich Naldini sagen: *Traurig, traurig, aber was hat das mit mir zu tun?*

Ich bin gespannt, was Kommissar Palermo sagen wird, vor allem nachdem Lara ihm von all dem berichtet hat, was passiert ist. Palermo muss jedenfalls davon erfahren.

Gerade als ich in meinen Suzuki steige, läutet das Handy. Paul ist dran: »Lukas, wir müssen uns sehen. Ich muss dir von meinen Recherchen berichten.« Ich denke: Aaah, der Herr ist auch schon fertig damit. Ich sage: »Gut, Paul, aber in Sachen Naldini habe ich jetzt selber schon einige Dinge zusammengetragen.«

Paul sagt: »Es geht nicht um Naldini.«

»Um was geht es denn dann?«, frage ich.

»Geht nicht am Handy. Komm vorbei, ich zeige es dir.«

»Gut«, sage ich und erkläre, dass ich ein bisschen später vorbeikomme, weil ich jetzt Lara abhole und wir zusammen einen Termin mit Kommissar Palermo in Varese haben.

»Nein«, sagt Paul, und er klingt sehr entschieden, »du musst vorher zu mir kommen. Unbedingt. Es ist wirklich wichtig.«

Ich rufe bei Lara an und schwindle: »Lara, es wird ein bisschen später. Kommissar Palermo hat den Termin verschoben, er gibt gleich Bescheid, wann wir kommen können.« Ich fahre nach Luino, Paul wohnt in einer kleinen Wohnung in einer Straße, die zum Bahnhof führt. Vierter Stock ohne Aufzug. Anstrengend, eigentlich, aber nicht für jemanden, der den Weg zum Turm gewohnt ist. Wehe, Paul, du kommst mir jetzt mit irgendeinem langweiligen Quark.

»Komm rein«, sagt Paul, »schön, dass du so schnell gekommen bist.«

Es ist wirklich eine kleine Wohnung, wenn ich richtig sehe, ist es nur ein großes Zimmer, inklusive winziger Küche.

»Ich habe schon alles vorbereitet.« Auf dem Tisch steht ein aufgeklappter Laptop. »Lass mich noch eins sagen, Lukas, ich hab deine Ungeduld schon bemerkt bei der letzten Probe. Tut mir auch leid, dass es etwas gedauert hat. Aber kennst du den

Unterschied zwischen konditionierter Recherche und freier Recherche?«

»Konditionierte Recherche? Nee.«

»Konditionierte Recherche bedeutet das Abarbeiten von Aufträgen. Wer war Mister X? Was hat Herr Naldini am 22. September in Varese getan? Und was tut er sonst so? Der Vorteil dieser Art von Recherche ist: Es ist effektiv, man kommt zu schnellen Ergebnissen. Nachteil: Du bleibst immer in dem gleichen Gedankenkorsett, du stößt nur selten auf wirklich neue Gedanken und neue Ereignisse. Du weißt, ich komm aus der Hackerwelt. Da liebt man die freie Recherche. Man guckt auf Dinge, auf die sonst erst mal keiner guckt.«

»Okay, ich verstehe. Das ist sicher auch hochinteressant, Paul, aber ich bin wirklich etwas in Eile ...«

»Sorry, aber diese Vorrede musste sein.«

Er schaltet den Laptop ein, ich sehe die grünlichen Umrisse eines Videos, das darauf wartet, gestartet zu werden.

»Ich habe mir mal diese Schließfachanlage im Bahnhof von Lugano angesehen. Im Schließfach 346 sind doch der Mietvertrag und die Pässe gefunden worden. Ich habe mir die Aufnahmen der Überwachungskameras besorgt, es geht um die Tage Anfang Dezember, also bevor diese Papiere gefunden wurden. War nicht wirklich ein Krimi, das alles anzuschauen, aber eine Sache war interessant. In der Nacht vom 5. auf den 6. Dezember, 23.54 Uhr, kurz vor Mitternacht. Du erinnerst dich, es war die Nacht, bevor Antonio Conte erschossen wurde. Schau mal genau hin. Es dauert nur knapp zwei Minuten.«

Paul startet das Video. Man sieht eine Frau, die auf ein Schließfach zugeht, sie zieht einen Schlüssel aus der Tasche und öffnet das Schließfach. Paul stoppt die Aufnahme und zoomt das Gesicht der Frau heran. Es gibt keinen Zweifel: Es ist Cristina. Cristina Conte. Paul lässt die Aufnahme weiterlaufen. Cristina holt eine Tüte aus dem Schließfach. »Kannst du die Tüte mal größer machen?«, frage ich. Paul macht es. Ich erkenne die Tüte. Es ist die Tüte, die ich in Cristinas Wohnung gefunden und mitgenommen habe, mit dem Geld und der Pistole drin. Paul lässt das Video weiterlaufen. Man sieht, wie Cristina den Inhalt der Tüte kontrolliert, dabei schaut sie immer wieder, dass niemand sie beobachtet. Man sieht auch, dass Cristina Latexhandschuhe trägt. Sie zählt rasch das Geld, nimmt kurz die Waffe in die Hand. Dann schließt sie das Schließfach wieder und wirft ein paar Geldmünzen ein. Danach läuft sie aus dem Bild.

»Ich habe mir das Geld vorhin rangezoomt«, sagt Paul, »alles große Scheine, 100 Euro, 200 Euro. Das sind locker 100 000 Euro, wahrscheinlich mehr. Eine ganze Menge Kohle.«

Cristina hat zu mir gesagt, sie habe keine Ahnung von dem Geld, keine Ahnung von der Tüte, keine Ahnung von der Waffe. Blind, wie ich bin, habe ich ihr das geglaubt. Oder kann das immer noch stimmen, da vergisst jemand in einem Schock einfach alles? Irgendwie habe ich gedacht – oder besser: gefühlt –, die Tüte habe ihr jemand in die Wohnung gebracht, um sie zu belasten. Diese Theorie kann ich jedenfalls schon mal vergessen. Was ist mit dir los, Cristina? Mir wird kalt. »Danke, Paul«, sage ich, »das ist wirklich sehr interessant. Gute Arbeit.« Ich klopfe ihm auf die Schulter. »Tschüs, ich muss wirklich los.«

»Nein, Lukas, wir sind noch nicht fertig. Wir müssen eine kleine Spritztour mit dem Auto machen. Dauert nicht lange. Ich muss dir dringend jemanden vorstellen.«

»Paul…«

»Lukas, keine Widerrede. Es ist wirklich wichtig.«

44

DIE VILLA LIEGT ETWAS IM HINTERGRUND, MAN durchquert erst einen parkähnlichen Garten bis zur hohen weißen Eingangstür. Wir sind nach Laveno gefahren, das ist der nächste größere Ort nach Luino. Laveno liegt ebenfalls direkt am See, hier ist alles ein bisschen schicker als in Luino, die Häuser sind imposanter, die Hotels eleganter. Ich habe Paul auf der Fahrt gefragt, ob es ein Geheimnis bleibt oder ob er erzählen kann, wen wir nun besuchen. »Die Frau heißt Silvia Morante, vielleicht kennst du ihren Namen.« Ich verneinte. »Sie ist Journalistin und Verlegerin, eine bekannte Frau in Italien, sie hatte wohl lange auch eine eigene Fernsehsendung.« Meine Frage, warum wir sie eigentlich aufsuchen, beantwortete Paul mit Schweigen.

Am Eingang steht eine Frau mit weißem Schürzchen. »Frau Morante erwartet Sie schon. Kommen Sie bitte mit. Frau Morante lässt im Wintergarten servieren.« Wir gehen auf Marmorboden, vorbei an Kronleuchtern und Bildern an den Wänden, die wertvoll aussehen. Wir gehen durch zwei beeindruckende Räume und stehen schließlich vor einem weiß gedeckten Tisch. Kuchen ist da, auch eine Kanne mit Tee. »Nehmen Sie bitte Platz, Frau Morante kommt gleich.« Ich muss kurz an die Journalisten denken, die mir in meiner

Münchner Zeit begegnet sind. Eher unangenehme Typen waren das, sie taten immer so kumpelig, um so ihre Gier nach einer guten Geschichte, welcher auch immer, nicht gar so aufdringlich erscheinen zu lassen. Schwer vorstellbar, dass jemals einer von denen auch nur in die Nähe eines solchen Wohnsitzes kommen könnte.

»Bleiben Sie sitzen, meine Herren.« Silvia Morante ist klein, dünn, fast zart. Sie trägt Jeans, eine weiße Bluse. »Ich hoffe«, sagt sie, »es ist für Sie in Ordnung, wenn Sie mit mir Tee trinken müssen. Wo doch in Italien niemand Tee trinkt.« Wir nicken, natürlich, vielleicht ein wenig zu beflissen. Sie lacht. »Oh, zwei ganz Brave. Vielleicht stimmt es ja doch, dass sich die Männer allmählich ändern.«

Sie hat eine schmale Ledermappe dabei, die sie vor sich neben den Teller legt.

»Wissen Sie, warum ich Tee trinke? Ich hatte lange Jahre einen älteren Herrn als Ratgeber, der mir sehr wertvoll war. Er meinte, ich solle möglichst oft in meinem Leben Dinge tun, die andere nicht tun. Und ich kann Ihnen sagen, ich fahre damit ziemlich gut.«

Sie schenkt uns Tee ein. Und dann ergreift Paul das Wort. »Silvia, vielen Dank für deine Zeit und den freundlichen Empfang. Wir wollen dich aber auch nicht zu lange aufhalten. Wärst du so nett und würdest Lukas Geier erzählen, was du mir erzählt hast?«

»Gerne«, sagt sie. Sie öffnet ihre Mappe, in der ein paar Zeitungsausschnitte liegen. Eine Schlagzeile kann ich lesen: *Mordfall Conte: Kommissarin verhaftet!* Silvia Morante breitet die Ausschnitte vor sich aus. »Ich habe alles über den

Fall gelesen. Und ich musste immer wieder schmunzeln, ich kann das nicht anders sagen. Die schöne Cristina. Und dann dieser Kommissar.« Sie schüttelt ganz leicht den Kopf und lächelt.

»Wie meinen Sie das?«, frage ich.

»Der Reihe nach, am besten erzähle ich es der Reihe nach.« Silvia Morante erzählt, dass sie lange Jahre Polizeireporterin war, bevor ihre Karriere fortschritt. »Ich war gerne Polizeireporterin, und ich setzte einen besonderen Schwerpunkt auf Jugendkriminalität. Mich hat immer interessiert, warum manche kriminell werden und manche nicht, warum manche Straftäter ins Leben zurückfinden und manche nicht. Ich komme selbst aus sehr schwierigen Verhältnissen und interessiere mich auch deshalb dafür. Aber mein Leben ist jetzt nicht das Thema.«

»Davon musst du unbedingt ein anderes Mal erzählen«, sagt Paul.

»Mal sehen«, erwidert sie und lächelt erneut. »Nähern wir uns der Geschichte an, wegen der Sie hier sind. Ich habe viele Reportagen über Jugendbanden geschrieben. Da waren Banden dabei, die waren eher harmlos, aber es gab auch gefährliche, und eine davon war besonders gefährlich. Diese Bande nannte sich Die Roten Wölfe ...«

Ich spüre etwas wie einen leichten elektrischen Schlag. Cristina hatte mir im Gefängnis gesagt, ich solle Kommissar Palermo mitteilen, ich würde auch zu den Roten Wölfen gehören – und dieser Satz sollte mir bei ihm die Tür öffnen. War ja dann auch so.

»Die Roten Wölfe«, sagt Frau Morante, »waren was Besonderes, das wollten sie auch unbedingt sein. Da gehörten etwa ein Dutzend Jugendliche dazu, und es waren viele Mädchen dabei, das war ungewöhnlich. Und eine von ihnen war Cristina Conte. Die spätere Kommissarin.«

Sie zeigt auf die Zeitungsberichte.

»War sie so was wie eine Anführerin?«, frage ich.

»Die hatten keine Anführer, die waren eine verschworene Gemeinschaft, alle irgendwie gleichberechtigt. Da gab es ein besonderes Aufnahmeritual, nur wer das durchlaufen hatte, durfte sich Roter Wolf nennen. Was das war, daraus haben sie ein großes Geheimnis gemacht. Sie haben es auch mir nie erzählt, obwohl ich damals wirklich nah dran war an der Gruppe. Cristina war sechzehn, siebzehn Jahre alt und bildhübsch, auf eine herbe Art. Das war so ein Kontrast, die hübsche Cristina, und auf der anderen Seite war sie sicher die Brutalste von allen.«

»Die Brutalste?«

»Ja. Ich erinnere mich an einen Vorfall, da wurde sie von einem älteren Jugendlichen aus einer anderen Gang angemacht. Sie wehrte sich nicht nur, sie ging auf diesen Typen los. Und am Ende drückte sie ihm eine Glasscherbe ins Auge. Das war eine Riesensache damals. Sie kam ein paar Tage in einen Jugendknast, aber ihre Anwälte haben sie rausgehauen. Sie plädierten auf Notwehr, und das stimmte ja auch irgendwie.«

»Ihre Anwälte?«, fragt Paul.

»Das hat Cristina immer begleitet. Sie war ja ein Pflegekind und kam aus dieser noblen Familie. Und man kann nicht sagen, dass die sich nicht für sie eingesetzt haben, im Gegenteil. Der Familienvater war ein mächtiger Mann, und dessen Anwälte haben Cristina ein paar Mal rausgehauen. Besonders dann auch bei dieser letzten Sache, als es um den Mord ging.«

Wie bitte? Ich fühl mich nicht gerade als der Schlauste auf Gottes Erden, als ich einfach nur frage: »Mord?«

»Der Fall blieb bis zuletzt undurchsichtig. Es war eine Party in Mailand. Alle waren besoffen und zugedröhnt, Unmengen Alkohol, aber auch anderes Zeug. Alle haben nachher ausgesagt, sie könnten sich an nichts mehr erinnern. Da gab es einen Jungen, der war leicht behindert, an dem Abend war er auch dabei. Am Ende war er tot, er wurde in der Badewanne ertränkt. So viel stand fest. Es wurden mehrere verdächtigt, auch Cristina. Verurteilt wurde am Ende ein anderes Mädchen. Es war ein äußerst dubioses Urteil. Es hieß, sie habe den Jungen im Drogenrausch erstickt. Das Mädchen hieß Carlotta.«

Frau Morante schaut uns beide an. »Na, meine Herren, klingelt beim Namen Carlotta etwas?«

Nee, bei mir klingelt nix. Bei Paul auch nicht.

»Carlotta bekam damals nicht viel, drei Jahre Haft oder so. Aber sie hat sich nie wieder davon erholt. Es folgte eine Verurteilung nach der anderen. Das komplette Gegenteil von Cristina: Sie wurde Polizistin, wurde vernünftig. Die eine nimmt diesen Weg, die andere den anderen. Aber das Verrückte ist, jetzt sind sie sich wieder begegnet, im Gefängnis. Meine Herren, Carlotta ist die Attentäterin! Sie hat Cristina mit dem Messer verletzt.«

»Was?«, rufe ich. »Offiziell heißt es doch, die Täterin war wahnsinnig!«

»Das kann ja trotzdem stimmen. Carlotta war ganz sicher an der Grenze zum Wahnsinn. Carlotta und Cristina haben sich gehasst, immer schon. Carlotta gehörte nicht zu den Roten Wölfen. Die waren beide mal in denselben Typen verliebt, um solche Sachen ging es. Keine Ahnung, warum sie nach all den Jahren auf Cristina losgegangen ist. Wäre eine interessante Recherche.«

»Musst du da nicht drüber schreiben?«, fragt Paul. »Die Verbindung zwischen Cristina und Carlotta ist doch völlig unbekannt. Die Geschichte ist ein Scoop.«

»Ich habe darüber nachgedacht«, sagt Silvia Morante, »aber ich bin draußen. Ich bin Verlegerin, ich mache Geschäfte, bin raus aus dem Journalismus. Und gut wird diese Geschichte nur, wenn man ganz nah rangeht. Das will ich nicht mehr.«

»Wie gut kennen Sie Cristina?«, frage ich.

»Ich habe einmal ein langes Interview mit ihr geführt, das war im Zusammenhang mit dem Tod dieses Jungen. Ich mochte sie. Ich hatte auch den Eindruck, dass sie kapiert hat, in welches Elend die Gewalt führt. Ich wollte zehn Jahre später noch einmal eine Geschichte über die Roten Wölfe machen, wollte nachsehen, was aus den Leuten geworden ist. Einige waren tatsächlich tot, andere im Knast. Cristina hat mir abgesagt, mit den Worten, es sei nicht mehr ihr Leben, sie habe nichts mehr dazu zu sagen. Da war sie schon längst bei der Polizei. So ganz frei war sie auch nicht in dieser Entscheidung. Die Anwälte der Familie haben die kriminelle Vergangenheit von Cristina Conte gelöscht – da war nichts mehr zu finden. Also konnte sie auch nicht darüber reden.

Ich habe das akzeptiert. Und am Ende habe ich die ganze Story nicht geschrieben.«

»Was spielte damals ihr Bruder Antonio für eine Rolle?«, frage ich.

»Ich kenne ihn nicht. Bei den Roten Wölfen war er jedenfalls nicht. Damals war er deutlich friedlicher als seine Schwester. Seine kriminelle Laufbahn kam erst später.« Kurze Pause, dann sagt sie: »Meine Herren, Sie haben noch gar keinen Kuchen gegessen.«

»Frau Morante«, sage ich, »was für eine Geschichte. Ich bin völlig platt.«

»Das ist noch nicht alles«, sagt Paul. »Silvia, du musst ihm noch was erzählen. Das Wichtigste.«

»Stimmt«, sagt sie, »das Wichtigste. Deshalb rede ich vor allem hier mit Ihnen.« Sie nimmt einen der Zeitungsartikel, in dem sie eine Stelle markiert hat, und liest vor: »Nach Aussage des ermittelnden Kommissars Giovanni Palermo gehe man bei dem Tod von Antonio Conte bislang von einem Gewaltdelikt aus.« Silvia Morante atmet tief durch. »Als ich das gelesen habe, habe ich gedacht, ich drehe durch.«

»Warum?«, frage ich.

»Giovanni Palermo war Mitglied der Roten Wölfe. Es war der Übelste von allen, der Verschlagenste. Vor ihm hatten alle Angst. Mir war entgangen, dass der auch zur Polizei gegangen war. Ausgerechnet er. Ausgerechnet er soll auch geläutert sein? Cristina und er kommen aus demselben fürchterlichen Stall. Und jetzt soll Palermo den Mordfall Conte aufklären. Was das alles bedeutet, weiß ich nicht. Ich weiß nur, dass es stinkt, und zwar gewaltig.«

Wir essen noch brav den Kuchen auf und verabschieden uns irgendwann. Palermo, denke ich, nee, dir erzähle ich jetzt jedenfalls gar nichts mehr. Ich sage zu Paul: »Woher um Himmels willen kennst du diese tolle Frau? Und wieso bist du mit der per Du?«

»Ich gebe ihrer Tochter Gitarrenunterricht, schon seit Jahren. Es war reiner Zufall. Gestern, beim Mittagessen, sah ich die Zeitungsausschnitte und sprach sie darauf an.«

Eigentlich möchte ich sagen: Ein Bassist gibt Gitarrenunterricht, soll das ein Witz sein? Aber dann lasse ich es.

45

ICH HABE EIN BISSCHEN AHNUNG VON RELATIVITätstheorie, Paralleluniversen und Wurmlöchern. Das liegt am Sterneschauen. Eben hatte ich gerade kurz den Eindruck, ich bin durch ein Wurmloch gefallen. Und in der Vergangenheit gelandet.

Als ich hochkam zum Turm, stand Ambrogio vorm Studio und rauchte eine Zigarette, zottelig wie damals und in demselben grünen Pullover wie damals. Ist eine ganze Weile her, da konnte ich diesen Anblick jeden Tag genießen.

Damals war es ein Notfall, seine Frau hatte ihn angeblich zu Hause rausgeschmissen. Er brauchte eine Bleibe, nur für paar Tage ... Wurden dann paar Monate draus.

Und heute? Wieder ein Notfall? Wenn Ambrogio hier hochstapft, muss es schon wichtig sein.

»Ciao, Lukas«, sagt er, während ich aus dem Suzuki steige. »Hast du einen Kaffee für mich? Ich muss dir etwas erzählen und soll dir etwas geben.«

»Klar«, sage ich, in Gedanken noch ganz bei den neuen Tatsachen, die ich heute erfahren habe. Ich fürchte, ich kann mich gar nicht darauf konzentrieren, was Ambrogio mir erzählen will. Ich muss dringend Lara anrufen, dass wir nicht zur Polizei können, jedenfalls nicht zu Palermo.

Über dem See brauen sich gerade mehrere Gewitter zusammen. Man kann dabei zusehen. Eines über Luino, eines auf der anderen Seite über Cannobio und das dritte direkt über uns. Meine Wetter-App hat das heute Morgen schon angezeigt: Unwetterwarnung. Wir gehen in den Turm, nach oben in die Küche. Ambrogio steht am Fenster und beobachtet die Szenerie, während ich den Kaffee mache. Ich weiß noch genau, wie er ihn mag. Habe ihm ja unzählige gemacht. Vormittags: Cappuccino. Jetzt, am Nachmittag: Americano, also Espresso mit heißem Wasser.

»Molto impressionante«, sagt er. Sehr beeindruckend. Und als es über Cannobio zum ersten Mal blitzt: *»Inquietante!«* Unheimlich.

»Was gibt es, Ambrogio?«, frage ich.

Er setzt sich zu mir an den Tisch.

»Ich habe gestern eine sehr gute Flasche Rotwein gekauft«, sagt er. »Chianti Riserva. Und ich bin damit zu Bruno Alberetti hoch in die Waldkommune. Du weißt, wie krank er ist?«

Ambrogio schaut mich aus seinen dunklen, schönen Augen an. Ich brauche eine Weile, bis der Name Alberetti und das Wort »krank« meine innere Panzerung durchschlagen.

»Krank? Was hat er?«

»Er wird sterben«, sagt Ambrogio. »Bald.« Und nach einer kurzen Pause sagt er: »Bauchspeicheldrüsenkrebs. Er ist heute Morgen ins Krankenhaus, weil er die Schmerzen nicht mehr aushält. Sie wollen vielleicht noch etwas operieren, sagt er, aber er sagt auch, dass er nicht wiederkommen wird.«

Ich denke daran, dass ich Alberetti noch einiges fragen

wollte. Draußen blitzt und kracht es jetzt ganz nah. Platzregen setzt ein.

»Und du hast ihn besucht, um mit ihm darüber zu reden?«, frage ich Ambrogio.

»Reden? Mit Bruno?« Er schüttelt den Kopf. »Das ist nicht seine Sache. Und so war es nie zwischen uns. Ich wollte mit ihm Rotwein trinken und ihn fragen, ob es Arbeiten gibt, die ich für ihn erledigen kann. Ich bin Bruno sehr dankbar, für vieles.«

»Und warum bist du jetzt hier bei mir?«

»Du kennst ja Brunos Geschichte. Die Vergangenheit und die Jahre im Gefängnis. Bruno ist ein sehr misstrauischer Mann. Ich war deshalb nicht überrascht, dass er sich bei mir als Erstes über dich erkundigt hat.« Ambrogio lächelt. »Aber er hat dann gar nicht mehr aufgehört zu fragen. Ich weiß ja nicht alles über dich, aber viel. Alles wollte er wissen, genau, bis ins Detail. Was du in München gemacht hast, bei der Kripo, wie du in diese Gegend gekommen bist, wer hier noch alles zu deinen Freunden zählt. Deine Musik ... Wir haben fast den ganzen Besuch nur über dich geredet. Und ein bisschen Wein getrunken, aber nicht viel. Er sieht ganz plötzlich auch sehr krank aus.«

»Willst du etwas essen?«, frage ich.

»Nein.« Ambrogio wehrt ab. »Meine Frau macht heute Abend Saltimbocca. Ich muss bald los, noch was dafür besorgen.«

Er holt aus der Tasche seiner weiten Hose ein kleines rechteckiges Paket heraus. Es ist in Packpapier eingewickelt und mit Tesafilm zugeklebt. Ambrogio legt es auf den Tisch.

»Bruno wollte auch wissen, in welcher Beziehung du zu Cristina Conte stehst«, sagt er.

»Und was hast du geantwortet?«

»Die Wahrheit. Warum nicht? Ich habe von dem Mordfall erzählt, den ihr aufgeklärt habt, aber das wusste er schon. Und ich habe eure Liebesgeschichte erzählt, so wie ich sie gesehen habe und immer noch sehe.«

»Wie siehst du sie denn?«

»Ihr solltet noch mal einen Anlauf nehmen«, sagt er. »Irgendwie ist jeder von euch beiden zu stolz dafür, das zu tun. So empfinde ich das. Und so habe ich es auch Bruno gesagt.«

Du hast keine Ahnung, Ambrogio, denke ich. Geh heim zu deiner Saltimbocca.

»Was ist das da?« Ich deute auf das Päckchen.

Er zuckt die Achseln. »Ich soll dir das geben. Das hat er zum Abschied gesagt. Er hat gesagt: Danke für den Wein. Mach's gut, Ambrogio. Und gib das deinem Freund. Es wird ihn interessieren.«

Ich stehe auf, nehme ein kleines Küchenmesser aus dem Messerblock, der mal meinem Vater gehört hat, und schlitze den Tesa auf dem Packpapier auf. Zum Vorschein kommt eine Tonkassette. »Philips« steht drauf und »90 Minuten«. Sonst nichts. Das weiße Feld, auf dem man früher so eine Kassette beschriftet hat, ist zur Hälfte abgegangen, und der Rest ist leer. Ziemlich antik, würde ich sagen.

»Was ist das? Was ist da drauf? Was könnte da drauf sein?«

Ambrogio schüttelt nur den Kopf. »Hör sie dir an«, sagt er. »Ich weiß nichts darüber.«

Er steht ebenfalls auf und tritt wieder ans Fenster. Das Gewitter ist genauso schnell vergangen, wie es gekommen ist. Wetter-Apps haben keine Ahnung, was hier los ist, wenn wirklich ein Unwetter kommt. In zehn Minuten ist der Himmel wieder blau, ich wette.

»Ich habe keinen Kassettenrekorder mehr«, sage ich. »Hast du einen?«

»Nein«, antwortet er. »Es gibt doch auch gar keine Kassetten mehr.«

Als Ambrogio gegangen ist, hole ich sofort wieder den Umzugskarton mit den Sachen meiner Eltern aus dem Besenschrank. Der Sony-Walkman, den ich damals hatte, wo ist der denn? Ich sehe ihn vor meinem geistigen Auge in dieser Kiste liegen, kippe alles auf den Boden. Aber das geistige Auge irrte.

Mein Studio ist vollgepackt mit Tontechnik, man könnte wahrscheinlich die Flügelschläge eines Schmetterlings aufnehmen und danach laut abspielen. Aber einer einfachen Musikkassette kann ich keinen Ton entlocken. Mein Vater hatte in Bayern ein Kassettendeck in seiner Anlage. Mit zwei Schächten! Er war begeistert von der langsamen Hydraulik, mit der sie sich öffneten. Ich glaube, dieses Gerät schläft in einem Container in München-Laim neben anderen Gegenständen. Vielleicht habe ich es aber auch weggeworfen.

Ich hole mein Telefon.

»Pronto.«

»Sag mal, Biagio, stand in deiner Bar, auf dem Regal über der Kühltruhe mit Eis, nicht so ein alter tragbarer Ghettoblaster? Mit Radio und Kassettenfach?«

»Ja«, sagt er, »das stimmt. Aber als wir vor zwei Jahren renoviert haben, kam der weg, mitsamt dem Regal.«

»Und wo ist der jetzt?«

»Weiß nicht genau«, überlegt Biagio. »Ich glaube, in meiner Garage.«

Zwanzig Minuten später sitze ich in Biagios Garage vor dem Gerät. Seine Frau hat es abgestaubt. Es steht auf der Werkbank, die grüne Power-Lampe leuchtet. »Melde dich, wenn du etwas brauchst«, hat Biagio gesagt und sich höflich zurückgezogen. Irgendwie hat er begriffen, dass ich ihn jetzt nicht neben mir haben möchte.

Das Gerät ist schwarz und silbern, die Marke kenne ich nicht, Soundmachine S3 heißt das Modell. Der Schacht öffnet sich nur widerwillig, und beim ersten Versuch stecke ich die Kassette gleich falsch herum rein. Aber dann läuft sie, man hört das schleifende Geräusch der sich drehenden Spulen. Die Aufnahme beginnt mit diffusen Geräuschen, man hört Geklapper, auch Schritte, viele Stimmen und im Hintergrund Musik. Der alte Kassettenrekorder ist ganz schön laut, ich drehe den Ton leiser. Was höre ich da? Ist das ein Bahnhof? Plötzlich verstehe ich: Wir sind in einem Café, einem Restaurant oder einer Bar. Das geht ein paar Minuten so. Dann kommen lautere Geräusche, nicht mehr so weit weg, ein Rutschen und Schaben … Werden da Stühle verschoben?

»Freut mich«, sagt dann eine deutliche Männerstimme, sie ist nah am Mikrophon. Sie kommt mir bekannt vor. Ist das Alberetti? Dann eine Frauenstimme: »Guten Abend. Antonio und Ihre Laura haben mich fast schon dazu gezwungen, Sie zu treffen.« Diese Stimme ist reserviert und nicht freundlich, aber es gibt keinen Zweifel, wem sie gehört: Cristina.

Ein anderer Mann lacht, es klingt etwas verkrampft. Er sagt: »Soll ich uns an der Bar etwas bestellen?«

Die erste Männerstimme antwortet: »Nicht nötig, Francesco kommt an den Tisch.« Ja, das ist Alberetti, und jetzt ist die Situation klar. Das ist das Treffen in der *Manhattan*-Bar. Alberetti hat es offenbar mitgeschnitten, ich vermute heimlich.

»Bruno, vielleicht erzählst du meiner Schwester als Erstes, was du mir erzählt hast. Dann weiß sie, um was es hier geht. Von mir will sie es ja nicht hören.«

Das ist Antonio, Stunden bevor er erschossen wird. Jetzt will Francesco erst die Bestellung aufnehmen. Ich erkenne den Bären, höre, wie er Vorschläge macht. Plötzlich wird seine Stimme ganz hoch und schnell, und es ertönt nur noch Quietschen aus den Lautsprechern des Rekorders. Meine Hand schießt reflexartig vor und drückt die Stopptaste. Aber es ist zu spät. Bandsalat! Mein Gehirn ruft dieses längst vergessene Wort ab. Und dann öffne ich vorsichtig den Schacht und versuche, die Kassette herauszuholen. Am Ende liegt sie vor mir auf Biagios Werkbank, und ich sehe das Desaster. Das schmale braune Magnetband ist gerissen, das eine Ende hängt in Schlaufen und Kringeln aus der Spule heraus, das andere Ende ist im Gehäuse verschwunden. Das Gleiche ist mir mal mit einer Kassette von Lara passiert, auf der sie mir ihre Lieblingssongs aufgenommen hatte. Da war ich dreizehn. Wie damals könnte ich jetzt schreien und heulen.

Alberetti, warum hast du den Abend nicht mit deinem iPhone aufgenommen, du Idiot? Oder hast du gar kein iPhone?

46

SIE SCHLÄFT. DIE BRUST UNTER DEM WEISSEN Krankenhauslaken hebt und senkt sich gleichmäßig. Nur eine Hand und ihr Kopf schauen unter dem Laken hervor. Sie hängt an keinem medizinischen Gerät. Keine Schläuche führen aus dem Bett heraus. Der Ständer für den Tropf steht dahinter, keine Flasche in der Halterung. Der Monitor des Herzfrequenzgerätes an der Wand ist schwarz, die Kabel sind ordentlich aufgewickelt. Auf dem Rolltisch neben dem Bett sind eine Schnabeltasse und ein Teller mit einem zur Hälfte gegessenen Cornetto abgestellt. Daneben liegt ein Stift gegen trockene Lippen.

Ich betrachte ihre Hand, ihre Haut. Cristinas Haut ist wie Seidenpapier. In teuren Modegeschäften wird so ein Papier zwischen die erworbenen Kleidungsstücke gelegt, ehe sie eingepackt werden.

Wertvoll. Dieses Wort habe ich immer gedacht, wenn ich ihre Haut betrachtet oder gestreichelt habe. Eine wertvolle Haut. Lichtjahre sind solche Gedanken eben noch entfernt gewesen. Jetzt sind sie da. Die Relativitätstheorie der Gefühle.

Die Fingernägel an ihrer Hand sehen gepflegt aus. Hat sie das gemacht? Oder eine Krankenschwester? Auch die Haare sind gewaschen und gekämmt, vielleicht sogar geschnitten.

Ihre schmalen Augenbrauen sind gezupft. Ihr Gesicht sieht vollkommen entspannt aus. Nichts bewegt sich, die Augen unter den Lidern zucken nicht. Diese Augen sind so blau, dass man jedes Mal erschrickt, wenn Cristina sie morgens öffnet. Das Aufklappen der Augen war immer ihre allererste Bewegung des Erwachens. Wie angeknipst war dieses Blau dann da.

Ich weiß das. Ich hab oft neben ihr gelegen und habe ihr beim Schlafen zugesehen. Oft? So viele gemeinsame Nächte hatten wir ja nicht, vielleicht ein Dutzend. Sie hat damals erzählt, ihr Vater habe gesagt, eine Polizistin finde nie einen guten Mann. Mit »Vater« kann sie nur den alten Naldini gemeint haben. Und nach allem, was ich jetzt weiß, ist seine Meinung sehr naheliegend. Hast du unsere Beziehung beendet, weil ich mal Polizist war? Weil du befürchtet hast, ich käme deiner Vergangenheit zu nahe?

Wunschdenken, Lukas, sage ich mir selber. Sie hatte nicht dieselben Gefühle für dich wie du für sie. So einfach. Das ist das Traurige an Trennungen, dass man eine Grundregel der Liebe begreifen muss: Fürs Zusammenkommen braucht es zwei Menschen. Für die Trennung reicht einer.

Heute Nacht kam die SMS: *Du kannst mich morgen Vormittag besuchen. Zi.* 252. C. Darunter noch die Adresse der Klinik in Varese. Ich habe morgens sofort geantwortet, aber auf meinem Display erschien: »Nicht zugestellt«. Ich habe auch angerufen, aber nur die Ansage »Not available« gehört – wie immer in den letzten Wochen.

Meine Nacht war schwarz und traumlos. Der gestrige Tag hat mich k.o. geschlagen. Pauls Präsentation des Videos, diese Fahrt zu der Verlegerin, die Neuigkeiten über Cristinas Vergangenheit. Palermo ständig auf der Mailbox: »Was ist? Wo sind Sie?« Lara auf der Mailbox: »Was ist? Wann gehen wir zur Polizei?« Dann Ambrogio, die Kassette in Biagios Garage …

Ich habe diese Kassette gestern Abend noch in einen kleinen Laden in Luino gebracht, wo zwei junge Typen aus Taiwan Tag und Nacht Handys und Laptops wieder flottmachen. Mein iPhone haben sie auch schon mal gerettet. Sie versuchen, die Kassette zu reparieren, und sie werden, falls das möglich ist, eine digitale Tondatei herstellen. Auf die Frage »Bis wann?« haben die beiden aber nur synchron die Köpfe geschüttelt.

Und ich war danach bei Lara. Ich musste ihr alles erzählen, mir fielen keine Ausreden mehr ein. Nicht zu Palermo, habe ich ihr eingeschärft. Kennst du nicht einen anderen Polizeibeamten, ganz woanders? Ja, hat sie gesagt, sie kennt den stellvertretenden Polizeipräsidenten in Mailand, aber was könnte der tun? Und wenn, müsste ich dabei sein, wenn sie mit ihm redet. Sie wird erst mal warten. Die Beerdigung von Umberto ist nächste Woche, hat sie noch gesagt.

Warum wachen schlafende Menschen auf, wenn man sich neben sie setzt? Welche Antennen sind da noch ausgefahren? Der Geruchssinn? Oder ein anderer, von dessen Existenz wir noch nichts wissen? Cristina bewegt sich, will sich auf die Seite drehen, aber dabei zuckt ihr Gesicht. Da tut noch etwas weh.

Und dann sind sie offen, die Augen. Heute nicht so blau. Eher blass, wasserhell. Sie sieht mich eine Weile an.

»Lukas«, sagt sie dann.

Ich greife unwillkürlich nach ihrer Hand.

»Cristina.«

Einige Sekunden vergehen. Dann entzieht sie mir ihre Hand, tastet unter der Bettdecke nach dem Steuergerät fürs Bett. Das Kopfende fährt mit einem gleichmäßigen Surren hoch, hält erst in der höchsten Stellung an. Cristina sitzt mir jetzt gegenüber.

»Wie geht es dir?«, frage ich.

»Gut«, sagt sie.

»Ich bin überrascht, dass du nicht bewacht wirst«, sage ich und versuche ein Lächeln. Ich war auch überrascht, dass es an der Pforte so einfach war. Ja, Herr Geier, geht in Ordnung, Sie sind hier eingetragen, Zimmer 252, Frau Conte erwartet Ihren Besuch.

»Ich komme heute Nachmittag raus«, sagt Cristina. Sie erwidert mein Lächeln nicht.

»Raus? Was heißt das? Raus aus der Klinik? Raus aus dem Gefängnis?«

»Aus beidem. Beschluss des Richters.«

»Keine Fluchtgefahr mehr?«

Sie stützt sich mit beiden Händen am Bettrand ab und schiebt ihren Körper etwas höher.

»Hast du das Geld noch? Und die Pistole?«

»Ja«, sage ich und denke an das leere Zimmer in ihrer Wohnung. »Der Flügel ist weg, aber diese Tüte ist noch bei mir.«

»Der Flügel gehört Eduardo. Ich spiele nicht Klavier«, sagt sie. »Weiß irgendjemand von dem Geld und der Pistole?«

»Nein«, sage ich. Stimmt nicht ganz. Paul weiß davon.

»Du hast niemandem davon erzählt? Wirklich niemandem?«

Ihr Ton ist sehr sachlich. Wie bei einem Verhör, denke ich. Unangenehm.

»Warum fragst du?«

»Hast du die Sachen dabei?«, fragt sie zurück. »Du musst sie mir geben.«

»Nein, ich habe sie nicht dabei. Aber ich habe Fragen dabei, Fragen an dich, Cristina.«

»Nicht jetzt«, sagt sie.

»Doch.«

»Nein.«

Messerstichverletzungen sind sehr gefährlich, aber wenn sie an den Organen nichts Schlimmes angerichtet haben und medizinisch versorgt sind, genesen die Patienten schnell. Es ist dann eben nur eine Wunde, wenn auch eine innerliche. Das kann ich gerade besichtigen. Ich habe mit einer leidenden Cristina gerechnet, einer schwachen, mindestens einer erschöpften. Ich sehe nichts davon.

»Hör zu, Cristina, ich weiß inzwischen ziemlich viel. Und ich bin dabei, noch mehr rauszufinden. Du hast mich damit beauftragt, erinnerst du dich?«

»Ich habe dich nicht gebeten, in meine Wohnung einzubrechen und Gegenstände zu stehlen.«

»Das ist absurd, was du da redest, Cristina. Das weißt du.«

»Dinge ändern sich. So ist das. So ist das immer«, sagt sie. Und ihr Blick ist ungeheuer kalt. »Eines Tages wirst sogar du das begreifen müssen.«

»Spricht jetzt die Rote Wölfin?«

Es klopft an der Tür, und eine Schwester steckt den Kopf herein. »In fünf Minuten ist Visite. Die Ärzte wollen Sie noch einmal abschließend begutachten, Frau Conte«, sagt sie und lächelt. »Das wollte ich nur ankündigen, weil Ihr Besuch dann das Zimmer verlassen muss.«

»Danke«, sagt Cristina. Die schwere Krankenhaustür fällt ins Schloss.

Es ist jetzt still zwischen uns. Eine Wand aus Stille. Cristina schließt ihre Augen. Als sie sie wieder öffnet, ist ihr Blick neutral.

»Du wirst nichts mehr unternehmen, Lukas. Du wirst dich raushalten«, sagt sie.

»Wohin wirst du heute Nachmittag gehen?«, frage ich. »In deine Wohnung? Zu Naldini? Holt dich jemand hier ab?«

Sie schüttelt den Kopf. Kein Kommentar, heißt das. Die Wand besteht nicht nur aus Stille.

»Du wirst nicht weiter ermitteln, Lukas«, sagt sie. »Und du wirst mir das Geld und die Waffe geben.«

Im Gang draußen nähern sich Schritte und Stimmen. Ich stehe von meinem Stuhl auf.

Mir ist schlecht, merke ich.

»Ich werde dir mitteilen, wo wir uns sehen«, höre ich sie noch sagen. Dann bin ich draußen.

»Wo ist die Toilette?«, frage ich, und ein Rudel von Armen in weißen Kitteln deutet den Gang hinunter. Alle Türen sind hier breit und schwer. Ich erreiche gerade noch die Schüssel. Dann kotze ich. Und wie.

47

ES WAR JETZT WIRKLICH DAS ALLERLETZTE, WAS ich brauchen konnte. Wenn ich vorher hätte nachdenken können, welche Information mir den Rest geben würde, es wäre mir nicht eingefallen. Wahrscheinlich gibt es einen Ort auf dieser Welt, an dem sich böse Informationen sammeln, in einer Art Informationshölle. Böse Informationen, die nur darauf warten, losgelassen zu werden.

Ich stehe noch draußen auf dem Parkplatz, bin noch nicht in den Suzuki eingestiegen. Brauche noch ein bisschen frische Luft. Einfach nur atmen. Tut gut. Dann schalte ich mein Handy ein. Zwei Anrufe auf der Mailbox. Meine Managerin ist drauf, bittet um Rückruf: »Wir müssen dringend die neuen Konzerttermine besprechen.« Der nächste Anruf ist von Herbert, ich sehe, er hat länger draufgesprochen.

»Hallo, Lukas, ich bin's, der Herbert.« Seine Stimme klingt atemlos, aber klar, nüchtern. »Du wirst es nicht glauben, Wahnsinn … Ich komme gerade von der Haushälterin, ich hatte es dir erzählt, die alte Haushälterin von den Naldinis. Die wollte ja erst nicht mit mir sprechen, da habe ich heute Morgen gedacht, ich fahre einfach noch mal hin. Ich habe geklingelt, und sie hat gesagt, ach, Sie schon wieder, na, dann kommen Sie halt rein. Sie können Nanni zu mir sagen, hat sie gesagt, zu mir sagen alle immer nur Nanni. Eine merkwürdige Person, will ganz besonders lieb wirken, kichert die ganze Zeit. Kann ja irgendwie nicht stimmen, wenn man bei den Naldinis arbeitet. Na, egal. Gaga ist sie nicht. Jedenfalls lässt sie nichts auf die Naldinis kommen. Eine wunderbare Familie, einer toller als der andere. Am meisten angetan hat es ihr Eduardo, so ein großartiger Mensch. Ich wusste gar nicht, wo ich hinschauen sollte, als sie das sagte. So ein begabter Mensch, der spielt ja auch so wunderschön Klavier. Und dann hat sie erzählt, sie hatte neulich einen runden Geburtstag. Wahrscheinlich der hundertste oder so was, mindestens, vielleicht auch der zweihundertste. Da hätten Eduardo und Cristina ihr eine so große Freude gemacht. Sie haben sie eingeladen. Ich habe ein paarmal nachgefragt: Sie haben sie eingeladen in die Wohnung von Cristina, und Eduardo hat auf dem Flügel etwas für sie gespielt, ganz wunderbar, natürlich. Wenn ich es richtig verstanden habe: Der Flügel in Cristinas Wohnung gehört ihm, Cristina kann gar nicht Klavier spielen. Aber jetzt kommt's, Lukas, jetzt kommt's.« Seine Stimme wird immer schneller und atemloser. »Plötzlich sagt diese Nanni, die beiden, der Eduardo und die Cristina, hätten sich ja immer gut verstanden, schon als Kinder, aber es freue sie so sehr, dem Herrgott sei Dank, dass die beiden ein Paar sind. Aber pst, hat sie gesagt, ist ja ein Geheimnis, wegen der Kirche, wegen Eduardo. Ich habe natürlich nachgefragt, ja, ja, hat sie gesagt, die sind Mann und Frau. Und hat wieder gekichert. Ist doch der Wahnsinn, oder? Lukas, hast du gehört, diese Nanni sagt: Cristina und Eduardo sind ein Paar.«

Ja, Herbert, ich hab's gehört.

Die Geister der Nacht. Die Stimmen, die sich im Kopf melden. Die Fragen, auf die es keine Antworten gibt. Weil das eigene Gehirn sie bösartig stellt. Das Einschlafen und Doch-nicht-ganz-Einschlafen, das Aufwachen und Doch-nicht-ganz-Aufwachen.

Die Schatten im dunklen Zimmer können sprechen. Der Schatten des Vaters: Der Junge muss lernen, Dinge ernst zu nehmen, er verharmlost alles, träumt sich die Welt zurecht ... Der Schatten der Frau, die plötzlich eine andere ist: Die Dinge ändern sich, immer. Eines Tages wirst sogar du das begreifen ...

Ein roter Wolf schleicht durch das Gehirn ... und eine Frau, die Nanni heißt und kichert: Die beiden sind ein Paar, die beiden sind ein Paar, die beiden sind ein Paar ...

Romae omnia venalia sunt ... Padre, können Sie mir die Beichte abnehmen? Die Beichte nicht, aber das Leben ...

Möchten Sie eine Tasse Tee, Herr Geier? ... Sie war die Brutalste von allen ...

Wie kann man nach solchen Nächten wieder anfangen, klar zu denken? Gestern habe ich es mit Whisky versucht. Ich steige die Treppe hinunter in mein Badezimmer.

Mein Spiegelbild ist auch ein Geist. Rote, leere Augen mit einem gestörten Gehirn dahinter, das nur noch Angst produzieren kann.

Warum habe ich mich in Cristinas Angelegenheiten eingemischt? Warum bin ich in ihre Wohnung? Warum habe ich das Geld und die Pistole an mich genommen? Warum habe ich ihr alles geglaubt? Warum habe ich das Ganze nicht von Anfang an die Polizei machen lassen? Ich habe mich in eine Sackgasse manövriert. Und es ist gefährlich dort.

Gestern spätabends kam die SMS *von Cristina:* Morgen früh, 10.30 Uhr, oben am Pradecolo.

Lieber Gott ... Dort hat sie mich schon mal hinbestellt, in die Einsamkeit der Buchenwälder in über 1000 Metern Höhe. Damals hat sie mit mir Schluss gemacht. Macht sie das jetzt wieder?

Eine Frau, die ihren Bruder erschießt, erschießt auch einen Ex-Lover. Wer würde nach mir suchen, wenn ich plötzlich nicht mehr da wäre? Wer würde eine Verbindung zwischen dem Verschwinden des Popmusikers und dem Mord an Antonio Conte herstellen und untersuchen? Ein Kommissar, der selbst ein Roter Wolf ist? Ein todkranker Terrorist? Ein suspendierter Münchner Säufer?

Lieber Gott, was soll ich tun ...?

Heute kein Whisky.

Ich beschließe, zu der kleinen Kirche La Croce d'Oro *hochzusteigen. Sie steht auf einem Felsen. Ich muss mir diese Unruhe aus dem Körper laufen. Ich muss zu klaren Gedanken kommen. Ich dusche eiskalt, ich dusche brühend heiß, ich dusche noch mal eiskalt.*

Ich ziehe mich an, nehme die Tüte mit der Pistole und dem Geld. Ich werde in der Kirche eine Kerze anzünden. Eine Kerze für mich. Das habe ich dort schon mal gemacht, als kleiner Junge, als ich mit meiner Mutter in dieser Kirche war. Ich gehe los und schaue auf die Uhr. Es ist Viertel vor sieben. Es ist schon hell draußen, aber die Sonne hängt noch hinter den Bergen.

Ich darf nicht vergessen, dass ich vorher bei einem Mann in Maccagno den Schlüssel für die Kirche abholen muss. Die Tür zu La Croce d'Oro *ist immer verschlossen.*

48

IN DER MUSIK IST DAS WICHTIGSTE WERKZEUG des Komponisten die Wiederholung. Ein geniales Stück ist immer das geniale Spiel mit dem Wiederkehrenden. Für das Grundthema von Beethovens Fünfter, der Schicksalssinfonie, muss man auf dem Klavier nur viermal eine Taste drücken. Davon dreimal dieselbe. Da-da-da-damm. Aber was dann folgt, ist der Zauber der Wiederholung, schnell, langsam, laut, leise, hoch, tief … Die Musiker variieren das Thema, wie Tänzer ihre Figuren variieren. Bei einem genialen Stück oder einem genialen Solo löst das Spiel mit dem Wiederkehrenden Gänsehaut aus.

Gibt es einen Komponisten des Lebens? Es scheint fast so. Als ich die Serpentinen zur Alpe Pradecolo hochgefahren bin, war dieser Gedanke noch nicht da. Ich war zu sehr damit beschäftigt, mich innerlich auf das Treffen vorzubereiten. Aber jetzt, als ich den Suzuki neben Cristinas dunkelblauem Alfa auf dem Parkplatz der Gaststätte abstelle, fühle ich mich wie in der düsteren Variation einer wiederkehrenden Melodie.

Cristina sitzt auf derselben Bank, auf der sie damals saß und auf mich wartete. Gesicht ins Tal gewandt, Rücken zu mir. Ihre Haare sind offen und wehen ein bisschen zur Seite. Ihre Kleidung ist schwarz.

Das *Rifugio*, die Gaststätte oberhalb des Parkplatzes, hat geschlossen, wie damals. Kein Mensch weit und breit, der das phantastische Panorama der Bergketten genießen könnte. Der Himmel ist klarer als damals, wahrscheinlich ist heute einer der Tage, an denen man von hier oben rekordverdächtig weit sehen kann.

Ich lasse die Tüte mit dem Geld im Auto, verstaue sie unterm Sitz. Die Beretta ist nicht mehr in der Tüte. Ich habe sie überprüft, auch die Munition. Jetzt steckt sie griffbereit in der Tasche meiner Lederjacke. Heute bin ich Polizist, habe ich mir nach dem Besuch in der Kirche gesagt. Ich wurde ausgebildet in Selbstverteidigung und im Umgang mit einer Waffe.

Ich bin genauso gefährlich wie die Frau, die dort vorne auf mich wartet.

»Kommt mir bekannt vor, diese Situation«, sage ich, als ich hinter ihr stehe.

»Mir auch«, erwidert sie, ohne sich umzudrehen. »Mir ging es nach unserem Treffen hier sehr schlecht. Ich habe mir selbst mit meiner Entscheidung damals sehr weh getan. Vielleicht mehr als dir.«

Ich bin überrascht. Ihre Stimme klingt weich. Ein Teil von mir möchte nachfragen, möchte sich neben sie setzen und sie berühren. Aber diesen Teil habe ich im Turm gelassen.

Ich bin Polizist. Und ich weiß, dass Cristina auch Polizistin ist. Dass sie weiß, wie man Menschen in Verhören einlullt, wie man sie öffnet. Wie man sie aus dem Konzept bringt, indem man den Ton wechselt und plötzlich etwas Persönliches von sich erzählt. Wie man Vertrauen aufbaut.

»Erspar uns das, Cristina.«

Sie holt ihr Handy aus der Hosentasche. Entsperrt es und reicht es über ihren Kopf zu mir. »Ich habe ein paar Fotos von dem Krankenzimmer gemacht, in dem du mich besucht hast. Schau sie dir bitte an.«

Ich nehme das Handy und betrachte die Bilder. Sie sind aus ihrer Perspektive vom Bett aus gemacht.

»Ja, das kann das Zimmer sein«, sage ich. »Und?«

»Siehst du die Kamera oben rechts unter der Decke?« Cristina hat sich jetzt auf der Bank umgedreht und schaut mich an.

»Ja, sehe ich. Ist heutzutage wahrscheinlich normal in besseren Krankenhäusern.«

»Eduardo hat dafür gesorgt, dass ich in dieses Krankenhaus kam, er hat dafür gesorgt, dass ich die besten Ärzte hatte und länger als geplant dortbleiben konnte, und er hat erreicht, dass ich aus der Haft freikam. Er hat Dürrschmidt gefeuert, neue Anwälte in Stellung gebracht und andere Wege gefunden.« Sie macht eine Pause.

»Eduardo Naldini«, sage ich. »Dein Eduardo.«

»Ja, wenn du es so ausdrücken willst … Mein Eduardo«, sagt sie. »Ich kenne ihn, er hat sich hundertprozentig den Zugang zu dieser Kamera verschafft, er war dabei, als du mich besucht hast. Ich habe sehr aufgepasst, wie ich mich verhalte, was ich sage … Er …« Sie bricht ab. Sucht nach Worten. »Eduardo kann sehr unangenehm werden.«

Ich denke an die Haushälterin Nanni. Die beiden sind ein Paar. Ich gehe um die Bank herum und setze mich neben Cristina. Ihre Beine in der schwarzen Stoffhose sehen sehr dünn aus. Ich mustere ihr Gesicht. Und frage sie: »Hast du etwas mit dem Mord an deinem Bruder zu tun?«

Ihre Augen füllen sich mit Tränen, ihre Mundwinkel zucken, sie greift nach meinen Händen. Sie zittert.

»Ich weiß es nicht, Lukas.« In ihrem Gesicht ist Verzweiflung, echte, glaube ich. »Ich weiß es nicht«, wiederholt sie. »Wenn es so ist, kann ich nicht weiterleben.«

Sie weint jetzt. Und die Sonne fällt direkt auf ihr Gesicht. Ein merkwürdiges Zusammentreffen, die Tränen funkeln in der Sonne wie Edelsteine. Ich registriere noch das Vibrieren des Handys in der Hosentasche. Dann hat sich Cristina wieder etwas gefangen, aber ihre Gesichtszüge spiegeln nach wie vor großes Elend wider.

»Wie stehen denn die Ermittlungen? Es muss doch irgendetwas Neues geben, neue Ansätze, neue Thesen ... Eduardo sagt: Fehlanzeige, und Palermo kann ich seit zwei Tagen nicht erreichen. Kannst nicht du mir etwas sagen, Lukas? Du hast gesagt, du weißt jetzt viel mehr ...«

»An welcher Stelle in deiner Version der Geschichte hast du mich belogen?«, frage ich sie.

Sie braucht einen Moment, um diese Frage aufzunehmen. Ihre Gedanken suchen, gleichzeitig schüttelt sie den Kopf. »Ich habe dich nicht belogen«, sagt sie. Aber ihre Gedanken suchen weiter, und sie senkt den Blick. »Die Vergangenheit ... Meinst du das? Die Roten Wölfe. Ja, davon habe ich dir nicht erzählt ...«

»Du weißt nicht, was am Abend des 6. Dezember geschehen ist?«

»Nein. Ich zermartere mir den Kopf, aber ich kann mich nicht erinnern.«

Ich hole mein Handy aus der Tasche und zeige ihr das

Video vom Schließfach. Sie starrt mit geweiteten Augen darauf. »Das bin ich«, sagt sie. »Und das sind das Geld und die Pistole … Mein Gott!« Sie schlägt die Hand vor den Mund.

Ich nehme ihr das Handy wieder ab, und dabei sehe ich, dass ich eine Mail von WeTransfer habe, der App, mit der man große Mengen an Daten übertragen kann. *HandyWizzard hat Ihnen mehrere Dateien geschickt. Sie können sie jetzt herunterladen.*

HandyWizzard, das sind die Taiwanesen, die Alberettis Kassette repariert haben. Zum Glück ist hier oben gutes Netz, und zum Glück haben die Jungs die Datei in mehrere Portionen unterteilt. Ich starte das Herunterladen.

Cristina sitzt noch immer geschockt da, und ich sehe, wie das Video vom Schließfach in ihr arbeitet. Sie versucht, sich zu erinnern.

»Magst du eigentlich deine Stimme, wenn du sie auf Band hörst?«, frage ich sie, als ich sehe, dass die erste Portion der Kassette fertig heruntergeladen ist.

Sie sieht mich völlig verständnislos an.

Ich drücke auf den Play-Button der Audiodatei und drehe die Lautstärke voll auf.

Wir hören die diffusen Geräusche in der Bar *Manhattan*. Dann plötzlich, lauter, Alberettis Stimme. »Freut mich.« Cristinas Augen sind zu Schlitzen verengt. Jetzt kommt ihre Stimme: »Guten Abend. Antonio und Ihre Laura haben mich fast schon dazu gezwungen, Sie zu treffen.«

Ich warte noch, bis Antonio etwas sagt, dann drücke ich auf Stopp.

»Was ist das?«, fragt Cristina bestürzt und aufgeregt.

»Das ist eine Aufzeichnung vom Abend des 6. Dezember in der *Manhattan*-Bar«, sage ich.

»Und?« Sie schreit es fast. »Was passiert da?«

»Ich weiß es noch nicht«, sage ich. »Ich habe nur den unmittelbaren Anfang der Aufnahme gehört.«

Cristina ist sprachlos. Ihr Mund öffnet sich ein wenig und schließt sich wieder.

»Wo hast du das her? Können wir uns das anhören?«

Ich überlege kurz, dann sage ich: »Ja, das können wir. Du lässt deinen Wagen hier stehen und steigst mit mir in den Suzuki. Wir hören die Aufnahme an einem sicheren Ort.«

»Wo ist der?«, fragt sie.

»Mein Turm«, sage ich.

49

ICH STARTE DIE DATEI. BARGERÄUSCHE SIND ZU hören, Wortfetzen, dann wird der Klang klar: »Bruno, vielleicht erzählst du meiner Schwester als Erstes, was du mir erzählt hast. Dann weiß sie, um was es hier geht. Von mir will sie es ja nicht hören.«

Die Stimme von Antonio ist deutlich zu vernehmen. Ich sehe ihr an, wie sie die Stimme ihres toten Bruders ins Mark trifft. Cristina hat Tränen in den Augen. Wir sitzen am Küchentisch in meinem Turm. Ich stoppe die Datei.

»Nee, ist schon okay«, sagt sie, »lass weiterlaufen.«

Jetzt spricht eine andere Männerstimme. Bruno Alberetti. »Ich will zunächst ein paar Worte über mich selbst loswerden. Ihr kennt meine Vergangenheit, ich kenne sie auch. Ich habe abgeschlossen damit. Ich diskutiere nicht mehr darüber, was daran falsch war, ich habe das lange genug gemacht. Ich diskutiere nicht mehr mit anderen über mein Leben, und ich diskutiere auch nicht mehr mit mir selbst darüber. Die Sache ist abgeschlossen. Mein Leben ist das Leben im Wald, und das mag ich sehr. Daran änderte sich auch nichts, als Antonio in unserer Kommune auftauchte. Ich erkannte ihn, klar, aber ich mische mich nicht mehr in anderer Leute Leben ein, auch das ist vorbei, dachte ich wenigstens. Ich redete mit niemandem, auch nicht mit Laura. Es änderte sich erst, als ich mitbekam, wie Laura Antonio in seine Vergangenheit drängte. Und dann passierte bei mir etwas, mir geht es gesundheitlich nicht gut. Meine Uhr fängt an zu ticken, und plötzlich dachte ich, es ist unanständig, wenn ich einfach nur zuschaue, wie Antonio sich quält, und mein Maul halte. Ich mag Antonio, ich habe unsere Arbeit im Wald immer sehr genossen. Also habe ich Antonio informiert, habe ihm erzählt, was ich weiß.«

Ich stoppe die Datei. »Alles okay, Cristina?«, frage ich.

»Ja, ja«, sagt sie, »ich höre das, aber ich kann mich an nichts erinnern. Wobei: ›Nichts‹ trifft es auch nicht so ganz. Ich höre diese Stimme, und es kommt mir wie ein Traum vor. Oder ...« Sie beendet den Satz nicht.

»Ich mache weiter, ja?«

»Unbedingt«, sagt sie.

Wir hören weiter, immer noch die Stimme von Bruno Alberetti: »Die Familie Naldini war ein großes Feindbild für die Grünen Brigaden, für uns. Brutale Großkapitalisten, dreckige Faschistenvergangenheit. Der alte Patriarch war der Schlimmste, Marco Naldini, ein widerlicher Ausbeuter, der über Leichen ging. Den wollten wir. Den wollten wir killen. Marco Naldini stand zeitweise ganz oben auf unserer Todesliste. Aber es war verdammt schwer, an ihn ranzukommen, er wurde von einer ganzen Armee von Sicherheitsleuten abgeschirmt. Wir haben versucht, Kontakte mit Menschen zu knüpfen, die Naldini kennen – um über sie an ihn heranzukommen. Und wir wussten, Naldini hatte eine Geliebte ...« Jetzt ist Antonios Stimme zu hören, er unterbricht Alberetti:

»Cristina, jetzt wird es heftig. Aber du musst da durch, ich musste es auch.«

Nun spricht wieder Alberetti: »Ja. Cristina. Die Geliebte vom alten, ekligen Naldini war eure Mutter. Maria Conte. Die Beziehung ging über Jahre. Naldini führte ein Doppelleben, hier seine bürgerliche Familie, da die schicke Geliebte. Die altbekannte verlogene Scheißmoral dieser Klasse. Zunächst störte es ihn auch nicht, dass zwei Kinder kamen, ihr beide ...« Ein Ausruf von Antonio fährt dazwischen: »Cristina, Eduardo ist unser Halbbruder!« Antonio lacht. Jetzt die Stimme Cristinas: »Was? Ist das euer Ernst?«

Ich stoppe die Datei. Cristina sagt: »Lukas, das Wort ›Geliebte‹ ... Ich sehe plötzlich, wie wir da in der Bar saßen, es war ein Ecktisch. Ich habe eine Cola getrunken ... Lass weiterlaufen.« Sie wirkt jetzt erstaunlich ruhig.

Alberetti fährt fort: »Ich habe Maria Conte einmal getroffen. Wir hatten gehört, es gab Stress mit dem Alten. Sie wollte sich die Geheimnistuerei nicht länger bieten lassen, sie muckte auf. Zu der Zeit traf ich sie, aber das führte zu nichts, ich habe sofort gemerkt, die macht uns nicht den Türöffner, dafür war sie viel zu unpolitisch. Kurz darauf hörten wir, dass sie in die Psychiatrie gekommen war. Der Alte hat sie weggepackt, das war völlig klar. Eure Mutter war nicht krank, sie hat nur gestört. Wir kamen jedenfalls an Marco Naldini nie ran. Der hat seine Rechnung nicht bekommen, das schmerzt mich bis heute. Er lebt ja heute noch, seit Jahren völlig weggetreten, Alzheimer. Für einen wie ihn ist dieses Schicksal zu gnädig. Der hätte was anderes verdient gehabt. Sorry, dass ich so rede über euren Vater, aber er war wirklich ein Schwein.«

Jetzt ist die Stimme von Cristina zu hören: »Unsere Mutter war in der Psychiatrie, das wissen wir. Aber weißt du, wie es mit ihr weiterging?«

Alberetti antwortet: »Irgendwann kam sie wieder raus, irgendwie ist ihr das gelungen. Ich weiß das nicht genau, ich habe es nur gehört. Sie muss Naldini dann ein Ultimatum gestellt haben, seitdem war sie spurlos verschwunden. Ich bin ziemlich sicher, die Naldinis haben eure Mutter umgebracht.«

Jetzt ist die Stimme von Francesco zu hören, dem Bären, Beruf Barkeeper: »Bist du sicher, Bruno, dass du nur Wasser trinken willst?« Eine Antwort ist nicht zu hören, dafür jetzt die laute Stimme von Cristina: »Du weißt das alles, Antonio, und erzählst mir nichts davon. Bist du verrückt?«

Antonio: »Hallo? Ich habe immer wieder versucht, mit dir zu reden, und du wolltest nicht. Hast nur gesagt: Lass mich in Ruhe mit der scheiß Vergangenheit.«

Cristina: »Mann, ich hatte doch keine Ahnung …«

Wieder die Stimme von Antonio: »Hör mir jetzt wenigstens zu und sei still. Die Geschichte ist noch nicht zu Ende. Ich bin nämlich zu Eduardo gegangen und habe ihn mit alldem konfrontiert.« Cristina unterbricht: »Was hast du gemacht? Du bist wahnsinnig.«

Wieder Antonio: »Weißt du, wie Eduardo reagiert hat? Er war ganz ruhig und so was von eisig. Er hat sofort alles zugegeben. Unsere Mutter sei bei ihnen aufgetaucht und habe Stress gemacht, nach so vielen Jahren. Und Marco hat zu ihm gesagt: Schaff dieses Problem aus der Welt. Und das hat er getan. Eduardo hat mich angesehen und gesagt: Ich habe sie umgebracht, ja, ich, und das war richtig, ich würde es wieder so machen. Und du kommst her und regst dich auf? Wie kannst du es wagen! Wir haben euch beschützt, ich habe euch beschützt, immer. So hat er geredet. Und dann wurde es völlig irre. Wir gingen in seinen Tresorraum, er packte Geld in eine Plastiktüte, ich habe es später gezählt, es waren 200 000 Euro. Und dazu hat er eine Pistole gepackt. Und dann kam er ganz nah an mein Gesicht heran und sagte: Antonio, du hast jetzt zwei Möglichkeiten: Entweder du nimmst das Geld und fängst ein neues Leben an, oder du machst weiter mit deiner Vergangenheitsforschung, dann hast du einen Feind – und zwar mich. Entscheide dich, welchen Weg du einschlägst, sag mir Bescheid. Dann bin ich gegangen. Es war der reine Wahnsinn.«

Cristinas Stimme: »Wann war das denn?«

Antonio: »Vorgestern.«

Alberettis Stimme: »Was sollte das mit der Pistole?«

Antonio: »Keine Ahnung.«

Alberetti: »Bei solchen Leuten gehören Geld und Waffen wohl zusammen.« Lachen.

Cristina: »Wo ist diese Tüte?«

Antonio: »Im Schließfach.«

Für einen Moment ist die Aufnahme nicht zu verstehen, wird zu leise.

Dann die Stimme von Cristina: »Jetzt hat Herr Naldini jedenfalls zwei Feinde, und zwar uns beide, Antonio. Der kann sich sein Geld in den Arsch schieben. Weißt du, was wir jetzt machen? Wir holen das Geld aus dem Schließfach, und danach kommen wir wieder hierher zurück in die Bar. Und ich bestelle Giovanni Palermo dazu, das ist mein Kollege bei der Polizei. Der hilft uns.«

Die Aufnahme wird wieder leise. Stimmen gehen durcheinander, es ist zu verstehen, dass sich Antonio und Cristina von Alberetti verabschieden. »Danke, Bruno«, sagt Cristina. Bruno Alberetti bleibt alleine sitzen. Francesco kommt an den Tisch. »Ich hau jetzt ab, mir geht's nicht gut«, sagt Alberetti. »Bitte tu mir einen Gefallen. Schalte das Tonband wieder ein, wenn die beiden zurück sind und hier mit dem Kommissar sitzen. Und ich hol mir das Band später ab.« »Okay«, sagt Francesco.

Ich stoppe die Datei. »Puh«, sage ich.

Cristina fragt: »Ist das Band jetzt zu Ende?« Ich will schon ja sagen, da sehe ich: Nee, da sind noch ein paar Minuten drauf. »Lass es hören«, sagt sie.

»Kommen deine Erinnerungen zurück?«, frage ich.

»Ja«, antwortet sie, »einiges kommt wieder zurück. Ich weiß, dass wir zu dem Schließfach gefahren sind. Antonio blieb im Auto sitzen. Und ich weiß, dass ich Palermo angerufen und ihm alles erzählt habe. Er hat zugehört und gesagt: Ich komme in die Bar.«

Ich lass die Aufnahme wieder laufen. Stimmengewirr. Schwer zu verstehen. Dann die Stimme von Palermo: »Lasst uns was bestellen.«

Cristina: »Ich nehm noch eine Cola.«

Antonio: »Ich brauche einen Wodka.«

Palermo bestellt ein Bier. Wieder schlechter Klang, dann die Stimme Palermos: »Ihr seid in Gefahr. Ihr fahrt jetzt in diese Wohnung, hier ist der Schlüssel. Das ist eine Polizeiwohnung, da seid ihr sicher. Ich leite morgen einiges in die Wege und komme dann in die Wohnung. Ihr wartet auf mich.«

Das Band ist immer noch nicht zu Ende. Man hört, wie sie sich verabschieden. Palermo bleibt anscheinend noch sitzen, denn kurz darauf hört man ihn telefonieren. »Hallo, Eduardo, hier ist Giovanni. Bleibt beim Plan, wie vorher besprochen. Sie sind jetzt gleich in der Wohnung. Ich habe ihnen was in ihre Getränke geträufelt. Ich schätze, in einer guten Stunde sind die beiden ohnmächtig. Du weißt, was zu tun ist.«

Dann ist das Band zu Ende. Wir schweigen einen langen Moment. Schließlich wiederholt Cristina den letzten Satz von Palermo: »Du weißt, was zu tun ist.«

Ich frage: »Was bedeutet das?«

Sie sagt: »Das bedeutet, dass Eduardo Naldini Antonio umgebracht hat, auf Anordnung meines Freundes Giovanni Palermo. Das bedeutet das.« Sie schaut mich an: »Hast du einen Wodka für mich?«

»Cristina, du kommst gerade aus der Klinik. Ist da Wodka das richtige Getränk?«

»Ja«, antwortet sie. Ich schenke ihr einen Wodka ein. Sie nimmt das Glas und geht ans Fenster. In meinem Turm gibt es immer irgendwann den Zeitpunkt, da geht man ans Fenster und schaut raus. Cristina sagt: »Ich fahre jetzt zu Eduardo in sein Kloster. Ich habe eine Frage an ihn. Kommst du mit?«

50

WIR SPRECHEN NICHT VIEL AUF DER FAHRT ZU NALdinis Kloster. Cristina verarbeitet, was sie gehört hat. Sie kauert auf dem Sitz des Suzuki, den Blick nach innen gerichtet, die Schultern fröstelnd hochgezogen, die Hände in die Ärmel ihrer Jacke zurückgezogen. Sie hat sich an einiges erinnert, und sie wird sich noch an mehr erinnern. Ihr Bruder und ihre Mutter, beide ermordet von dem vermeintlich einzigen verlässlichen Mann in ihrem Leben. Das ist der Ausgangspunkt für die lange Reise, die noch vor ihrer Seele liegt.

Einmal frage ich sie: »Was bedeutet ›kein A‹ in den Notizen, die du mir gegeben hast?«

»Mir wurde schon schwindlig und schlecht auf dem Weg zum Auto«, sagt sie. »Das gehört zu meinen letzten Erinnerungen. Ich weiß noch, dass ich dachte: Dabei habe ich doch gar keinen Alkohol getrunken … ›kein A‹ heißt ›kein Alkohol‹.«

Und sie sagt noch: »Es ist verrückt, was das Gehirn da gespeichert hat, diese eine Wahrnehmung, nichts sonst, mir fehlte jede Erinnerung an den Abend. Diese Kombination, erst der Schock der Information, dann die Tropfen, das war offenbar zu viel, das hat alles gelöscht.«

Unsere Fahrt führt uns am See entlang nach Laveno, wo

die Autofähre ablegt. Die Sonne steht hoch, das Wasser glitzert. Man sieht schon viele Boote. Am Ufer blühen Azaleen, Magnolien, Flieder, Rosen. Keine Frage: Der Lago bringt sich endgültig für den Sommer in Stellung. Rollläden der Ferienapartments fahren hoch, Sonnenschirme öffnen sich, Stühle und Tische im Freien vermehren sich täglich. Der Klang der »Bonntschorrnos«, die von Schwaben zur Begrüßung in die Pizzerien geschmettert werden, schwillt an, die Zahl der Stand-up-Paddling-Boards, die von wackligen Knien in Stellung gebracht werden, nimmt zu.

Wir rollen auf das Deck der Autofähre. Ich steige aus und gehe eine Treppe nach oben an die Reling. Von hier aus kann ich die Villa der Journalistin und Verlegerin Silvia Morante sehen, wo Paul und ich Tee getrunken haben. Cristina kommt auch aus dem Auto, da fahren wir schon. Sie tritt neben mich.

»Nichts ist so, wie es scheint, oder?«, sagt sie. »Gar nichts. In deinem früheren Job war das doch noch mehr der Fall als in der normalen Polizeiarbeit.«

Der Fahrtwind verwirbelt unsere Haare. Unsere Augen blinzeln in der Sonne. Die Gischt der Bugwelle versprüht den Duft des Wassers.

»Meine Welt war einfacher«, sagt sie. »Wenn Ermittlungen abgeschlossen waren, stand eigentlich schon fest, wer die Guten waren und wer die Bösen. So ungefähr jedenfalls.«

Sie macht eine Pause.

»Wie lange kenne ich Palermo? Seit meiner Jugend. Er hat mich zur Polizei geholt, er hat mir die Polizeiarbeit beigebracht. Er ist sympathisch, klug, witzig. Ein toller Kollege, ein Freund, auf den ich mich verlassen konnte.« Sie schüttelt den Kopf. »Aber er mischt mir K.-o.-Tropfen in meine Cola und ruft einen Killer an: Du weißt, was zu tun ist. Und als das nicht funktioniert, legt er falsche Pässe und einen falschen Mietvertrag in ein Schließfach und lässt mich verhaften.«

Ich schweige dazu. Was soll ich auch sagen? Ich bin kein Kommissar mehr. Ich bin Musiker. Das andere Seeufer kommt näher. Wir gehen zum Auto. Beim Einsteigen sage ich: »Die Haushälterin, Nanni, sagt: Eduardo und du, ihr seid ein Paar.«

Cristina sieht mich ungläubig an.

»Wann hat sie das gesagt? Wem hat sie das gesagt?«

»Spielt das eine Rolle?« Ich denke an Herbert. Hoffentlich ist er nicht wieder betrunken. Cristina dreht sich auf dem Beifahrersitz ganz zu mir. Kurz sieht es so aus, als wollte sie nach meiner Hand greifen. Aber sie tut es nicht.

»Nein, Lukas«, sagt sie. »Wir sind kein Paar, wir waren es nie. Da war nie etwas, nichts ... Aber es ist nicht so, dass Eduardo es nicht immer wieder versucht hätte. Und er war eifersüchtig auf alles und jeden. Hat sich manchmal benommen, als wäre ich sein Besitz. Das gehörte immer zu unserer Beziehung – dass ich ihn auf Abstand halten musste.«

Sie sieht mich an. Durch das Schiff geht beim Anlegen ein Ruck. Die Motoren der Autos werden gestartet.

»Aber ich muss dir auch sagen, Lukas ...«, fährt sie zögerlich fort. »Das hat mir immer gefallen ... Der tolle, mächtige, reiche Eduardo Naldini, der ständig um mich wirbt, der alles für mich tut. Und ich, die ich ihn im Griff habe ... Leider hat mir das gefallen.«

Ich drehe den Schlüssel, der Suzuki springt an. Wir fahren ans Ufer. Cristina wird wieder still. Ich folge den Schildern zum Lago d'Orta. Die Straße führt in die Berge hinauf und in den Wald. Diesmal werde ich die Abzweigung zu Naldinis Kloster nicht verpassen.

51

DAS KLOSTER BESTEHT AUS VERSCHIEDENEN HÄUsern und Nebengebäuden, mit mehreren Stockwerken und vielen, vielen Gängen. Hätte Naldini das *Camin*-Hotel von Lara auch in so einen unheimlichen Ort verwandelt?

Man könnte sich leicht verlaufen, aber Cristina kennt den Weg. Zielsicher nimmt sie Wegabzweigungen und Treppen. Beim Stufensteigen merke ich, dass sie Schmerzen hat, wahrscheinlich ist es die Operationswunde. Dann stehen wir vor einer Tür, sie klopft nicht, sie öffnet sie. Wir treten ein.

Es ist ein großer Raum, der Boden ist mit Teppichen ausgelegt. Die mächtigen Fenster sind offen, von draußen weht ein leichter Wind frische Luft herein. Am Ende des Raumes thront ein riesiger Schreibtisch. Eduardo Naldini in seinem schwarzen Priesterhemd wirkt dahinter fast klein.

»Schön, dich zu sehen«, sagt er, ohne aufzustehen, »so in Freiheit. Es ist ein Verbrechen, jemanden wie dich einzusperren. Gut, dass das vorbei ist.«

Mit Blick auf mich fügt er hinzu: »Hast du deine Leibgarde mitgebracht?«

Cristina bleibt gut einen Meter vor dem Schreibtisch stehen, ich halte mich zurück. Cristina steht ganz ruhig, sie zittert nicht. »Ich habe nur eine einzige Frage an dich, Eduardo.«

Sie macht eine Pause. Es ist ganz still, von draußen sind nur ein paar Vögel zu hören. Cristina fragt: »Eduardo, wieso lebe ich noch?«

Die Frage sitzt. Man sieht, wie Naldini anfängt, mit den Kiefern zu mahlen.

»Das kann ich dir erklären«, sagt Naldini schließlich, beinahe leise. »Du lebst, weil ich dich beschütze. Du brauchst mich. Das war immer so. Aber ich verstehe deine Frage nicht. Ich dachte, du weißt das.«

Cristina sagt nichts. Manchmal hat Schweigen eine enorme Kraft. Naldini spricht weiter. »Ich habe diese Entscheidung früh getroffen, als ihr damals zu uns kamt. Als du noch klein warst, wusste ich bereits: Du bist meine Cristina; ich tue alles für dich. Deine Feinde sind meine Feinde, und ich werde sie immer vernichten. Daran habe ich mich gehalten, all die Jahre. Ich könnte dir nie etwas zuleide tun, Cristina, das weißt du doch.«

Naldini wartet auf eine Reaktion von Cristina, es kommt nichts. Er spricht weiter: »Palermo hat das nicht verstanden, er dachte, ich töte dich. Wie kann ich dich töten, Cristina? Ich liebe dich. Palermo war außer sich, als er begriff, dass du noch lebst. Er hatte panische Angst, dass du deine Erinnerung zurückgewinnst. Ich habe dich hierher in Sicherheit gebracht. Aber er ließ dich verhaften, weil er es jetzt selber erledigen wollte. Ich wusste, du bist im Gefängnis in Lebensgefahr. Ich wollte dich unbedingt so schnell wie möglich rausholen, aber er war schneller. Er hat dieser Frau irgendwas versprochen, vermutlich dass sie rauskommt, wenn sie dich tötet. Da hatten wir Glück. Da hattest du nicht nur mich als

Schutzengel. Gott weiß schon, auf wen er aufpassen muss.« Er lächelt.

Ich frage: »Sind Palermo und Sie Freunde?«

»Freunde.« Naldini spuckt das Wort aus. »Ich kenne ihn schon lange. Und er ist bei der Polizei. Das ist hilfreich. Wir waren lange ein gutes Team. Aber er wollte am Ende einfach nicht begreifen, dass ich dich liebe, Cristina.«

Jetzt platzt es aus Cristina heraus: »Du wagst es, weiterhin zu sagen, dass du mich liebst? Du hast meine Mutter umgebracht, du hast meinen Bruder umgebracht, und du faselst was von Liebe?«

»Deine Mutter wollte, dass alles anders wird. Sie wollte euch zurückhaben. Dein Bruder wollte das auch. Alles anders? Nein, das kann ich nicht leiden. Veränderungen sind nicht gut für mich ... und auch nicht für dich. Ich musste das verhindern.«

Naldini steht auf, geht zu einer Truhe, öffnet die oberste Schublade und nimmt eine kleine Pistole heraus. »Du hast mich gefragt, Cristina, warum du lebst. Wie meinst du, dass es jetzt weitergeht? Habe ich eine andere Wahl?«

»Herr Naldini«, sage ich, »das hat doch alles keinen Sinn mehr. Wir haben Beweise für Ihre Morde hinterlegt. Es ist vorbei.«

»Beweise. So etwas ist immer relativ. Was meinst du, Cristina, was ich jetzt tun muss?«

Seine Stimme erstickt plötzlich im Lärm, der von draußen hereinkommt. Hubschrauber sind sehr laut. Naldini tritt ans Fenster, und wir beide laufen zum zweiten Fenster. Zwei Hubschrauber landen, schwarz gekleidete Polizisten mit

Helmen springen heraus. Ich sehe Herbert unter ihnen. Ihm hatte ich die Datei von der Aufnahme in der Bar geschickt – und eine SMS, dass wir jetzt ins Kloster fahren. Ich wusste, ich hoffte: Den Rest organisiert er.

»Ich sehe, ihr habt Vorkehrungen getroffen.«

Naldini geht zu der Truhe, schließt die Pistole wieder ein. Einige Augenblicke später ist alles voll mit Polizei.

Ich stehe neben Herbert.

»Danke«, sage ich, »ich bin stolz auf dich.«

»Nee«, erwidert er, »musst du nicht sein. Cristina hat alles organisiert. Als ich die italienische Polizei kontaktierte, hatten die schon alles in die Wege geleitet.«

»Weißt du, wie Palermo reagiert hat, als er verhaftet wurde?«, frage ich.

»Der ist nicht verhaftet worden«, sagt Herbert, »der hat sich abgesetzt, offenbar schon vor zwei Tagen. Ist verschwunden. Es läuft eine Großfahndung nach ihm.«

Ich vermute mal: ganz schwer zu finden, von dem wird man nichts mehr hören. Vielleicht ist es auch besser so.

Naldini wird von zwei Polizisten abgeführt, seine Hände sind in Handschellen. Mit seinem kahlen Kopf sieht er plötzlich aus wie ein Häftling. Er sucht den Blick von Cristina. Cristina schaut an ihm vorbei.

Sechs Wochen später

ICH KRIEGE NIE POST IN MEINEM TURM. DEN FUSSweg hier hoch haben die Postboten abgelehnt. *Fermo posta* heißt mein Zugang zu Paketen oder Briefen: postlagernd. Da die wichtigsten Nachrichten einen ja digital erreichen, kann es vorkommen, dass ich mich ein paar Wochen lang nicht nach einer Sendung erkundige, unten im Ort, in dem kleinen Postamt an der Hauptstraße. Außerdem entziehen sich die Öffnungszeiten dort jeder Logik, diejenigen, die angeschlagen sind, stimmen jedenfalls nie. Ein Fall für Chaosmathematiker. Manchmal sehe ich eine Postbotin, wie sie auf einer kleinen Vespa die Briefkästen ansteuert und ihre große Tasche öffnet. Außer einem kurzen *»Salve!«* hat sie nur einmal etwas zu mir gesagt. Da hat sie mich streng zurechtgewiesen, weil ich eine (kleine) Mülltüte in einem der öffentlichen Papierkörbe versenkt habe, anstatt sie zu der weiter entfernten Müllsammelstelle zu tragen. Eine harte Attacke auf mein Vorurteil von den ach so lockeren Italienern.

Ich war deshalb überrascht, als diese Postbotin gestern vorm Eingang meines Turms stand und heftig die Glocke betätigte. Sie atmete noch schwer, während ich sie begrüßte und sie fragte, ob sie eintreten wolle. Entschieden schüttelte sie den Kopf und gab mir einen kleinen wattierten Umschlag.

»Das liegt jetzt bald fünf Monate bei uns, seit Weihnachten!«, sagte sie vorwurfsvoll.

»Diesem oder letztem Weihnachten?«, fragte ich und lächelte sie an.

Da lächelte sie zurück und zeigte ein offenes, hübsches Gesicht hinter ihrer Hornbrille. »Sehen Sie, ich wusste, wie ungeduldig Sie darauf warten«, sagte sie. Auch ein Vorurteil, klar, aber diesmal bestätigt: Italiener schalten gern und blitzartig auf Blödeleien um. Immer ein Ausweg aus einer zu engen, zu vorprogrammierten Situation.

Ich wunderte mich über die Sendung, die einen neutralen computergeschriebenen Aufkleber mit meiner Adresse hatte, aber keinen Absender. Und ich öffnete den Umschlag sofort, nachdem die Postbotin gegangen war.

Jetzt sitze ich in der Fähre, die den See überquert, und der Inhalt des Umschlags befindet sich in der rechten Tasche meiner Lederjacke. Es ist eine alte, stehengebliebene Armbanduhr der Marke Swatch. Sie ist ganz aus orangefarbenem Kunststoff, und auf dem Zifferblatt ist die Golden Gate Bridge von San Francisco abgebildet. Meine Mutter hat immer gesagt, man könne deshalb den Stand der Zeiger nur schwer erkennen. Außerdem ist noch ein Zettel in meiner Tasche. Darauf steht: »Ich bin jeden Donnerstagnachmittag um drei Uhr in der Bar *Le Mans* in Cannobio. Komm doch mal.«

Ich verlasse die Fähre um zwanzig vor drei Uhr und gehe zweihundert Meter am Kai entlang zu einer Bank. Sie befindet sich genau gegenüber der Bar *Le Mans*. Früher, in den Ferien, wenn wir mal nach Cannobio gefahren sind, hat mein

Vater in dieser Bar immer einen Punt e Mes getrunken. Die Häuserreihe an der Promenade von Cannobio ist berühmt. Alte drei- bis vierstöckige Häuser lehnen sich da aneinander und schauen aufs Wasser. Sie leuchten in allen Farben, rot, gelb, grün, hellblau, ihre Balkone, Dächer, Fenster und Türen sind alle unterschiedlich, und dort, wo restauriert wurde, geschah es, ohne die Patina zu zerstören. Die Bar *Le Mans* ist keines der einladenden Cafés oder Restaurants, die vom Erdgeschoss dieser Häuser den Gehweg erobern, mit Tischen und Stühlen, Sonnenschirmen und blitzweißen Tischdecken. Sie klemmt eher unauffällig dazwischen wie ein nicht eingeladener Partygast. Der Schriftzug überm Eingang ist verblasst, war es immer schon, die früher braune Markise ist jetzt grau, und so viel man von außen sehen kann, ist es drinnen ziemlich dunkel, immer noch. Hier ist die Zeit stehengeblieben. Scheint so jedenfalls beim Anblick von außen. Vielleicht denkt man das ja auch, wenn man mich sieht: alles wie immer. Jeans, Turnschuhe, T-Shirt, Lederjacke – war vor zehn Jahren schon so und vor fünfzehn auch. Zwei junge Schweizerinnen haben mich erkannt, kommen zu mir her und fragen nach einem Autogramm. Sie kichern, die eine hält mir die Rückseite ihres Fährtickets hin, die andere ihren Oberarm. *Tutto Bene* soll ich draufschreiben und ihre Namen. Ich plaudere ein bisschen mit ihnen, während ich den Eingang der Bar beobachte.

Die Schweizerinnen müssen zur Fähre, die um fünf nach drei Richtung Ascona ablegt. Ich warte noch bis Viertel nach drei, dann betrete ich die Bar. Dunkle Holztäfelung, dunkle Luft, hier wurde viel geraucht, vielleicht wird immer noch viel geraucht. Der Bartresen läuft links an der Wand entlang. An der Stirnwand ist ein riesiger Flachbildschirm. Sowohl die Barhocker als auch die kleinen Tische sind alle leer. Außer mir ist nur noch eine Person im Raum, sie kauert am Ende des Tresens im Halbdunkel auf einem Stuhl und ähnelt einer Kröte. Großer viereckiger Kopf sitzt ansatzlos auf rundem Körper. Alter Kopf, alter Körper. Mann oder Frau? Nicht gleich klar.

»*Buona sera*«, sage ich.

»*Buona sera*«, sagt die Kröte. Sie ist ein Mann.

»Ich hätte gern einen Punt e Mes mit Eis und Zitrone«, sage ich.

Der Mann steht auf, tritt hinter die Bar und brummelt die Bestellung noch einmal vor sich hin. Eine Minute später schiebt er mir das Glas mit der goldbraunen Flüssigkeit über den Tresen und geht zurück zu seinem Platz. Der Fernseher ist in seinem Rücken, er hat lieber die Tür und einen Ausschnitt der Straße im Blick.

Nach einer Weile sage ich: »Eigentlich wollte ich heute hier eine Frau treffen. Sie schrieb mir, dass sie jeden Donnerstag um drei Uhr hier bei Ihnen zu finden ist.«

»*Sì*«, sagt er. »*La Principessa*, die Prinzessin. Ottavio hat sie so genannt und ihr immer einen Prosecco spendiert.«

Er erhebt sich wieder und kommt zu mir an den Tresen. Er hat große, wässrige Augen und eine tiefe, schöne Stimme. »Sie blieb immer bis fünf Uhr, bis die Kartenrunde kam, Ottavio, Stefano und Giuseppe. Ottavio hat ihr dann als Erstes den Drink spendiert und immer gesagt, eines Tages würde er sie ausführen. Sie hat mit ihm geflirtet, den Prosecco getrunken, und dann ist sie gegangen. Jeden Donnerstag.« Er nickt zur Bestätigung.

»Heute aber nicht?«, frage ich.

»Oh«, sagt er, »schon länger nicht mehr. Das ist jetzt schon die vierte Woche, dass sie nicht mehr kommt.«

»Wie heißt sie denn, die *Principessa*?«

»Keine Ahnung«, sagt der Mann. »Wir wissen nicht, wie sie heißt, wo sie wohnt und woher sie kommt. Nehmen Sie noch einen?«

»Ja, gern«, sage ich.

Eine Songzeile von John Lennon fällt mir ein: *Mother, you had me, but I never had you.*

»Ich bin nicht ganz sicher, ob wir dieselbe Frau im Sinn haben«, sage ich beim zweiten Punt e Mes. »Können Sie sie mir ein bisschen beschreiben?«

»Sie kam zum ersten Mal im Dezember, als es plötzlich so kalt war«, sagt er. »Langer dunkelroter Mantel, gelbe Mütze, gelbe Handschuhe. Zu Weihnachten brachte sie uns Walnüsse mit. Das letzte Mal hatte sie ein langes Kleid mit Blumen drauf an und einen großen Strohhut. Und eine große Sonnenbrille.«

Ich bezahle die Drinks, bedanke mich und verabschiede mich.

»Kennen Sie den Film *Chinatown*?«, fragt der Mann.

»Ja«, antworte ich. »Mit Jack Nicholson.«

»Und Faye Dunaway«, sagt er und setzt ein verträumtes Lächeln auf. »Die *Principessa* war ein bisschen wie Faye Dunaway in *Chinatown*, nur älter natürlich, viel älter.«

Ich nicke und wende mich zur Tür.

»Und? Ist das die Frau, die Sie treffen wollten?«, fragt er noch.

»Wann geht die Fähre zurück nach Maccagno?«, frage ich.

Er schaut auf seine Uhr. »In fünf Minuten«, antwortet er.

»Danke.«

»Kommen Sie doch einfach nächsten Donnerstag wieder«, sagt er. »Wer weiß?«

Ich kaufe mir auf dem Weg zur Fähre ein Eis. Zwei Kugeln in der Waffel, Pistazie und Stracciatella.

Ich werde nächsten Donnerstag nicht hierherkommen. Nächsten Donnerstag haben wir einen spontanen kleinen Auftritt in einem Münchner Kino. Zum ersten Mal mit Rebecca Wintermantel auf der Bühne. Wir wollen sehen, wie die neue Formation live rüberkommt. Rebecca sagt, sie sei nervös, aber sie freue sich unheimlich drauf.

Cristina hat gesagt, dass sie wahrscheinlich kommen wird. Wenn nichts dazwischenkommt. Kann immer sein, sie ist ja wieder Kommissarin.

Von der Promenade in Cannobio aus kann man meinen Turm auf der anderen Seeseite sehen. Jetzt, in der Nachmittagssonne, hebt er sich besonders deutlich ab vom Grün der Bäume, das ihn umgibt. Ich werde auch an anderen Donnerstagen nicht in der Bar *Le Mans* erscheinen, Mutter.

Du weißt, wo du mich findest.